프랑스어권 학습자를 위한 한국어-초급

Cours de coréen

Niveau débutant

프랑스어권 학습자를 위한 한국어 - 초급
Cours de coréen Niveau débutant

Auteurs Yonghae KWON, Hye-gyeong KIM, Hye-young TCHO, Jungyoon CHOI
Président de la maison d'édition Kyu-do CHUNG
Maison d'édition DARAKWON

Première publication 13 mai 2011
5ème impression 7 Octobre 2016

Rédacteur en chef Suk-hee LEE, Ju-young OH, Jeong-min OH
Design Ji-young YOON, So-yeon PARK
Couverture Ji-young YOON
Illustration Sung-wook HWANG
Acteur(trice) à la radio So-yun SHIN, Rae-whan KIM, Lionel ROCHET

DARAKWON Publié par Darakwon Inc.
Darakwon Bldg., 211, Munbal-ro, Paju-si,
Gyeonggi-do 10881 Republic of Korea
Contact editorial + 82 2 736 2031 (420~426)
Contact commercial + 82 2 736 2031 (250~252)
Fax: + 82 2 732 2037
Édition enregistrée au 16/09/1977,
Numéro d'enregistrement 300-1977-23

prix : 27,000 wons
(manuel principal + cahier d'exercices + 2 CD audio)

ISBN : 978-89-277-3034-7 18710
978-89-277-3038-5 (set)

http://www.darakwon.co.kr
http://www.darakwon.co.kr/koreanbooks
Pour plus d'informations sur la méthode, visitez le site DARAKWON.

프랑스어권 학습자를 위한 한국어-초급

Cours de coréen

Niveau débutant

DARAKWON

서문 Préface

한국어 학습 열풍은 아시아 지역과 영어권 지역을 넘어 최근에는 프랑스를 비롯한 프랑스어권 전역으로도 확산되고 있다. 이에 저자들은 프랑스 대학교에서 한국어를 가르치고 있는 저자들의 현장 교육 경험, 설문 조사를 통해서 실제 한국어를 배우고 있는 프랑스 학습자들의 의견, 한국과 프랑스 전문가들의 자문을 입체적으로 반영하여 현대적인 교수법을 적용시킨 본 교재를 완성하였다.

본 교재는 한국인들의 일상 생활에서 주로 접하는 내용을 소재로 하여 한국어를 처음 시작하는 학습자가 한국어를 쉽고 재미있게 배울 수 있도록 구성되어 있다. 학습자가 기본 발음을 학습하고, 단순한 문장에서부터 세련된 문장에 이르기까지 점진적으로 한국어를 습득할 수 있도록 하였으며, 기초 문법과 실용 문형을 자연스럽게 학습할 수 있도록 프랑스어 해설도 병행하였다. 학습자는 본 교재를 통하여 학교에서 뿐만 아니라 독자적으로도 한국어 듣기, 말하기, 읽기, 쓰기를 학습할 수 있고, 적절한 그림과 사진을 통해 한국을 간접 경험해 볼 수 있다. 즉, 본 교재는 학습자의 흥미를 자극하고 동기를 유발시켜 효과적인 한국어 학습이 이루어지도록 하였다. 따라서, 본 교재는 프랑스뿐만 아니라 프랑스어권 국가에서 한국어를 처음 시작하려는 학습자에게도 매우 유용한 교재가 될 것으로 확신한다.

마지막으로 본 교재를 위해 도움을 주신 여러 분들께 감사의 말씀을 드리고 싶다. 우선, 본 교재의 집필이 가능하도록 지원을 해준 한국국제교류재단에 큰 감사를 드린다. 또한, 집필 초기에 많은 도움을 주었던 주불 한국대사관의 교육원에도 감사의 말씀을 전하고 싶다. 본 교재를 집필하는 동안 귀중한 자문을 아끼지 않으셨던 프로방스대학교 장클로도 드크레센조 교수님, 성균관대학교 권순제 명예교수님, 상명대학교 조항록 교수님께도 깊은 감사를 드린다. 아울러 학습자 입장에서 교재 원고를 읽고 의견을 제시해 준 알렉상드로 폴뤼엥 대학원생에게도 고마움을 전한다. 그리고 무엇보다도 교재가 출간되기까지 좋은 의견을 주시고 애써 주신 다락원의 정규도 사장님과 한국어출판부 편집진 및 관계자분들께도 감사의 말씀을 전하고 싶다.

저자 일동

La vague coréenne a récemment gagné les pays francophones, après avoir séduit les pays asiatiques et les pays anglophones. Dans son tourbillon, elle a entraîné pour de nouveaux publics, le désir d'apprendre la langue coréenne.

Conscients de ces nouveaux besoins, les auteurs de ce manuel ont souhaité appliquer les méthodologies nouvelles d'enseignement des langues, en se fondant sur l'expérience des enseignants d'universités françaises, sur les résultats d'une enquête auprès des apprenants français de coréen et sur les conseils de spécialistes coréens et français des domaines de la didactique des langues et de la civilisation coréenne. On trouvera donc dans ce manuel des situations courantes de la vie quotidienne des Coréens pour permettre aux débutants d'apprendre la langue plus facilement et sans ennui. Ils sont invités à découvrir de façon progressive cette langue étrangère, en allant des phrases simples aux phrases plus complexes, et à maîtriser la prononciation correcte du coréen. Avec ce manuel, les apprenants ainsi que les auto-apprenants pourront parler, écouter, écrire, lire le coréen, et découvrir la Corée par les images et les photos présentées. Ce manuel a donc pour objectif de proposer un apprentissage efficace de la langue en suscitant plaisir et motivation. Il deviendra vite indispensable, pour les apprenants français et pour les apprenants francophones.

Nous tenons à remercier tous ceux qui nous ont aidés afin que ce manuel puisse voir le jour. Tout particulièrement la *Korea Foundation* qui a permis à ce manuel d'exister. Nous remercions également la *section d'éducation de l'Ambassade de Corée du Sud* à Paris, pour nous avoir soutenu dès le début de la rédaction de ce manuel. Nos remerciements vont aussi à *Monsieur Jean-Claude de CRESCENZO* de l'Université de Provence ; à *Monsieur Soon-jai KWON*, professeur honoraire de l'Université de Sungkyunkwan ; à Monsieur *Hang-rok TCHO* de l'Université de Sangmyung, en Corée. Nous n'oublions pas *Alexandre PAULIEN*, étudiant de Master, pour avoir été parmi les premiers lecteurs du manuscrit et de nous avoir donné son avis d'apprenant français. Enfin, nos remerciements vont aussi au Président *Kyu-do CHUNG* et à toute l'équipe de rédaction du service de publication des manuels de langue de la maison d'édition *DARAKWON* pour la pertinence de leurs propositions et pour leurs inoubliables efforts.

Les auteurs,
Yonghae KWON
Hye-gyeong KIM
Hye-young TCHO
Jungyoon CHOI

일러두기 Mode d'emploi

본 교재는 주교재, 부교재 그리고 CD로 이루어져 있다. 총 20과로 구성되어 있으며, 듣기, 말하기, 읽기, 쓰기 학습을 모두 다루는 통합형 교재이다. 특히, 주교재의 부록에는 '연습 문제 정답', '듣기 대본', '문법과 표현'의 번역, '문화와 사회'의 번역이 수록되어 있어 교수자 입장에서는 교수 지침서로써 활용할 수 있게 만들었다.

주교재

주교재는 총 20과로 구성되어 있으며, 각 과는 대화 2개와 읽기 1개로 구성된 '본문', '문법과 표현', '연습 1', '연습 2', '문화와 사회' 총 다섯 개 부분으로 구성되어 있다. 각 과의 본문 하단에는 새로운 단어와 발음을 넣었다. 1, 2과에서 학습자는 한글 자음과 모음의 발음, 결합 원리 및 쓰는 법 등을 배우는 예비 학습을 거친 뒤, 3과부터 본격적으로 한국어 기본 문장들을 학습하게 된다.

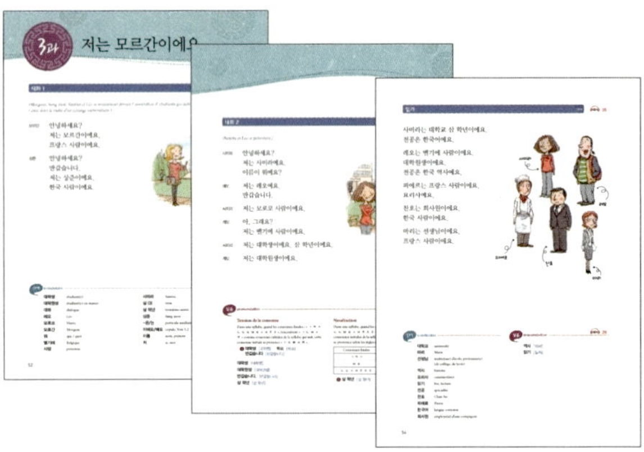

● 본문

본문은 한국인들이 일상생활에서 주로 접하는 2개의 대화와 1개의 읽기 텍스트로 구성되어 있다. 학습자가 본문 하단에 제시되어 있는 '단어'와 '발음'을 참고할 수 있게 하여 별도로 사전 없이도 학습할 수 있도록 하였다.

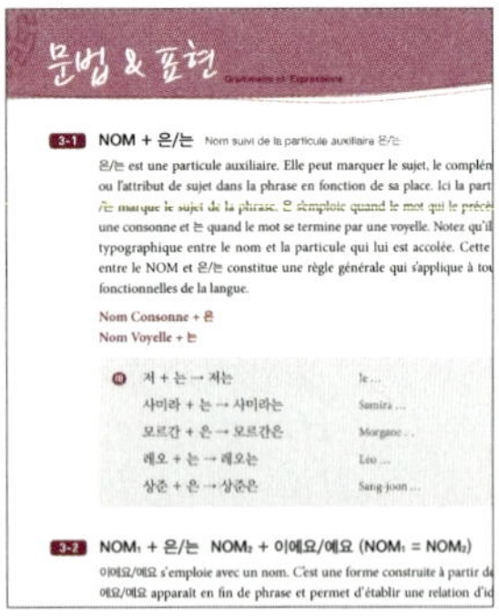

문법 & 표현

3-1 NOM + 은/는 Nom suivi de la particule auxiliaire 은/는

은/는 est une particule auxiliaire. Elle peut marquer le sujet, le complén ou l'attribut de sujet dans la phrase en fonction de sa place. Ici la part /는 marque le sujet de la phrase. 은 s'emploie quand le mot qui le précè une consonne et 는 quand le mot se termine par une voyelle. Notez qu'il typographique entre le nom et la particule qui lui est accolée. Cette entre le NOM et 은/는 constitue une règle générale qui s'applique à tou fonctionnelles de la langue.

Nom Consonne + 은
Nom Voyelle + 는

저 + 는 → 저는	Je ...
사미라 + 는 → 사미라는	Samira ...
모르간 + 은 → 모르간은	Morgane ...
레오 + 는 → 레오는	Léo ...
상준 + 은 → 상준은	Sang-joon ...

3-2 NOM_1 + 은/는 NOM_2 + 이에요/예요 (NOM_1 = NOM_2)

이에요/예요 s'emploie avec un nom. C'est une forme construite à partir d 에요/예요 apparait en fin de phrase et permet d'établir une relation d'id

● 문법과 표현

본문에서 접하게 되는 주요 문법 사항들을 한국어를 처음 시작하는 학습자가 이해하기 쉽도록 다양한 예문과 함께 간결하고 명확하게 설명하였다. 특히, 프랑스어권 학습자가 이해하기 쉽도록 관련 문법 용어들을 일관성 있게 정리하여 사용하였다.

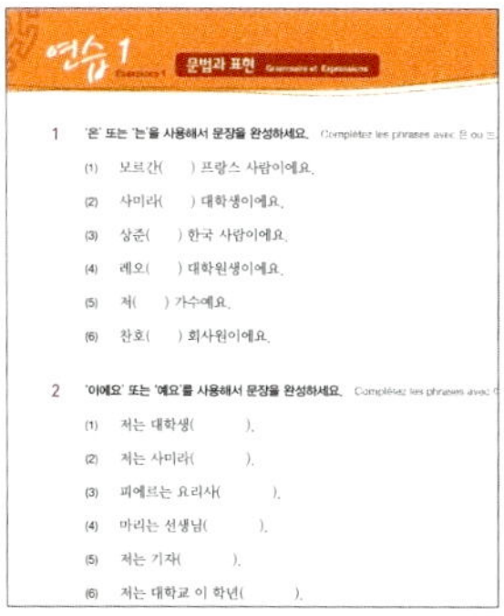

● 연습 1

연습 1에서는 각 과의 '문법과 표현'에서 중요하다고 판단되는 내용들을 연습 문제로 제시하였다. 학습자는 부록에 수록되어 있는 연습 문제 정답 확인을 통해 자가 학습을 할 수 있다.

● 연습 2

연습 2는 듣기와 말하기에 관련된 연습 문제들로 구성되어 있다. 학습자는 이러한 연습을 통해 듣기와 말하기 능력을 향상시킬 수 있으며, 부록에 나와 있는 듣기 대본과 연습 문제 정답 확인을 통해 자가 학습을 할 수 있다.

● 문화와 사회

문화와 사회 부분에서는 한국어 학습을 위해 프랑스어권 학습자들이 꼭 알아야 하거나 궁금해 하는 한국의 문화 및 사회적인 요소들을 사진과 함께 프랑스어로 설명해 놓았다.

CD

CD에는 주교재 각 과의 대화, 읽기, 발음 그리고 듣기 문제에 관련된 녹음이 수록되어 있다. 교수자는 강의실에서 수업 목표에 따라 CD를 적절히 사용할 수 있을 것이고, 학습자는 CD를 사용하여 한국어의 정확한 발음을 익히면서 청취력을 향상시킬 수 있다.

일러두기 Mode d'emploi

La présente méthode d'apprentissage du coréen est constituée de trois supports :

Le manuel principal, Le cahier d'exercices, 2 CD audio

Le manuel comprend 20 leçons et intègre les divers apprentissages : écouter, parler, lire, écrire. Dans l'annexe du manuel principal on peut retrouver les corrigés des exercices, les textes du CD, la traduction de la partie « Grammaire et Expressions » et de la partie « Culture et Société ». Les enseignants pourront utiliser cette annexe comme guide d'enseignement.

LE MANUEL PRINCIPAL

Il est organisé en 20 leçons. Chaque leçon comprend les cinq parties suivantes : « Le texte principal » constitué de deux dialogues et d'un texte à lire, « Grammaire et Expressions », « Exercices 1 », « Exercices 2 », « Culture et Société ».

Dans chaque leçon, le vocabulaire et la prononciation sont placés au-dessous du texte principal. Les deux premières leçons sont des leçons préparatoires. Elles présentent l'alphabet coréen, appelé Hangeul : les voyelles et les consonnes, leur prononciation, l'ordre d'écriture, les règles de construction des syllabes, etc. Ainsi, les apprenants pourront aisément apprendre à partir de la leçon 3, à écouter, à parler, à lire et à écrire.

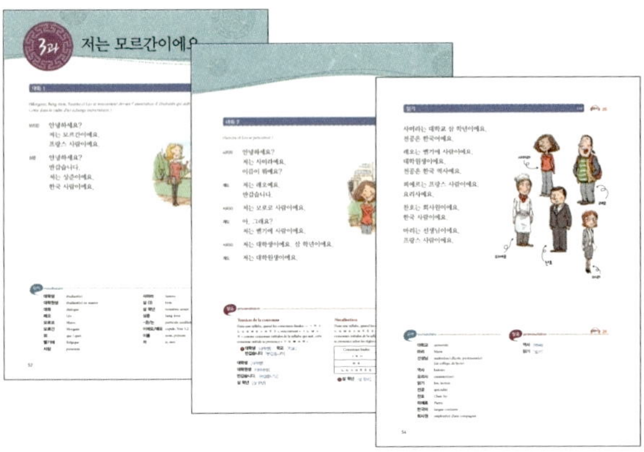

• LE TEXTE PRINCIPAL

Il est composé de deux dialogues issus de situations quotidiennes en Corée et d'un texte à lire. Le « vocabulaire » et la « prononciation » présentés au-dessous du texte principal permettent aux apprenants d'apprendre sans l'usage du dictionnaire.

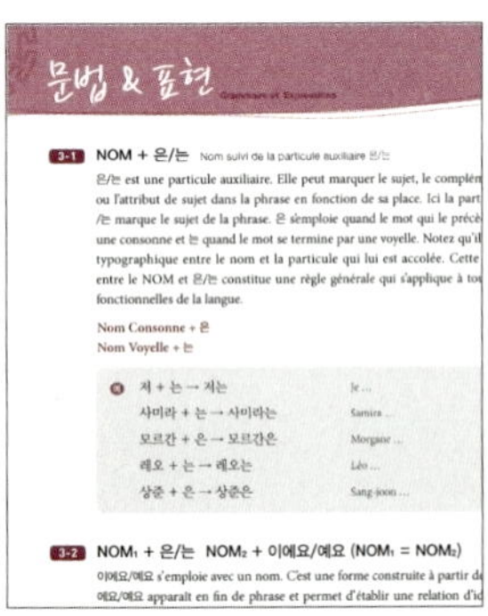

• GRAMMAIRE ET EXPRESSIONS

Cette partie explique, de manière simple et précise, de nouveaux éléments grammaticaux et de nouvelles expressions utilisés dans les dialogues et le texte à lire, avec de multiples exemples, afin de faciliter la compréhension des débutants. Les termes grammaticaux sont proposés, de façon cohérente, en comparant la grammaire coréenne et la grammaire française, pour faciliter la compréhension des apprenants francophones.

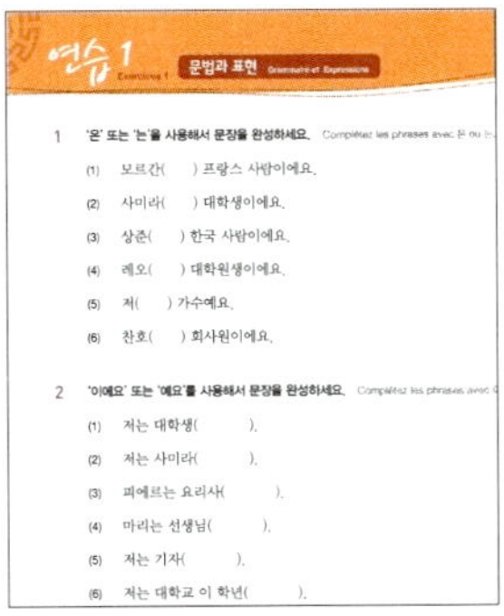
연습 1 Exercices 1 문법과 표현 Grammaire et Expressions

1 '은' 또는 '는'을 사용해서 문장을 완성하세요. Complétez les phrases avec 은 ou 는.

(1) 보르간(   ) 프랑스 사람이에요.
(2) 사미라(   ) 대학생이에요.
(3) 상준(   ) 한국 사람이에요.
(4) 레오(   ) 대학원생이에요.
(5) 저(   ) 가수예요.
(6) 찬호(   ) 회사원이에요.

2 '이에요' 또는 '예요'를 사용해서 문장을 완성하세요. Complétez les phrases avec

(1) 저는 대학생(   ).
(2) 저는 사미라(   ).
(3) 피에르는 요리사(   ).
(4) 마리는 선생님(   ).
(5) 저는 기자(   ).
(6) 저는 대학교 이 학년(   ).

• EXERCICES 1

Dans cette partie, on trouvera dans chaque leçon, des exercices à propos des éléments les plus importants de la partie précédente « Grammaire et Expressions » ; les apprenants pourront aussi s'exercer à l'auto-apprentissage par l'intermédiaire des corrigés d'exercices inclus dans l'annexe.

연습 2 Exercices 2 듣기와 말하기 Écouter et Parler

1 다음을 듣고 해당하는 그림을 고르세요. Écoutez et choisissez l'image correspondante

(1) ______ (2) ______ (3) ______
(4) ______ (5) ______ (6) ______

2 다음을 듣고 괄호 안에 알맞은 단어를 찾으세요. CD1 28
Ecoutez et trouvez le mot manquant entre les parenthèses.

(1) 마리는 (   )이에요.
① 대학생 ② 교수님 ③ 선생님 ④

• EXERCICES 2

On trouvera dans cette partie les exercices qui concernent les fonctions Écouter et Parler. Les apprenants pourront améliorer leur compétence d'écoute et d'expression à travers les exercices proposés, tandis qu'ils pourront s'entraîner en auto-apprentissage en se référant aux textes du CD et aux corrigés des exercices présents dans l'annexe.

문화와 사회 Culture et société

Les noms coréens

Les noms de famille coréens sont moins variés que les noms français : la majorité des Coréens ont l'un des noms suivants : KIM (environ 21% de la population) ; LEE (ou YI ou RHEE, 14%) ; Park (ou PAK, 8%) ; JEONG (ou JUNG ou CHUNG ou CHEONG), CHOI, JANG (ou CHANG), HAN, LIM (ou IM), etc. Les prénoms chez les Coréens sont en général composés de deux syllabes. En principe, les prénoms sont composés de caractères chinois, mais les prénoms purement coréens sont de plus en plus répandus. De ce fait, alors que les noms coréens ne sont pas très variés, en revanche il existe un large éventail de prénoms coréens. Les noms commencent par le nom de famille suivi du prénom. La femme coréenne garde son nom de jeune fille même après le mariage, alors que les enfants portent, en principe, le nom de leur père.

• CULTURE ET SOCIÉTÉ

Cette partie rédigée en français comprend de nombreuses photos. Elle est consacrée aux éléments sociaux et culturels coréens, indispensables à connaître pour les apprenants.

LE CD

Le CD comprend les dialogues, le texte à lire, la prononciation et tout ce qui concerne les questions sur la compréhension orale. Selon leurs objectifs, les enseignants pourront en disposer en cours, tandis que les apprenants pourront améliorer leur compétence en compréhension orale en maîtrisant la prononciation correcte.

내용 구성표 Tableau des contenus

Leçons	Actes de parole	Vocabulaire	Grammaire et Expressions	Culture et Société
1. Alphabet coréen « Hangeul »	Prononciation des voyelles et des consonnes	voyelles, consonnes	Présentation du Hangeul : prononciation et écriture	한국 개요 La Corée du Sud en bref
2. Syllabes : construction et règles de prononciation	Construction et prononciation des syllabes	Quelques mots et expressions de base	Construction des syllabes et règles de prononciation	한글 Hangeul, alphabet coréen
3. 저는 모르간이에요. (Je m'appelle Morgane.)	Se présenter, saluer	Les salutations, nombres	• NOM + 은/는 • NOM$_1$ + 은/는 NOM$_2$ + 이에요/예요 (NOM$_1$ = NOM$_2$) • Nom du pays, Nationalité • Omission du sujet • 반갑습니다 • 이름이 뭐예요? • 아, 그래요? • Nombres 1~10 • 선생님	한국의 성 Les noms coréens
4. 이분이 누구예요? (Qui est cette personne ?)	Demander à quelqu'un son identité, demander et dire la nationalité	Noms de métiers, nationalité	• 이분이 누구예요? • (Nom +) Prénom + 씨 • 처음 뵙겠습니다 • Utilisation des noms en remplacement des pronoms personnels • Phrase déclarative / Phrase interrogative • 네 / 아니요 • NOM + 도 • Nom du pays, nationalité, langue • (NOM$_1$ + 은/는) NOM$_2$ + 이/가 아니에요 • 이게 뭐예요?	한류 Hallyu
5. 오늘 시간이 있어요? (Avez-vous du temps aujourd'hui ?)	Demander l'avis de quelqu'un, exprimer la possession/non-possession	Verbes pour décrire l'état, nombres	• NOM + 이/가 particule de sujet VS NOM + 은/는 particule auxiliaire • NOM + 이/가 있어요/없어요 • Terminaison finale –아요/어요 (1) • NOM$_1$ + 하고 + NOM$_2$ • NOM + 이/가(은/는) 어때요? • 그러면 (그럼) • 그리고 • NOM + 의 • Nombres 10 ~100	대학 생활 Vie universitaire
6. 요즘 뭐 해요? (Que faites-vous ces jours-ci ?)	Commander une boisson, dire ce qu'on fait	Noms de boissons, verbes pour exprimer les actions	• 손님, 주문하시겠어요? • 전(저는) + NOM + 주세요 • NOM + 을/를 • Terminaison finale –아요/어요 (2) • 그런데 • 뭐 • –에서	서울의 전통문화 Tradition à Séoul
7. 지금 어디에 가요? (Où allez-vous maintenant ?)	Demander l'avis de quelqu'un, commander des plats, exprimer l'existence/l'absence	Les mots de démonstratif, les repas	• Nom de lieu + 에 가다/오다 • 어떻게 지내요? • 어디 • –에 VS –에서 (lieu) • 좋아요 • NOM de lieu + 에 있다/없다 • 이/그/저 + NOM • 어머 = 어머나 • Verbe irrégulier ㅂ • 안	서울의 젊은이들의 장소 Quartiers des jeunes à Séoul
8. 지금 몇 시예요? (Quelle heure est-il maintenant ?)	Demander et dire où on va, décrire une journée, exprimer les habitudes	Les mots pour dire l'heure, les moments de la journée	• Jours de la semaine • 언제 • Nombres sino-coréens / nombres coréens • –에 (temps) • 몇 시예요? • 몇 월 며칠이에요? • 글쎄요 • 밥을 먹다 • …부터 …까지	식사 시간 L'heure du repas
9. 여보세요? (Allô.)	Demander et donner des informations, demander le prix de quelque chose	Expressions téléphoniques, verbes combinés avec 하다	• Conversations téléphoniques : expressions courantes • NOM$_1$ 와/과 NOM$_2$ = NOM1 (이)랑 NOM$_2$ = NOM$_1$ 하고 NOM$_2$ • NOM de personne + 에게 • Verbes combinés avec 하다 • NOM + 이/가 얼마예요? • Classificateurs • Nombres 100 ~ 100,000,000 • –에 (unité)	쇼핑 Shopping
10. 지난 주말에 뭐 했어요? (Qu'est-ce que vous avez fait le week-end dernier ?)	Parler d'événements passés, demander et indiquer les moyens de transport	Les mots pour exprimer le passé, les mots pour les moyens de transports	• Le passé • –들 • …에서 …까지 • 어떻게 / –(으)로 (moyen) • 길이 많이 막혀요 • 얼마나 (걸려요)? • NOM + 을/를 타다 • Verbe irrégulier ㄷ	대중 교통 Les transports en commun

Leçons	Actes de parole	Vocabulaire	Grammaire et Expressions	Culture et Société
11. 내일 뭐 할 거예요? (Qu'est-ce que vous ferez demain ?)	Parler d'événements futurs, demander son chemin	Les mots pour exprimer le futur, l'orientation dans l'espace	• Le futur • 누구 • 왜(요)? • Radical du verbe + 고 = 그리고 • Locatifs • Verbe irrégulier ㅡ • 하지만 = 그렇지만	집에 들어 갈 때 En entrant dans la maison
12. 파리 날씨가 어때요? (Quel temps fait-il à Paris ?)	Demander et donner des informations sur le temps qu'il fait, demander l'avis de son interlocuteur, exprimer le désir	Les mots pour exprimer la météo	• Expressions de la météo • Radical du verbe d'action + 고 싶다 • 정말이에요? = 진짜예요? • Radical du verbe d'action + (으)ㄹ래요? • 한테, 에게 / 한테서, 에게서 • Terminaison finale -(스)ㅂ니다/(스)ㅂ니까? • Omission de ㄹ	한국의 사계절 Les saisons en Corée
13. 줄리엥 씨 가족은 모두 라로셸에 사세요? (Julien, toute la famille habite à La Rochelle ?)	Exprimer de l'étonnement, exprimer le respect, demander de choisir entre plusieurs réponses	Les mots pour exprimer la famille, les honorifiques	• Nom de lieu + 에서 오다 • 그래서 • Radical du verbe + 네요 • Termes honorifiques • Infixe honorifique (으)시 • 물론이죠 • 어느 • 모두 / 다 • -만 • Appellatifs de la famille	공경 사상 Le respect aux personnes plus âgées
14. 레오 씨는 취미가 뭐예요? (Léo, quels sont vos loisirs ?)	Exprimer des goûts et des préférences, exprimer la capacité/l'incapacité, exprimer la possibilité/ l'impossibilité	Les loisirs (le cinéma, la musique, le sport)	• Radical du verbe d'action + (으)ㄹ 줄 알다/모르다 • 어떤 • Radical du verbe + 아서 / 어서 (1) (= 그래서) • Radical du verbe + (으)ㄹ 수 있다/없다 • 안녕히 가세요 / 안녕히 계세요 • 테니스를 치다 • Loisirs	노래방 Noraebang
15. 감기에 걸렸어요. (Je suis enrhumé.)	Demander des explications, exprimer l'obligation/la cause/le but, donner des conseils,	Le corps humain, les mots qu'on utilise quand on est malade	• Nom de la partie du corps + 이/가 아프다 • Expressions à utiliser quand on est malade • Radical du verbe + 지만 = 하지만, 그렇지만 • 하루에 두 번 • Radical du verbe + 아/어야 되다(하다) • Radical du verbe d'action + (으)러 가다/오다 • 못 • Radical du verbe d'action + 아서/어서 (2) • Verbe irrégulier ㅅ	한의학과 재래 시장 Médecine et marchés traditionnels
16. 요즘 빨간색 티셔츠가 유행이에요. (Ces derniers temps, ce T-shirt rouge est à la mode.)	Demander l'avis de quelqu'un, donner des conseils, faire des hypothèses, comparer des personnes et des choses	Les vêtements, les couleurs	• 어서 오세요 • 그저 그래요 • Couleurs • Radical du verbe d'action + 아/어 보다 • Expressions pour les vêtements et les chaussures • 신다/끼다/쓰다/하다/입다 • NOM + 와/하고/이랑 어울리다 • 사이즈가 얼마예요? • Radical du verbe + 지 않다 • Le comparatif et le superlatif • Radical du verbe + (으)면	한국의 색 La Corée et la couleur
17. 면접시험을 보러 가요. (Je vais passer un entretien d'embauche.)	Exprimer la probabilité, se justifier, prendre la défense, exprimer sa compétence	Les mots qu'on utilise quand on passe un entretien d'embauche	• Verbe irrégulier 르 • -요 • 알겠습니다 • NOM temporel + 전에/후에 • NOM + 밖에 • NOM + 에 관심이 있다/없다/많다 • Radical du verbe d'action + 고 있다 • 다니다 • Construction correspondante au pronom relatif du français	첫 만남과 존대법 Entretien, rencontre et registre linguistique
18. 명절에는 한복을 입은 사람들이 많아요. (Il y a beaucoup de gens qui portent le Hanbok pendant la fête traditionnelle.)	Exprimer de l'étonnement, exprimer une appréciation, exprimer la probabilité/la volonté/ l'obligation, demander et donner une autorisation	Fêtes traditionnelles, les repas	• 무슨 • 그저께(그제), 어제, 오늘, 내일, 모레 • NOM + 때 / Radical du verbe + (으)ㄹ + 때 • Quelques expressions utiles pour les deux grandes fêtes traditionnelles • Radical du verbe + (으)ㄴ데/는데 • Radical du verbe d'action + (으)ㄹ까 하다 • 우리 • Radical du verbe d'action + (으)ㄹ게요 • Récapitulatif de -고 싶다, -(으)ㄹ까 하다, -(으)ㄹ래요, -(을)게요	생일잔치 La fête d'anniversaire
19. 우리 언제 부산으로 출발할까요? (Quand est-ce qu'on part pour Busan ?)	Parler d'événements futurs et d'événements récents, demander des explications, rappeler à quelqu'un ce qu'il doit faire	Les activités de vacances, s'orienter dans l'espace	• NOM + (으)로 (direction) • Radical du verbe + (으)ㄹ까요? • 왜냐하면 • -겠 • Nom du temps + 을/를 보내다 • 네/아니요 • 덕분에 / 때문에 • -게	축제 Les festivals
20. 이사하는 게 안 힘들었어요? (Déménager n'était pas difficile ?)	Discuter du prix de quelque chose, exprimer le doute, se justifier, exprimer du mécontentement	Le déménagement, caractériser un personnage	• Radical du verbe d'action + 는 것 • Radical du verbe de description + 아/어 보이다 • Radical du verbe d'action + 았/었더니 • Expressions pour décrire la personne • Radical du verbe d'action + 기로 하다 • 등 • NOM + 에 대해 이야기하다 (말하다)	단군 신화 Le mythe de Dan'gun

차례 Table des matières

등장인물 소개 Présentation des personnages

줄리엥

프랑스 사람, 파리대학교 학생, 현재 서울에 있는 대학교의 교환학생

(Julien : Français, étudiant de l'Université de Paris, séjourne à Séoul comme étudiant d'échange universitaire)

모르간

프랑스 사람, 라로셸대학교 학생, 현재 서울에 있는 대학교의 교환학생

(Morgane : Française, étudiante de l'Université de La Rochelle, séjourne à Séoul comme étudiante d'échange universitaire)

사미라

모로코 사람, 카디아야드 대학교 학생, 현재 서울에 있는 대학교의 교환학생

(Samira : Marocaine, étudiante de l'Université Cadi Ayyad (Marrakech), séjourne à Séoul comme étudiante d'échange universitaire)

레오

벨기에 사람, 프로방스대학교 대학원생, 현재 서울에 있는 대학교의 교환학생

(Léo : Belge, étudiant de l'Université de Provence, séjourne à Séoul comme étudiant d'échange universitaire)

박상준

한국 사람, 서울에 있는 대학교의 학생

(Sang-joon PARK : Coréen, étudiant de l'Université de Jamsil)

김민정

한국 사람, 서울에 있는 대학교의 학생

(Min-jeong KIM : Coréenne, étudiante de l'Université de Jamsil)

김찬호

한국 사람, 회사원

(Chan-ho KIM : Coréen, employé d'une entreprise)

이수진

한국 사람, 회사원

(Soo-jin LEE : Coréenne, employée d'une entreprise)

피에르

프랑스 사람, 요리사

(Pierre : Français, cuisinier)

마리

프랑스 사람, 프랑스어 선생님

(Marie : Française, professeure de français)

Étudier le coréen est vraiment intéressant!

1과 Alphabet coréen « Hangeul »

1. Les voyelles

(1) Les voyelles simples

CD1 01

ㅣ	ㅔ	ㅐ	ㅡ	ㅓ	ㅏ	ㅜ	ㅗ

(2) Les diphtongues

① Diphtongues avec le son [y]

CD1 02

ㅑ	ㅕ	ㅛ	ㅠ	ㅖ	ㅒ

② Diphtongues avec le son [w]

CD1 03

ㅘ	ㅙ	ㅚ	ㅝ	ㅞ	ㅟ

③ Diphtongue composée de ㅡ et ㅣ

CD1 04

ㅢ

(3) Récapitulatif des voyelles (selon l'ordre du dictionnaire)

CD1 05

ㅏ	ㅐ	ㅑ	ㅒ	ㅓ	ㅔ	ㅕ	ㅖ
ㅗ	ㅘ	ㅙ	ㅚ	ㅛ	ㅜ	ㅝ	ㅞ
ㅟ	ㅠ	ㅡ	ㅢ	ㅣ			

2. Les consonnes

(1) Les consonnes simples

CD1 06

ㄱ ㄴ ㄷ ㄹ ㅁ ㅂ ㅅ ㅇ ㅈ ㅊ ㅋ ㅌ ㅍ ㅎ

(2) Les consonnes doubles

CD1 07

ㄲ ㄸ ㅃ ㅆ ㅉ

(3) Récapitulatif des consonnes (selon l'ordre du dictionnaire)

CD1 08

ㄱ ㄲ ㄴ ㄷ ㄸ ㄹ ㅁ ㅂ ㅃ ㅅ ㅆ
ㅇ ㅈ ㅉ ㅊ ㅋ ㅌ ㅍ ㅎ

L' alphabet coréen « Hangeul » est composé de 19 consonnes et 21 voyelles*. Voyons d'abord les voyelles.

1 Les voyelles

(1) Les voyelles simples

ㅣ ㅔ ㅐ ㅡ ㅓ ㅏ ㅜ ㅗ

La construction des voyelles est basée sur les trois éléments de l'univers : ciel (•), terre (ㅡ), homme (ㅣ). « ㅣ ㅔ ㅐ ㅡ ㅓ ㅏ ㅜ ㅗ » sont les « 8 voyelles simples » et les 13 autres voyelles s'appellent des « diphtongues ». Dès lors que vous arriverez à prononcer les 8 voyelles simples, vous pourrez facilement prononcer les « diphtongues ».

Les voyelles simples sont classées en fonction de la position de la langue : voyelle antérieure, médiane et postérieure (voir l'axe horizontal ci-dessous) et aussi en fonction de l'ouverture de la bouche : voyelle fermée, mi-fermée, mi-ouverte et ouverte (voir l'axe vertical ci-dessous).

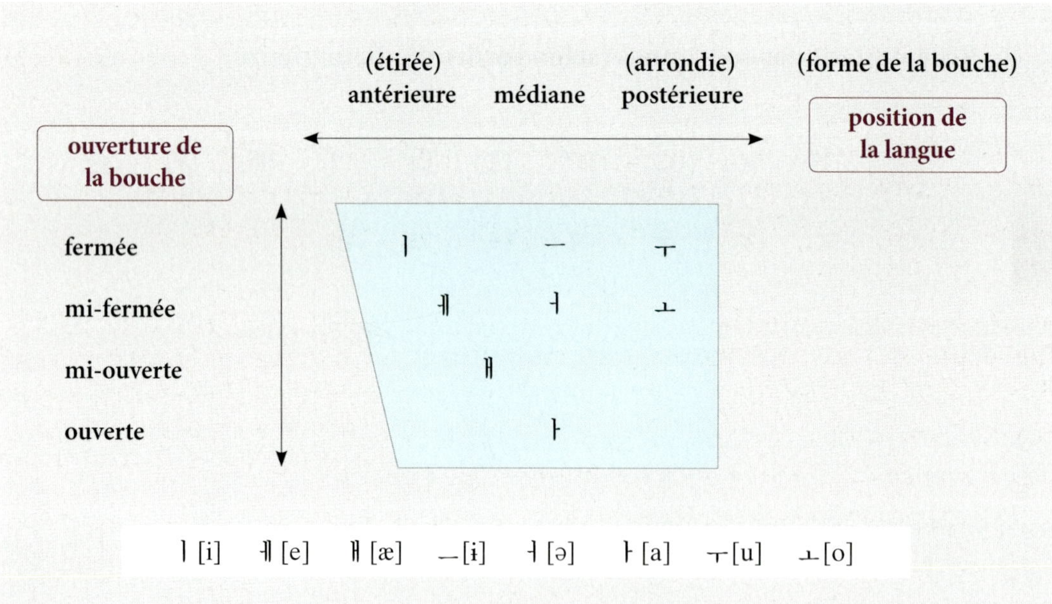

*L'explication des voyelles et des consonnes de coréen est basée sur les références suivantes : 1) KWON Yonghae (2006), « Modèle de méthodologie de l'enseignement du Coréen Langue Étrangère et élaboration d'un manuel pour les apprenants débutants – Recherches sur les étudiants d'universités françaises – », thèse de doctorat, Université de Sungkyunkwan. 2) GALISSON R., COSTE D.(1976), « Dictionnaire de didactique des langues », Hachette. 3) DUBOIS Jean, GIACOMO Mathée, GUESPIN Louis, MARCELLESI Christiane, MARCELLESI Jean-Baptiste, MEVEL Jean-Pierre (1979), « Dictionnaire de linguistique », Hachette. 4) http://fr.wikipedia.org/wiki/Consonne et http://fr.wikipedia.org/wiki/Voyelle

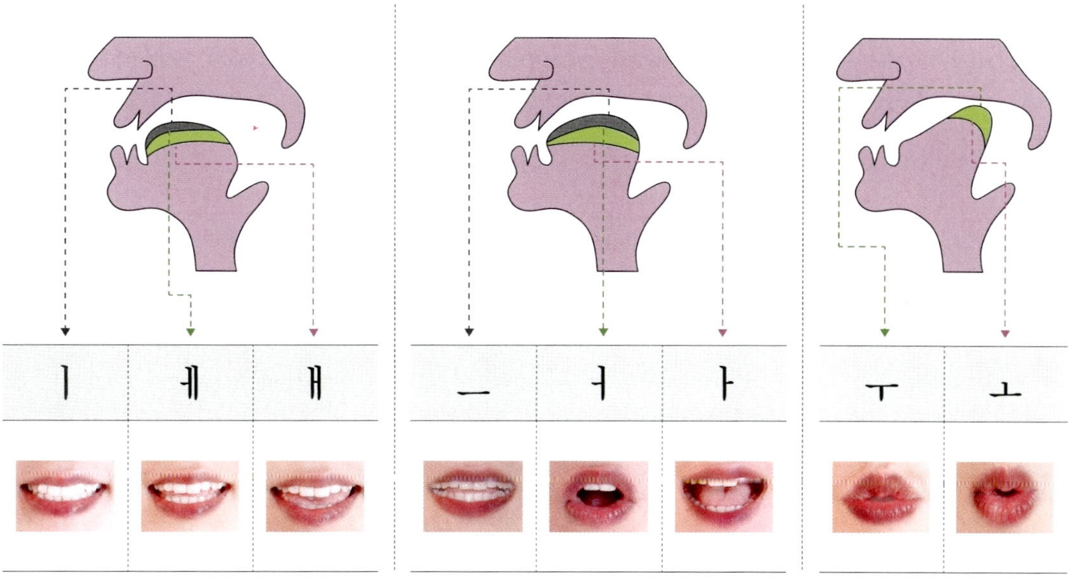

Comme indiqué sur l'image ci-dessus, « ㅣ ㅔ ㅐ » sont des voyelles antérieures car la langue est en position avancée dans la bouche quand on les prononce (par exemple, [i], [e], [ɛ] sont des voyelles antérieures du français). « ㅡ ㅓ ㅏ » sont des voyelles médianes car la langue est en position neutre (par exemple, [ə], [a] sont des voyelles médianes du français). « ㅜ ㅗ » sont des voyelles postérieures car la langue est en position arrière (par exemple, [u], [o], [ɔ] sont des voyelles postérieures du français)

Les voyelles sont dites fermées quand la bouche est peu ouverte et les voyelles sont dites ouvertes quand la bouche est bien ouverte. Les voyelles mi-fermées (ㅔ ㅓ ㅗ) sont plus ouvertes que les voyelles fermées (ㅣ ㅡ ㅜ) et moins ouvertes que la voyelle mi-ouverte (ㅐ). La voyelle ouverte (ㅏ) est la voyelle la plus ouverte parmi les 8 voyelles simples.

Récapitulons le mode de prononciation pour les 8 voyelles simples. Si on prend l'axe vertical de l'image, plus on prononce les voyelles vers le bas (par exemple, les voyelles antérieures selon l'ordre ㅣ → ㅔ → ㅐ), plus la bouche doit être ouverte. Ainsi ㅔ est plus ouverte que ㅣ et ㅐ est plus ouverte que ㅔ. On applique le même principe pour les voyelles médianes (ㅓ est plus ouverte que ㅡ et ㅏ est plus ouverte que ㅓ) et pour les voyelles postérieures (ㅗ est plus ouverte que ㅜ).

Si on prend l'axe horizontal de l'image, plus on prononce les voyelles vers la droite c'est-à-dire des voyelles antérieures vers les voyelles postérieures (par exemple, les voyelles fermées selon l'ordre ㅣ → ㅡ → ㅜ), plus la forme de la bouche devient arrondie. Ainsi ㅡ est plus arrondie que ㅣ et ㅜ est plus arrondie que ㅡ. On applique le même principe pour les voyelles mi-fermées (ㅓ est plus arrondie que ㅔ et ㅗ est plus arrondie que ㅓ) et pour les voyelles mi-ouvertes / ouvertes (ㅏ est plus arrondie que ㅐ).

Donc, si on prend les deux axes ensemble pour caractériser la voyelle ㅓ par exemple, ㅓ est plus ouverte que ㅡ, moins ouverte que ㅏ, plus arrondie que ㅔ et moins arrondie que ㅗ.

(2) **Les diphtongues**

La diphtongue est une voyelle qui change de timbre au cours de son émission. La diphtongue est donc un complexe de sons commençant par une voyelle et finissant par une voyelle différente.

① Diphtongues avec le son [y]

ㅑ ㅕ ㅛ ㅠ ㅖ ㅒ

En ajoutant le son [y] aux six voyelles simples, on peux obtenir les six diphtongues « ㅑ ㅕ ㅛ ㅠ ㅖ ㅒ ». Graphiquement, le son [y] est représenté par la voyelle simple ㅣ qui se transforme en ㅡ (trait horizontal) ou ㅣ (trait vertical) avec les six voyelles simples. On prononce rapidement [y] en finissant par les six voyelles simples suivantes :

[y] (ㅣ)	+	ㅏ [a]	→	ㅑ [ya]	comme dans **ya**ng
[y] (ㅣ)	+	ㅓ [ə]	→	ㅕ [yə]	comme dans **you**ng (en anglais)
[y] (ㅣ)	+	ㅗ [o]	→	ㅛ [yo]	comme dans **yo**ga
[y] (ㅣ)	+	ㅜ [u]	→	ㅠ [yu]	comme dans **you**goslave
[y] (ㅣ)	+	ㅔ [e]	→	ㅖ [ye]	comme dans **yes** (en anglais)
[y] (ㅣ)	+	ㅐ [æ]	→	ㅒ [yæ]	comme dans **yé**-yé (plus ouvert)

② Diphtongues avec le son [w]

ㅘ ㅙ ㅚ ㅝ ㅞ ㅟ

En ajoutant le son [w] aux six voyelles simples, on peut obtenir les six diphtongues « ㅘ ㅙ ㅚ ㅝ ㅞ ㅟ ». Graphiquement, le son [w] est représenté par les deux voyelles simples ㅗ ou ㅜ. On prononce rapidement [w] en finissant par les six voyelles simples suivantes :

[w] (ㅗ)	+	ㅏ [a]	→	ㅘ [wa]	comme dans **oie**
[w] (ㅗ)	+	ㅐ [æ]	→	ㅙ [wæ]	comme dans **ouais**
[w] (ㅗ)	+	ㅣ [i]	→	ㅚ [oe]	comme dans **œ**il, lu**eu**r
[w] (ㅜ)	+	ㅓ [ə]	→	ㅝ [wə]	comme dans **wo**rry (en anglais)
[w] (ㅜ)	+	ㅔ [e]	→	ㅞ [we]	comme dans l**oue**r, **we**stern
[w] (ㅜ)	+	ㅣ [i]	→	ㅟ [wi]	comme dans **oui**

Attention! « ㅚ » ne se prononce pas comme [wi].

Ne vous inquiétez pas ! La distinction entre les trois diphtongues [ㅙ ㅚ ㅞ] n'est pas facile parce que leurs prononciations sont similaires de l'une à l'autre. Même si on prononce ces trois voyelles de la même façon, cela ne pose pas de problèmes car beaucoup de Coréens n'arrivent pas non plus à les distinguer dans la vie quotidienne.

③ Diphtongue composée de ㅡ et ㅣ

ㅢ

Pour obtenir la diphtongue ㅢ [ɨy], on prononce rapidement la consonne simple ㅡ [ɨ] en finissant par la consonne simple ㅣ [i] .

ㅡ [ɨ] + ㅣ [i] → ㅢ [ɨy]

Récapitulatif des voyelles (selon l'ordre du dictionnaire)

ㅏ ㅐ ㅑ ㅒ ㅓ ㅔ ㅕ ㅖ ㅗ ㅘ ㅙ ㅚ ㅛ ㅜ ㅝ ㅞ ㅟ ㅠ ㅡ ㅢ ㅣ

2 Les consonnes*

La construction des consonnes est basée sur l'organe phonatoire. Les consonnes du Hangeul sont composées de 14 consonnes simples et de 5 consonnes doubles. Les 14 consonnes simples sont « ㄱ ㄴ ㄷ ㄹ ㅁ ㅂ ㅅ ㅇ ㅈ ㅊ ㅋ ㅌ ㅍ ㅎ » et les 5 consonnes doubles sont « ㄲ ㄸ ㅃ ㅆ ㅉ ». On peut prononcer chaque consonne de la façon suivante :

(1) Consonnes simples

ㄱ ㄴ ㄷ ㄹ ㅁ ㅂ ㅅ ㅇ ㅈ ㅊ ㅋ ㅌ ㅍ ㅎ

ㄱ [g]	comme dans **g**ala	ㅇ [ŋ]	comme dans parki**ng** (en anglais)
ㄴ [n]	comme dans **n**appe	ㅈ [ts]	comme dans **j**asmin
ㄷ [d]	comme dans **d**ame	ㅊ [ts^h]	comme dans **tch**èque
ㄹ [l]	comme dans **l**a	ㅋ [k^h]	comme dans **c**roissant
ㅁ [m]	comme dans **m**ille	ㅌ [t^h]	comme dans **t**ime (en anglais)
ㅂ [b]	comme dans **b**ilan	ㅍ [p^h]	comme dans **p**en (en anglais)
ㅅ [s]	comme dans **s**ol	ㅎ [h]	comme dans **h**appy (en anglais)

* Pour une explication détaillée des consonnes, voir : « Pour aller plus loin » de la leçon 1.

(2) Consonnes doubles

ㄲ	ㄸ	ㅃ	ㅆ	ㅉ

ㄲ [k'] comme dans **c**oup

ㄸ [t'] comme dans **t**issu

ㅃ [p'] comme dans **p**ile

ㅆ [s'] comme dans **ç**a

ㅉ [ts'] comme dans **ts**unami (plus fort)

Récapitulatif des consonnes (selon l'ordre du dictionnaire)

ㄱ ㄲ ㄴ ㄷ ㄸ ㄹ ㅁ ㅂ ㅃ ㅅ ㅆ ㅇ ㅈ ㅉ ㅊ ㅋ ㅌ ㅍ ㅎ

3 Ordre de l'écriture

Les voyelles et les consonnes s'écrivent de gauche à droite et de haut en bas.

(1) Les voyelles

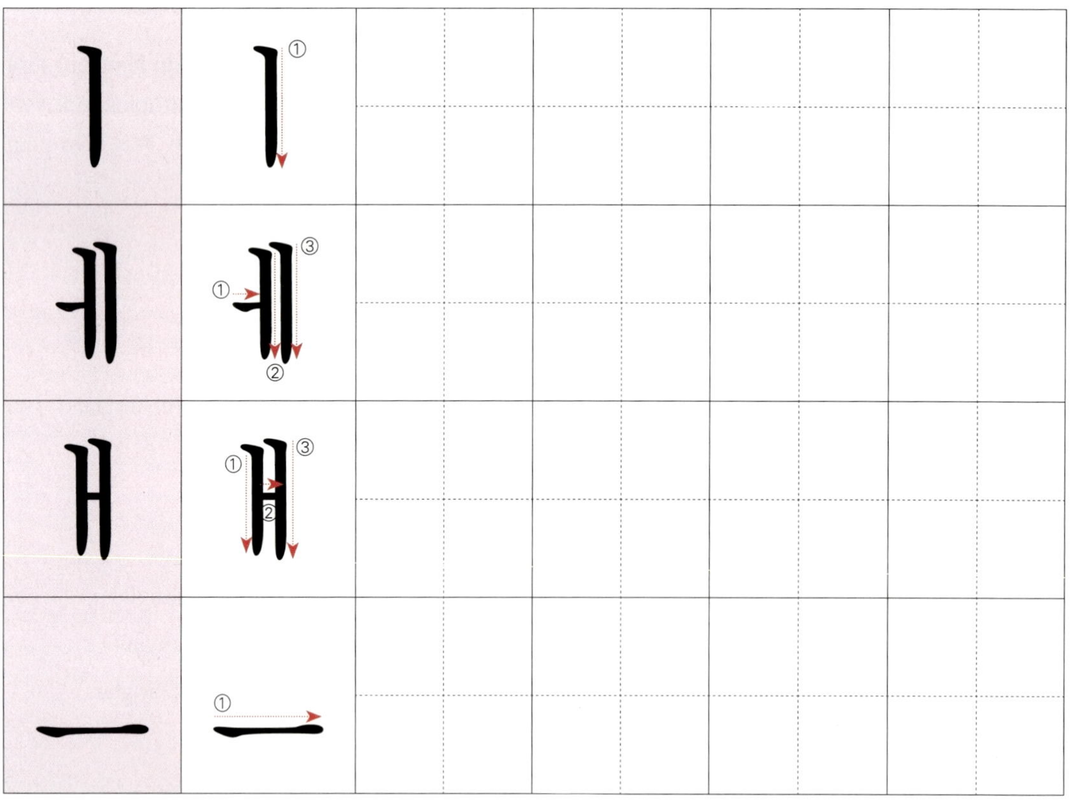

ㅓ	ㅓ ① ②				
ㅏ	ㅏ ① ②				
ㅜ	ㅜ ① ②				
ㅗ	ㅗ ① ②				
ㅑ	ㅑ ① ② ③				
ㅕ	ㅕ ① ② ③				
ㅛ	ㅛ ① ② ③				
ㅠ	ㅠ ① ② ③				

ㅖ	ㅖ									
ㅒ	ㅒ									
ㅘ	ㅘ									
ㅙ	ㅙ									
ㅚ	ㅚ									
ㅝ	ㅝ									
ㅞ	ㅞ									
ㅟ	ㅟ									

ㅓ	① ② ㅓ				

(2) **Les consonnes**

ㄱ	① ㄱ				
ㄴ	① ㄴ				
ㄷ	① ② ㄷ				
ㄹ	① ② ③ ㄹ				
ㅁ	① ② ③ ㅁ				
ㅂ	① ② ③ ④ ㅂ				

ㅅ	ㅅ ①②
ㅇ	ㅇ ①
ㅈ	ㅈ ①②
ㅊ	ㅊ ①②③
ㅋ	ㅋ ①②
ㅌ	ㅌ ①②③
ㅍ	ㅍ ①②③④
ㅎ	ㅎ ①②③

ㄲ	① ② ㄲ				
ㄸ	① ③ ㄸ ② ④				
ㅃ	② ⑤ ⑥ ① ③ ⑦ ㅃ ④ ⑧				
ㅆ	① ③ ㅆ ② ④				
ㅉ	③ ① ㅉ ② ④				

Pour aller plus loin

< Organe phonatoire >

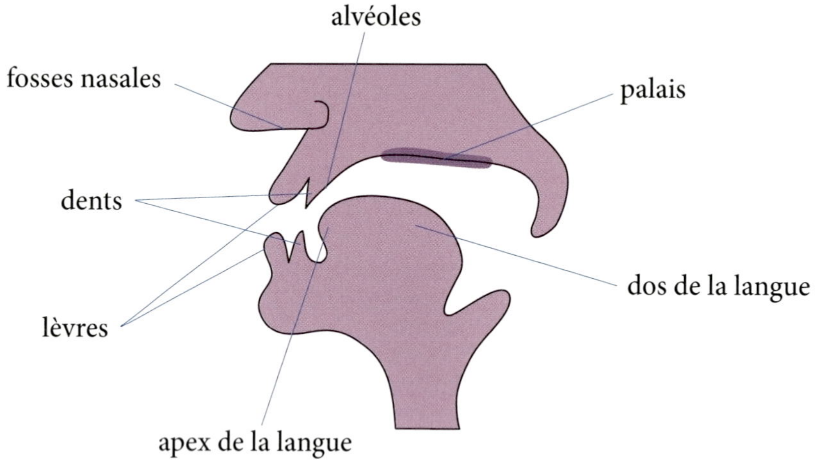

Si on veut comprendre plus en détail la prononciation des consonnes selon la phonétique, on peut expliquer comme suit :

Ces consonnes sont classées en fonction du mode d'articulation (qui s'explique par la nature de l'obstacle) et du point d'articulation (qui indique le lieu où se produit l'occlusion ou la constriction).

Point d'articulation / Mode d'articulation		Bilabiales	Alvéo-dentales	Palatales	Vélaires	Glottales
(1) **Occlusives**	ordinaires	① ㅂ [b]	② ㄷ [d]		③ ㄱ [g]	
	fortes	ㅃ [p']	ㄸ [t']		ㄲ [k']	
	aspirées *	ㅍ [pʰ]	ㅌ [tʰ]		ㅋ [kʰ]	
(2) **Constrictives**	ordinaires		④ ㅅ [s]			
	fortes		ㅆ [s']			⑤ ㅎ [h]
(3) **Affriquées** (occlusive + constrictive)	ordinaires			⑥ ㅈ [ts]		
	fortes			ㅉ [ts']		
	aspirées*			ㅊ [tsʰ]		
(4) **Nasales**		ㅁ [m]	ㄴ [n]		ㅇ [ŋ]	
(5) **Liquides**			ㄹ [l]			

* Les consonnes aspirées (ㅍ ㅌ ㅋ ㅊ) se produisent quand on combine les consonnes ordinaires (ㅂ ㄷ ㄱ ㅈ) et la consonne ㅎ [h]. Pour ㅎ [h], beaucoup de mots anglais contiennent cette prononciation : **h**appy, **h**elp, **h**istory, **h**ouse, etc.

(1) Occlusives

Une consonne est dite « occlusive » quand elle fait intervenir un arrêt brusque de l'écoulement de l'air puis le relâchement soudain de l'air dans la bouche. On peut obtenir l'occlusive, qui est momentanée, au moment d'expulser l'air retenu dans la bouche. Par exemple, les prononciations [b], [p], [d], [t], [k] du français sont des occlusives. Les consonnes « ㅂ ㅃ ㅍ ㄷ ㄸ ㅌ ㄱ ㄲ ㅋ » sont des occlusives du coréen.

① Bilabiales

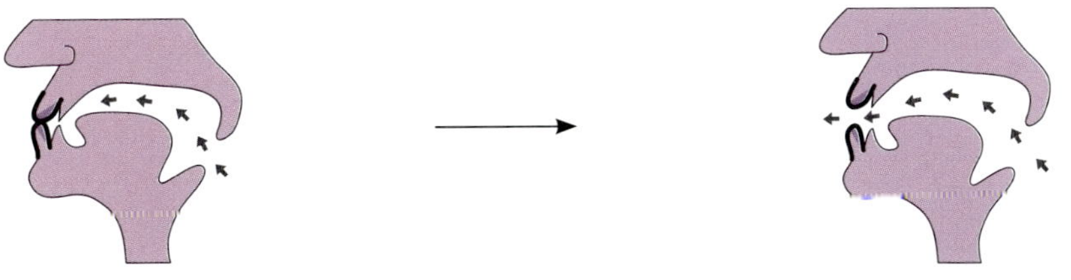

Une consonne bilabiale est une consonne réalisée par le rapprochement des deux lèvres. Ainsi les trois consonnes « ㅂ ㅃ ㅍ » ont des caractéristiques à la fois « occlusives » et « bilabiales ». Pour prononcer ces trois bilabiales « ㅂ ㅃ ㅍ », on applique le même mode de prononciation : on bloque d'abord l'écoulement de l'air avec les deux lèvres puis on relâche l'air.

Ce sont l'adjonction de ㅎ et le degré de force du relâchement qui différencient ces trois consonnes. Ainsi, il faut relâcher l'air comme d'ordinaire pour obtenir « ㅂ ». Il faut relâcher fortement l'air pour obtenir « ㅃ ». Et il faut ajouter ㅎ [h] en prononçant ㅂ pour obtenir « ㅍ » (voir « aspirées * » au tableau des consonnes ci-dessus).

ㅂ [b]	Relâchement ordinaire	comme dans **b**ilan
ㅃ [p']	Relâchement fort	comme dans **p**ile
ㅍ [pʰ]	ㅂ + ㅎ	comme dans **p**en (en anglais)

② Alvéo-dentales

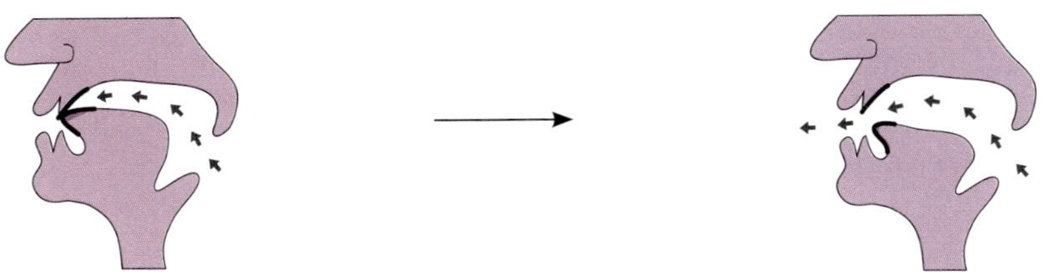

Une consonne alvéo-dentale est une consonne réalisée par le contact entre l'apex (= la pointe) de la langue et les dents du haut. Ainsi les trois consonnes « ㄷ ㄸ ㅌ » ont des caractéristiques à la fois « occlusives » et « alvéo-dentales ». Pour prononcer ces trois alvéo-dentales « ㄷ ㄸ ㅌ », on applique le même mode de prononciation : on bloque d'abord l'écoulement de l'air avec l'apex de la langue et avec les dents du haut, ensuite on relâche l'air. Le même principe est appliqué aux « ㄷ ㄸ ㅌ » comme les bilabiales « ㅂ ㅃ ㅍ ».

ㄷ [d]	Relâchement ordinaire	comme dans **d**ame
ㄸ [t']	Relâchement fort	comme dans **t**issu
ㅌ [tʰ]	ㄷ + ㅎ	comme dans **t**ime (en anglais)

③ Vélaires

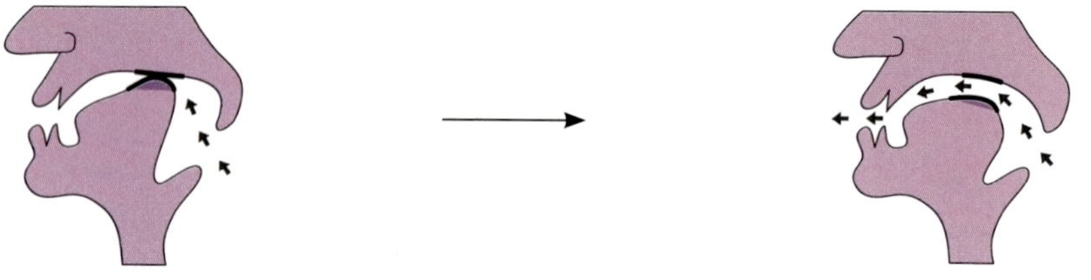

Une consonne vélaire est une consonne réalisée par le contact entre la partie postérieure de la langue et l'arrière du palais. Ainsi les trois consonnes « ㄱ ㄲ ㅋ » ont des caractéristiques à la fois « occlusives » et « vélaires ». Pour prononcer ces trois vélaires « ㄱ ㄲ ㅋ », on applique le même mode de prononciation : on bloque d'abord l'écoulement de l'air avec la partie postérieure de la langue et avec la partie postérieure du palais, ensuite on relâche l'air. Le même principe est aussi appliqué aux « ㄱ ㄲ ㅋ ».

ㄱ [g]	Relâchement ordinaire	comme dans **g**ala
ㄲ [k']	Relâchement fort	comme dans **c**oup
ㅋ [kʰ]	ㄱ + ㅎ	comme dans **c**roissant

(2) Constrictives

Une consonne est dite « constrictive » quand l'air s'écoule avec un bruit de frottement sans arrêt brusque de l'écoulement de l'air. Par exemple, les prononciations [f], [v], [s], [z] du français sont des constrictives. Les consonnes « ㅅ ㅆ ㅎ » sont les constrictives du coréen.

④ Alvéo-dentales

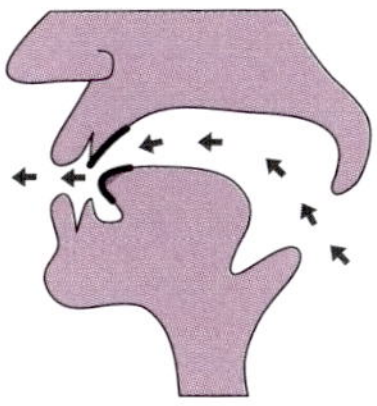

Une consonne constrictive alvéo-dentale est une consonne réalisée par le contact entre l'apex (= la pointe) de la langue et les dents du haut comme l'alvéo-dentale du point ②. Mais dans ce cas, l'air s'écoule avec un bruit de frottement et non pas avec l'expulsion de l'air après un arrêt brusque. Quand on prononce « ㅅ ㅆ », l'air s'écoule par l'espace central de la langue et du palais. Le même principe du relâchement de l'air est appliqué aux « ㅅ ㅆ ».

Attention! Pas de consonne 'ㅅ + ㅎ'.

ㅅ [s]	Relâchement ordinaire	comme dans **s**ol
ㅆ [s']	Relâchement fort	comme dans **ç**a

⑤ Glottale

« ㅎ » est une consonne à la fois constrictive et glottale. La glottale se réalise au niveau de la glotte. « ㅎ » se prononce comme [h] de l'anglais.

ㅎ [h]	comme dans **h**appy (en anglais)

(3) Affriquées

Une consonne est dite « affriquée » quand une phase occlusive et une phase constrictive se combinent. Par exemple, la prononciation de [tʃ] dans chicken [tʃikin] de l'anglais ou la prononciation de [dʒ] dans George [dʒɔːdʒ] de l'anglais sont des affriquées. Il y a trois affriquées « ㅈ ㅉ ㅊ ».

⑥ Palatales

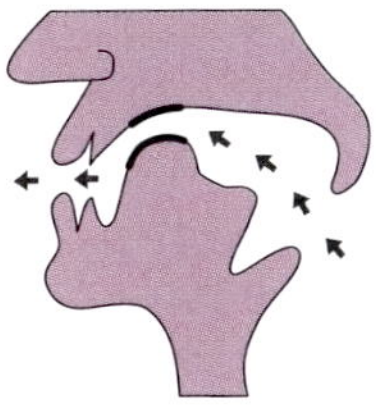

Les consonnes « ㅈ ㅉ ㅊ » sont à la fois affriquées et palatales ; la palatale est réalisée par le contact entre le dos de la langue et la partie antérieure du palais. Le même principe est appliqué aux « ㅈ ㅉ ㅊ » comme les bilabiales « ㅂ ㅃ ㅍ ».

ㅈ [ts]	Relâchement ordinaire	comme dans **j**asmin
ㅉ [ts']	Relâchement fort	comme dans **ts**unami (plus fort)
ㅊ [tsʰ]	ㅈ + ㅎ	comme dans **tch**èque

(4) Nasales

Une consonne est dite « nasale » quand l'air s'échappe par la bouche en même temps que par le nez. La prononciation de la consonne nasale « ㅁ » correspond aux sons comme dans « **m**ille », « **m**adame » ou « **m**obile » du français, « ㄴ » aux sons comme dans « **n**appe », « **n**id » ou « **n**on » et « ㅇ » correspond aux sons comme dans « parki**ng** », « bowli**ng** » ou « joggi**ng** » de l'anglais.

ㅁ [m]	comme dans **m**ille
ㄴ [n]	comme dans **n**appe
ㅇ [ŋ]	comme dans parki**ng** (en anglais)

(5) Liquides

Une consonne « liquide » est une consonne spirante. Le français ne comporte qu'une seule consonne liquide : [l]. La prononciation de la consonne liquide « ㄹ » correspond aux sons comme dans « **l**a », « **l**it », « **l**ot » du français.

ㄹ [l]	comme dans **l**a

연습 1 Exercices 1

쓰기 Écrire

1 〈보기〉와 같이 모음을 따라 쓰세요. Recopiez les voyelles comme dans l'exemple.

보기

ㅣ	ㅐ	ㅑ	ㅒ
ㅣ	ㅐ	ㅑ	ㅒ
ㅣ	ㅐ	ㅑ	ㅒ
ㅣ	ㅐ	ㅑ	ㅒ

ㅣ	ㅐ	ㅑ	ㅒ	ㅓ	ㅔ	ㅕ	ㅖ	ㅗ	ㅘ	ㅙ
ㅣ	ㅐ	ㅑ	ㅒ	ㅓ	ㅔ	ㅕ	ㅖ	ㅗ	ㅘ	ㅙ
ㅣ	ㅐ	ㅑ	ㅒ	ㅓ	ㅔ	ㅕ	ㅖ	ㅗ	ㅘ	ㅙ
ㅣ	ㅐ	ㅑ	ㅒ	ㅓ	ㅔ	ㅕ	ㅖ	ㅗ	ㅘ	ㅙ
ㅣ	ㅐ	ㅑ	ㅒ	ㅓ	ㅔ	ㅕ	ㅖ	ㅗ	ㅘ	ㅙ

ㅚ	ㅛ	ㅜ	ㅝ	ㅞ	ㅟ	ㅠ	ㅡ	ㅢ	ㅣ
ㅚ	ㅛ	ㅜ	ㅝ	ㅞ	ㅟ	ㅠ	ㅡ	ㅢ	ㅣ
ㅚ	ㅛ	ㅜ	ㅝ	ㅞ	ㅟ	ㅠ	ㅡ	ㅢ	ㅣ
ㅚ	ㅛ	ㅜ	ㅝ	ㅞ	ㅟ	ㅠ	ㅡ	ㅢ	ㅣ
ㅚ	ㅛ	ㅜ	ㅝ	ㅞ	ㅟ	ㅠ	ㅡ	ㅢ	ㅣ

2 〈보기〉와 같이 자음을 따라 쓰세요. Recopiez les consonnes comme dans l'exemple.

보기

ㄱ	ㄴ	ㄷ	ㄹ
ㄱ	ㄴ	ㄷ	ㄹ
ㄱ	ㄴ	ㄷ	ㄹ
ㄱ	ㄴ	ㄷ	ㄹ

ㄱ	ㄴ	ㄷ	ㄹ	ㅁ	ㅂ	ㅅ	ㅇ	ㅈ
ㄱ	ㄴ	ㄷ	ㄹ	ㅁ	ㅂ	ㅅ	ㅇ	ㅈ
ㄱ	ㄴ	ㄷ	ㄹ	ㅁ	ㅂ	ㅅ	ㅇ	ㅈ
ㄱ	ㄴ	ㄷ	ㄹ	ㅁ	ㅂ	ㅅ	ㅇ	ㅈ
ㄱ	ㄴ	ㄷ	ㄹ	ㅁ	ㅂ	ㅅ	ㅇ	ㅈ

ㅊ	ㅋ	ㅌ	ㅍ	ㅎ	ㄲ	ㄸ	ㅃ	ㅆ	ㅉ
ㅊ	ㅋ	ㅌ	ㅍ	ㅎ	ㄲ	ㄸ	ㅃ	ㅆ	ㅉ
ㅊ	ㅋ	ㅌ	ㅍ	ㅎ	ㄲ	ㄸ	ㅃ	ㅆ	ㅉ
ㅊ	ㅋ	ㅌ	ㅍ	ㅎ	ㄲ	ㄸ	ㅃ	ㅆ	ㅉ
ㅊ	ㅋ	ㅌ	ㅍ	ㅎ	ㄲ	ㄸ	ㅃ	ㅆ	ㅉ

연습 2 Exercises 2

듣기와 말하기 Écouter et Parler

1 다음을 듣고 맞는 모음을 고르세요. Écoutez et choisissez la bonne voyelle. CD1 09

(1) ㅣ ㅔ (2) ㅓ ㅏ

(3) ㅜ ㅗ (4) ㅣ ㅓ

(5) ㅜ ㅗ (6) ㅓ ㅔ

(7) ㅜ ㅐ

2 다음을 듣고 맞는 모음을 고르세요. Écoutez et choisissez la bonne voyelle. CD1 10

(1) ㅝ ㅘ (2) ㅠ ㅛ

(3) ㅙ ㅢ (4) ㅑ ㅕ

(5) ㅟ ㅠ (6) ㅝ ㅠ

(7) ㅡ ㅢ

3 다음을 듣고 맞는 자음을 고르세요. Écoutez et choisissez la bonne consonne. CD1 11

(1) ㄱ ㄷ (2) ㅂ ㅅ

(3) ㅈ ㄴ (4) ㄹ ㅎ

(5) ㅁ ㄴ (6) ㅊ ㄲ

(7) ㅍ ㄹ (8) ㄴ ㅈ

(9) ㅁ ㅌ

4 다음을 듣고 맞는 자음을 고르세요. Écoutez et choisissez la bonne consonne. CD1 12

(1) ㄱ ㅋ ㄲ (2) ㄱ ㅋ ㄲ

(3) ㄷ ㅌ ㄸ (4) ㄷ ㅌ ㄸ

(5) ㅂ ㅍ ㅃ (6) ㅂ ㅍ ㅃ

(7) ㅅ ㅆ (8) ㅅ ㅆ

(9) ㅈ ㅊ ㅉ (10) ㅈ ㅊ ㅉ

5 다음을 듣고 맞는 자음을 고르세요. Écoutez et choisissez la bonne consonne. CD1 13

(1) ㅋ ㅎ (2) ㅍ ㅌ

(3) ㅁ ㅂ (4) ㅎ ㅊ

(5) ㅅ ㅈ (6) ㄹ ㅁ

(7) ㅆ ㅉ

6 다음 모음을 소리내서 읽으세요. Lisez à voix haute les voyelles suivantes.

ㅏ ㅐ ㅑ ㅒ ㅓ ㅔ ㅕ ㅖ ㅗ ㅘ ㅙ

ㅚ ㅛ ㅜ ㅝ ㅞ ㅟ ㅠ ㅡ ㅢ ㅣ

7 다음 자음을 소리내서 읽으세요. Lisez à voix haute les consonnes suivantes.

ㄱ ㄴ ㄷ ㄹ ㅁ ㅂ ㅅ ㅇ ㅈ ㅊ ㅋ

ㅌ ㅍ ㅎ ㄲ ㄸ ㅃ ㅆ ㅉ

문화와 사회 Culture et Société

La Corée du Sud en bref

- Nom officiel : République de Corée
- Situation géographique :
  - La péninsule se situe à l'extrémité du continent asiatique
  - Entre le 33ème et le 43ème parallèle au nord et le 124ème et le 131ème méridien à l'est (y compris la Corée du Nord)
  - Les montagnes couvrent les trois-quarts du territoire
- Superficie totale : 222 154km^2 – Corée du sud : 99 460km^2
- Population : 49,54 millions d'habitants (2009)
- Capitale : Séoul
- Unité monétaire : le won (un euro équivaut à environ 1,500 wons)
- Climat : quatre saisons distinctes
- Religions (liberté des cultes) : le Bouddhisme, le Christianisme, le Catholicisme, etc.
- Langue : le coréen

Activités

1. 한국을 아세요? 그렇다면, 한국에 대해서 알고 있는 것을 이야기해 보세요.
   Connaissez-vous la Corée ? Si oui, dites ce que vous connaissez de ce pays !
2. 한글을 어떻게 알게 됐어요?
   Comment avez-vous obtenu ces connaissances sur le Hangeul ?

2과 Syllabes : construction et règles de prononciation

Construction des syllabes et règles de prononciation

CD1 14

(1)

C V	기	나	바	시	차

개
chien, chienne

기자
journaliste

바나나
banane

시계
réveil, montre

차
voiture

캐나다
Canada

커피
café

파리
Paris

(2)

C / V	무	수	스	유	조	트

가수
chanteur, chanteuse

나무
arbre

바게트
baguette

배우
acteur, actrice

버스
bus

아파트
appartement

우유
lait

테니스
tennis

(3)

C / V₁	V₂

과　　돼　　왜　　쥐　　화

과	과일	돼지	왜	쥐	화가	사과
leçon	fruits	cochon, cochonne	pourquoi	rat, souris	peintre	pomme

(4)

C	V
C(C)	

님　　빵　　영　　책　　컴　　햄

					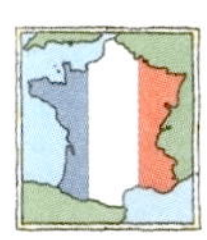
교수님	사전	책	컴퓨터	텔레비전	프랑스
professeur d'université	dictionnaire	livre	ordinateur	télévision	France

라로셸	프로방스	수영장	청계천	햄버거	빵
La Rochelle	Provence	piscine	Cheonggyecheon	hamburger	pain

(5)

C
V
C(C)

국 등 복 글 콜 울 꽃

꽃
fleur

경복궁
Gyeongbokgung

불국사
Bulguksa

서울
Séoul

우체국
bureau de poste

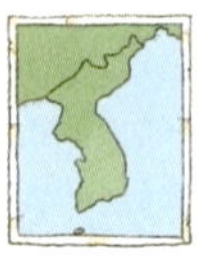

한국
Corée

인사동
Insa-dong

콜라
coca

한글
Hangeul
(alphabet coréen)

(6)

C
V_1
V_2
C(C)

관 권 된 원

도서관
bibliothèque

공원
parc

태권도
taekwondo

Quelques expressions de base

CD1 15

(1)

가 안녕하세요?
나 안녕하세요?

(2)

가 감사합니다. (= 고맙습니다.)
나 천만에요.

(3)

가 죄송합니다. (= 미안합니다.)
나 괜찮아요. (= 괜찮습니다.)

(4)

실례합니다.

1 Construction des syllabes

Le coréen est une langue syllabique. Les lettres coréennes sont combinées en blocs syllabiques. Pour former une syllabe, le 'bloc syllabique en carré' doit contenir obligatoirement une consonne initiale suivie par une voyelle (voyelle simple ou diphtongue). Par exemple, « 가 » « 구 » « 과 ». On peut également ajouter une ou deux consonnes à la position finale (= position de dessous) dans le 'bloc syllabique en carré ' pour former une syllabe. Par exemple, « 감 » « 값 » « 굴 » « 광 ».

Si la syllabe n'a pas besoin de consonne initiale, le bloc syllabique doit commencer par la consonne « ㅇ ». Par exemple, « 이 » « 왜 » « 앞 », etc., car une voyelle (ou consonne) toute seule ne peut pas former une syllabe. Dans ce cas, « ㅇ » n' a aucune valeur phonétique, c'est-à-dire qu'on ne prononce pas la consonne « ㅇ » quand elle est dans la position initiale du bloc syllabique. Alors que « ㅇ » doit se prononcer quand elle est dans la position finale du bloc syllabique. Passons maintenant aux règles de construction pour former les syllabes. Il y a trois formes de base à l'écrit.

(C = consonne, V = voyelle)

(1) C V

La consonne se place à gauche dans le bloc syllabique avec les voyelles « ㅏ ㅐ ㅑ ㅒ ㅓ ㅔ ㅕ ㅖ ㅣ » dont le trait horizontal est court et le trait vertical est long.

Ex. 차 개 저 에 비

Ordre de l'écriture
개 → ㄱ 기 가 개
저 → ㅈ ㅈ 저

(2) C
V

La consonne se place en haut dans le bloc syllabique avec les voyelles « ㅗ ㅛ ㅜ ㅠ ㅡ » dont le trait horizontal est long.

Ex. 또 요 구 유 트

Ordre de l'écriture
구 → ㄱ 그 구
유 → ㅇ 으 우 유

(3)

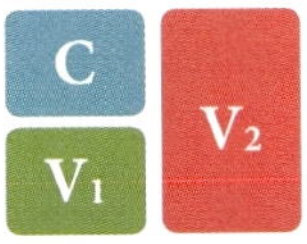

La consonne se place en haut à gauche dans le bloc syllabique avec les diphtongues « ㅘ ㅙ ㅚ ㅝ ㅞ ㅟ ㅢ ».

Ex. 쇠 뭐 쥐 의 돼

Ordre de l'écriture
쇠 → ノ ㅅ 소 쇠
돼 → ㄷ 도 되 돠 돼

Lorsque l'on ajoute une ou deux consonnes (à la position finale) aux formes (1), (2), (3) dans le bloc syllabique, on peut construire trois autres formes de syllabes comme suit :

(4)

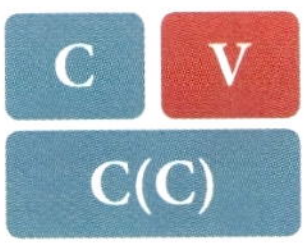

Ex. 강 값 별 신 싫

Ordre de l'écriture
신 → ㅅ 시 신
값 → ㄱ 가 갑 값

(5)

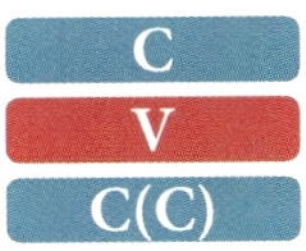

Ex. 극 돈 몫 문 흙

Ordre de l'écriture
돈 → ㄷ 도 돈
흙 → ㅎ 흐 흘 흙

(6)

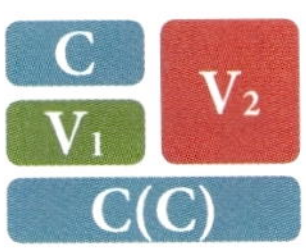

Ex. 광 괜 뒷 봤 웬

Ordre de l'écriture
광 → ㄱ 고 과 광
봤 → ㅂ 보 봐 봣 봤

2 Règles de prononciation

(1) Prononciation des consonnes finales

En position initiale, toutes les consonnes se prononcent en fonction de leurs caractéristiques, sauf « ㅇ » qui n'a pas de valeur phonétique. Mais en position finale, les consonnes ont simplement sept prononciations différentes, comme indiqué dans le tableau suivant :

	Consonnes (en position finale)	Prononciation
1	ㄴ	[ㄴ]
2	ㄹ	[ㄹ]
3	ㅁ	[ㅁ]
4	ㅇ	[ㅇ]
5	ㄱ ㅋ ㄲ	[ㄱ]
6	ㅂ ㅍ	[ㅂ]
7	ㄷ ㅌ ㅅ ㅆ ㅈ ㅊ ㅎ	[ㄷ]

Ex. 문 [문] 날 [날] 밤 [밤] 상 [상] 조각 [조각] 부엌 [부억]
밖 [박] 밥 [밥] 잎 [입] 듣 [듣] 솥 [솓] 갓 [갇]
갔 [갇] 낮 [낟] 꽃 [꼳] 낳 [낟]

(2) Liaison

Quand la syllabe qui se termine par une consonne est suivie par une syllabe qui commence par une voyelle, la consonne finale de la syllabe précédente se prononce comme consonne initiale de la syllabe suivante.

Ex. 눈이 [누니] 옷이 [오시] 음악 [으막]

Un changement phonétique se produit lorsque la consonne finale de la syllabe précédente rencontre la consonne initiale de la syllabe suivante. Ces règles de prononciation seront expliquées en détail dans les leçons suivantes : tension de la consonne et nasalisation (leçon 3), aspiration (leçon 5), palatalisation (leçon 8) et latéralisation (leçon 15) .

Quelques expressions de base

(1) 안녕하세요? Bonjour

안녕하세요? est une formule de politesse équivalant à « bonjour » ou « bonsoir » quelle que soit l'heure de la journée. C'est une phrase complète composée du nom 안녕 (en paix) et du verbe 하다 (faire) dans sa forme honorifique. 안녕 tout seul est utilisé dans un contexte familier pour dire « bonjour », « bonsoir » et aussi « au revoir », ce qui n'est pas le cas de 안녕하세요? qui s'emploie quand on rencontre quelqu'un et non quand on quitte quelqu'un.

Ex. 가 안녕하세요? Bonjour / Bonsoir.

나 안녕하세요? Bonjour / Bonsoir.

(2) 감사합니다 = 고맙습니다 Merci

감사합니다 et 고맙습니다 sont deux formules de politesse pour remercier. 감사합니다 est composée du nom sino-coréen 감사 qui veut dire « remerciement » et du verbe 하다 « faire ». Elle est un peu plus formelle que 고맙습니다, formulle qui est, elle, d'origine coréenne.
On peut utiliser l'adverbe 대단히 pour renforcer le remerciement .

Ex. 가 감사합니다 / 고맙습니다 Je vous (en) remercie.

나 대단히 감사합니다 / 대단히 고맙습니다. Je vous (en) remercie beaucoup.

(3) 천만에요 De rien

천만에요 « De rien / Je vous en prie » est une formule de politesse. Elle est employée quand on répond au remerciement que vient d'exprimer l'interlocuteur.

(4) 죄송합니다 = 미안합니다 Excusez-moi

죄송합니다 et 미안합니다 sont deux formules de politesse pour présenter des excuses. La première formule est plus formelle et plus marquée que la seconde. Les deux peuvent se traduire par « Excusez-moi » ou « Pardon ».

(5) 괜찮아요 = 괜찮습니다 Ce n'est pas grave

괜찮습니다, plus formelle que 괜찮아요, est une formule de politesse qui signifie « ça va », « c' est bien ». En réplique à des excuses, l'expression 괜찮아요 se traduit plus couramment par « ce n'est pas grave ».

Ex. 가 죄송합니다. Excusez-moi.

나 괜찮아요. Ce n'est pas grave.

(6) 실례합니다 Pardon

실례합니다 s' emploie pour s'excuser quand on veut demander quelque chose à quelqu'un ou que l' on a causé un dérangement ou une nuisance. 실례합니다 se traduit par « Excusez-moi » ou « Pardon ».

연습 1 Exercices 1

쓰기 Écrire

1 **〈보기〉와 같이 단어를 따라 쓰세요.** Recopiez les mots comme dans l'exemple.

보기

우	체	국
우	체	국
우	체	국

(1)

컴	퓨	터
컴	퓨	터
컴	퓨	터

(2)

꽃
꽃
꽃

(3)

아	파	트
아	파	트
아	파	트

(4)

사	과
사	과
사	과

(5)

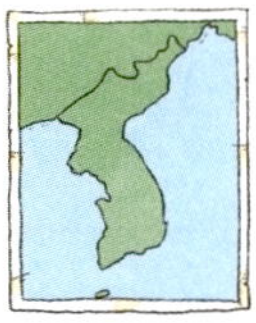

한	국
한	국
한	국

(6)

텔	레	비	전
텔	레	비	전
텔	레	비	전

(7)

가	수
가	수
가	수

(8)

태	권	도
태	권	도
태	권	도

(9)

콜	라
콜	라
콜	라

(10)

바	게	트
바	게	트
바	게	트

2 **〈보기〉와 같이 단어를 완성하세요.** Complétez les mots comme dans l'exemple :

보기

빵

(1)

사	전

(2)

수	영	장

(3)

공	원

(4)

책

(5)

우	유

(6)

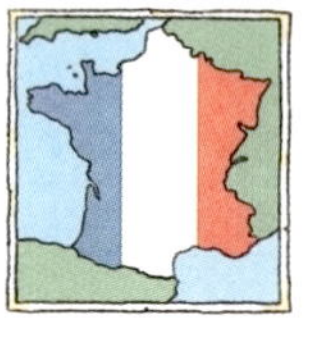

프	랑	스

(7)

테	니	스

(8)

교	수	님

연습 2 Exercises 2

듣기와 말하기 Écouter et Parler

1 **다음을 듣고 맞는 음절을 고르세요.** Écoutez et choisissez les bonnes syllabes. CD1 16

(1) 가 거 (2) 거 너 (3) 냐 녀 (4) 교 뉴

(5) 괘 궈 (6) 뉘 뇌 (7) 계 교 (8) 놔 네

2 **다음을 듣고 맞는 음절을 고르세요.** Écoutez et choisissez les bonnes syllabes. CD1 17

(1) 국 군 (2) 문 물 (3) 잔 찬 (4) 당 땅

(5) 의 위 (6) 뒤 쉬 (7) 환 황 (8) 죽 촉

3 **다음을 듣고 해당하는 단어를 고르세요.** Écoutez et choisissez le mot correspondant. CD1 18

(1) 햄버거 3 (2) 캐나다 2 (3) 바나나 5 (4) 나무 7

(5) 서울 6 (6) 기자 4 (7) 개 1

4 **다음을 듣고 해당하는 단어를 고르세요.** Écoutez et choisissez le mot correspondant. CD1 19

(1) 배우 1 (2) 시계 4 (3) 버스 3 (4) 한글 7

(5) 파리 6 (6) 차 5 (7) 돼지 2

5 **다음을 듣고 빠진 음절을 채우세요.** Écoutez et complétez les syllabes manquantes. CD1 20

(1) | 가 | 수 |

(2) | 교 | 수 | 님 |

(3) | 도 | 서 | 관 |

(4) | 배 | 우 |

(5) | 사 | 센 |

(6) | 아 | 파 | 트 |

(7) | 우 | 체 | 국 |

(8) | 컴 | 퓨 | 터 |

6 다음을 듣고 빠진 음절을 채우세요. Écoutez et complétez les syllabes manquantes.

CD1 21

(1) | ＿ |

(2) | 버 | ＿ |

(3) | 서 | ＿ |

(4) | ＿ | ＿ |

(5) | ＿ | 영 | ＿ |

(6) | ＿ | ＿ |

(7) | 텔 | 레 | ＿ | ＿ |

(8) | ＿ | ＿ |

(9) | ＿ | 글 |

(10) | 햄 | ＿ | ＿ |

7 한국어로 말해 보세요. Dites en coréen.

(1) Bonjour.

(2) Merci.

(3) De rien.

(4) Excusez-moi.

(5) Ce n'est pas grave.

(6) Pardon.

문화와 사회 Culture et Société

Hangeul, alphabet coréen

Appartenant à la famille des langues altaïques, comme le mongol, le hongrois, le turc ou le finnois, la langue coréenne est parlée du nord au sud de la péninsule par plus de 70 millions de personnes sans compter les 5,7 millions de Coréens à l'étranger. L' alphabet coréen, le hangeul (originellement hunminjeong'eum signifiant : Sons corrects destinés à instruire le peuple) fut inventé par un conseil de lettrés mandatés par le roi Sejong en 1443, et proclamé en 1446 après une période de test. Il compta à l'origine 11 voyelles simples et 17 consonnes qui se combinent pour former des syllabes. Les voyelles sont créées à partir des trois éléments principaux :
le ciel représenté par « • » ; la terre, « ㅡ » ; l'homme, « ㅣ ».
Les consonnes sont créées, en principe, en imitant la forme de l' organe phonatoire lors de la prononciation d'une consonne, par exemple la forme de la bouche, etc.

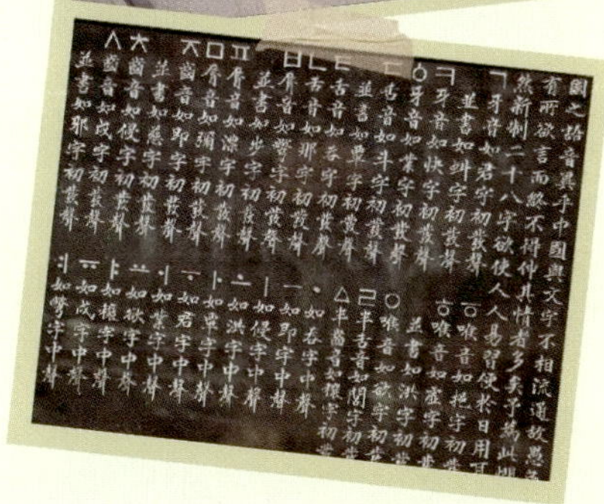

Activités

1 한국어를 배우기 전에 한글을 본 적이 있어요? 있다면 어디서 봤어요?
Avez-vous déjà été en contact avec l'alphabet coréen, hangeul, avant même d'apprendre le coréen? Si oui, à quelle occasion ?

2 여러분의 모국어를 소개해 보세요. (예를 들면 어족, 자음 및 모음의 수 등에 대해서)
Pourriez-vous présenter votre langue maternelle, par exemple, à quelle famille de langues elle appartient, le nombre de voyelles et de consonnes, etc. ?

3과 저는 모르간이에요.

대화 1 Dialogue 1

CD1 22

(Morgane, Sang-joon, Samira et Léo se rencontrent devant l' association d' étudiants qui aide les étudiants venus en Corée dans le cadre d'un échange universitaire.)

모르간 안녕하세요?
저는 모르간이에요.
프랑스 사람이에요.

상준 안녕하세요?
반갑습니다.
저는 상준이에요.
한국 사람이에요.

단어 vocabulaire

대학생	étudiant(e)
대학원생	étudiant(e) en master
대화	dialogue
레오	Léo
모로코	Maroc
모르간	Morgane
뭐	que / quoi
벨기에	Belgique
사람	personne
사미라	Samira
삼 (3)	trois
삼 학년	troisième année
상준	Sang-joon
–은/는	particule auxiliaire
이름	nom, prénom
–이에요/예요	copule, Voir 3.2.
저	je, moi

대화 2 Dialogue 2

CD1 23

(Samira et Léo se présentent.)

사미라 안녕하세요?
저는 사미라예요.
이름이 뭐예요?

레오 저는 레오예요.
반갑습니다.

사미라 저는 모로코 사람이에요.

레오 아, 그래요?
저는 벨기에 사람이에요.

사미라 저는 대학생이에요. 삼 학년이에요.

레오 저는 대학원생이에요.

발음 prononciation

CD1 24

Tension de la consonne

Dans une syllabe, quand les consonnes finales : « ㄱ ㅋ ㄲ ㄷ ㅌ ㄸ ㅂ ㅍ ㅅ ㅆ ㅈ ㅊ », rencontrent « ㄱ ㄷ ㅂ ㅅ ㅈ » comme consonnes initiales de la syllabe qui suit, cette consonne initiale se prononce « ㄲ ㄸ ㅃ ㅆ ㅉ ».

예 대학생 [대학쌩] 학교 [학꾜]
반갑습니다 [반갑씀니다]

대학생 [대학쌩]
대학원생 [대하권생]
반갑습니다 [반갑씀니다]
삼 학년 [삼 항년]

Nasalisation

Dans une syllabe, quand les consonnes finales : « ㄱ ㅋ ㄲ ㄷ ㅌ ㅂ ㅍ ㅅ ㅆ ㅈ ㅊ ㅎ », rencontrent « ㄴ ㅁ » comme consonnes initiales de la syllabe qui suit, cette consonne finale se prononce selon les règles suivantes :

Consonnes finales	Prononciation
ㄱ ㅋ ㄲ	[ㅇ]
ㅂ ㅍ	[ㅁ]
ㄷ ㅌ ㅅ ㅆ ㅈ ㅊ ㅎ	[ㄴ]

예 삼 학년 [삼 항년] 반갑습니다 [반갑씀니다]

읽기 Lire

CD1 25

사미라는 대학교 삼 학년이에요.
전공은 한국어예요.

레오는 벨기에 사람이에요.
대학원생이에요.
전공은 한국 역사예요.

피에르는 프랑스 사람이에요.
요리사예요.

찬호는 회사원이에요.
한국 사람이에요.

마리는 선생님이에요.
프랑스 사람이에요.

단어 vocabulaire

대학교	université
마리	Marie
선생님	maître(sse) d'école, professeur(e) (de collège, de lycée)
역사	histoire
요리사	cuisinier(ère)
읽기	lire, lecture
전공	spécialité
찬호	Chan-ho
피에르	Pierre
한국어	langue coréenne
회사원	employé(e) d'une compagnie

발음 prononciation

CD1 26

역사 [역싸]
읽기 [일끼]

3-1 NOM + 은/는 Nom suivi de la particule auxiliaire 은/는

은/는 est une particule auxiliaire. Elle peut marquer le sujet, le complément d'objet direct ou l'attribut de sujet dans la phrase selon sa fonction grammaticale du contexte. Ici la particule auxiliaire 은/는 marque le sujet de la phrase. 은 s'emploie quand le mot qui le précède se termine par une consonne et 는 quand le mot se termine par une voyelle. Notez qu'il n'y a pas d'espace typographique entre le NOM et la particule qui lui est accolée. Cette absence d'espace entre le NOM et 은/는 constitue une règle générale qui s' applique à toutes les particules fonctionnelles de la langue.

Nom Consonne + 은
Nom Voyelle + 는

예 저 + 는 → 저는	Je …
사미라 + 는 → 사미라는	Samira …
모르간 + 은 → 모르간은	Morgane …
레오 + 는 → 레오는	Léo …
상준 + 은 → 상준은	Sang-joon …

3-2 NOM_1 + 은/는 NOM_2 + 이에요/예요 ($NOM_1 = NOM_2$)

이에요/예요 s'emploie avec un nom. C'est une phrase construite à partir de la copule 이다. 이에요/예요 apparaît en fin de phrase et permet d'établir une relation d'identité entre deux éléments : $NOM_1 = NOM_2$. Quand le nom se termine par une consonne, on ajoute 이에요 et quand il se termine par une voyelle, on ajoute 예요. Notez qu'il n'y a pas d'espace typographique entre le NOM et 이에요/예요.

Nom Consonne + 이에요
Nom Voyelle + 예요

예 저는 모르간이에요.	Je suis Morgane. (Je m'appelle Morgane.)
찬호는 한국 사람이에요.	Chan-ho est Coréen.
사미라는 대학생이에요.	Samira est étudiante.
레오는 대학원생이에요.	Léo est étudiant en master.
피에르는 요리사예요.	Pierre est cuisinier.
이자벨은 기자예요.	Isabelle est journaliste.

3-3 Nom du pays, Nationalité

	Pays	Nationalité
Corée du Sud	한국	한국 사람
France	프랑스 (ou 불란서)	프랑스 (ou 불란서) 사람
Belgique	벨기에	벨기에 사람
Maroc	모로코	모로코 사람
Suisse	스위스	스위스 사람
Canada	캐나다	캐나다 사람

Nom du pays + 사람 est une forme servant à indiquer la nationalité de 사람. Notez qu'il y a un espace typographique entre le nom du pays et 사람. 프랑스 (ou 불란서) 사람 signifie « une personne dont la nationalité est française. »

예 저는 한국 사람이에요. — Je suis Coréen(ne).
모르간은 프랑스 사람이에요. — Morgane est Française.
사미라는 모로코 사람이에요. — Samira est Marocaine.
레오는 벨기에 사람이에요. — Léo est Belge.
제레미는 스위스 사람이에요. — Jérémy est Suisse.
아가트는 캐나다 사람이에요. — Agathe est Canadienne.

3-4 Omission du sujet

En coréen, le sujet de la phrase est souvent omis lorsqu'il est clairement identifiable par le locuteur et par l'interlocuteur.

예 저는 상준이에요. (저는) 한국 사람이에요.
Je suis Sang-joon. Je suis Coréen.

저는 레오예요. (저는) 대학원생이에요.
Je suis Léo. Je suis étudiant en Master.

저는 대학생이에요. (저는) 삼 학년이에요.
Je suis étudiant. Je suis en troisième année.

3-5 반갑습니다 Enchanté(e)

반갑습니다 est une salutation utilisée lorsque l'on rencontre quelqu'un pour la première fois ou après un certain laps de temps. 반갑습니다 correspond en français à « enchanté(e) » ou à « cela (me) fait plaisir de vous revoir ».

예 안녕하세요? 저는 상준이에요. 반갑습니다.
Bonjour. Je suis Sang-joon. Enchanté.

안녕하세요? 모르간이에요. 반갑습니다.
Bonjour. Je suis Morgane. Enchantée.

반갑습니다. 저는 마리예요.
Enchantée. Je suis Marie.

3-6 이름이 뭐예요? Comment vous appelez-vous ?

이름이 뭐예요? est une question pour demander le nom d'une personne. 이름이 뭐예요? correspond en français à « Comment vous appelez-vous ? ».

예	가	이름이 뭐예요?	Comment vous appelez-vous ?
	나	저는 상준이에요.	Je m'appelle Sang-joon.
	가	이름이 뭐예요?	Comment vous appelez-vous ?
	나	피에르예요.	Je m'appelle Pierre.

3-7 아, 그래요? Ah, oui ? / Ah, vraiment ? / Ah, bon ?

Expression qui exprime un étonnement suite à une information qui vient d'être communiquée. Elle peut se traduire en français par « Ah, oui ? », « Ah, bon ? », « Ah, vraiment ? ».

예	가	저는 가수예요.	Je suis chanteuse.
	나	아, 그래요?	Ah, vraiment ?
	가	레오는 벨기에 사람이에요.	Léo est Belge.
	나	아, 그래요?	Ah, bon ?

3-8 Nombres 1~10

1	2	3	4	5	6	7	8	9	10
일	이	삼	사	오	육	칠	팔	구	십

예 일 과	leçon 1
이 과	leçon 2
삼 과	leçon 3
저는 대학교 삼 학년이에요.	Je suis en troisième année de l'université.
모르간은 대학교 이 학년이에요.	Morgane est en deuxième année de l'université.

3-9 선생님 maître(sse) / terme honorifique

En général, 선생님 est utilisé pour indiquer la maîtresse (le maître) d'école, le professeur(e) de collège ou de lycée. Les Coréens utilisent souvent 교수님 pour désigner le professeur d'université. 선생님 est également un terme honorifique utilisé après un nom ou un nom accompagné d'un prénom pour s'adresser aux personnes âgées ou aux personnes qu' on ne connaît pas. Dans ce cas, 선생님 ne varie pas en fonction du genre et correspond en français à la fois à « Madame », « Mademoiselle » ou « Monsieur ».

예 마리는 초등학교 선생님이에요.	Marie est maîtresse de l'école primaire.
김미진 선생님은 화가예요.	Mlle Mi-jin KIM est peintre.
이 선생님은 교수님이에요.	Mme LEE est professeur d'université.

단어 vocabulaire

구 (9)	neuf
김미진	Mi-jin KIM
불란서	France = 프랑스
사 (4)	quatre
스위스	Suisse
십 (10)	dix
아가트	Agathe
예	exemple
오 (5)	cinq
육 (6)	six
이 (2)	deux
이자벨	Isabelle
일 (1)	un
제레미	Jérémy
초등학교	école primaire
칠 (7)	sept
팔 (8)	huit

연습 1 Exercices 1

문법과 표현 Grammaire et Expressions

1 '은' 또는 '는'을 사용해서 문장을 완성하세요. Complétez les phrases avec 은 ou 는.

(1) 모르간(은) 프랑스 사람이에요.

(2) 사미라(는) 대학생이에요.

(3) 상준(은) 한국 사람이에요.

(4) 레오(는) 대학원생이에요.

(5) 저(는) 가수예요.

(6) 찬호(는) 회사원이에요.

2 '이에요' 또는 '예요'를 사용해서 문장을 완성하세요. Complétez les phrases avec 이에요 ou 예요.

(1) 저는 대학생(이에요).

(2) 저는 사미라(예요).

(3) 피에르는 요리사(예요).

(4) 마리는 선생님(이에요).

(5) 저는 기자(예요).

(6) 저는 대학교 이 학년(이에요).

3 〈보기〉와 같이 문장을 바꾸세요. Transformez les phrases selon l'exemple donné.

보기 저는 사미라예요. 저는 모로코 사람이에요.
→ 저는 사미라예요. 모로코 사람이에요.

(1) 저는 레오예요. 저는 벨기에 사람이에요.
→ 저는 레오예요. 벨기에 사람이에요

(2) 피에르는 프랑스 사람이에요. 피에르는 요리사예요.
→ 피에르는 프랑스 사람이에요. 요리사예요

(3) 저는 상준이에요. 저는 대학생이에요.

→ 저는 상준이에요 · 대학생이에요

(4) 찬호는 한국 사람이에요. 찬호는 회사원이에요.

→ 찬호는 한국 사람이에요 · 회사원이에요

(5) 아가트는 가수예요. 아가트는 캐나다 사람이에요.

→ 아가트는 가수예요 · 캐나다 사람이에요

(6) 마리는 선생님이에요. 마리는 프랑스 사람이에요.

→ 마리는 선생님이에요 · 프랑스 사람이에요

4 〈보기〉와 같이 사람을 소개해 보세요. Présentez la personne comme dans l'exemple.

보기

(상준, étudiant)

→ 상준은 한국 사람이에요. 대학생이에요.

(1)

(피에르, cuisinier)

→ 피에르는 프랑스 사람이에요
요리사예요

(2)

(찬호, employé d'une compagnie)

→ 찬호는 한국사람이에요
회사원이에요

(3)

(레오, étudiant en master)

→ 레오는 벨기에사람이에요
대학원생이에요

(4)

(사미라, étudiante)

→ 사미라는 모로코 사람이에요
대학생이에요

(5)

(제레미, acteur)

→ 제레미는 스위스사람이에요
배우예요

(6)

(아가트, chanteuse)

→ 아가트는 캐나다사람이에요.
가수예요

연습 2 Exercices 2

듣기와 말하기 Écouter et Parler

1 다음을 듣고 해당하는 그림을 고르세요. Écoutez et choisissez l'image correspondante. CD1 27

① 

② 

③ 

④ 

⑤ 

⑥ 

(1) ______ (2) ______ (3) ______

(4) ______ (5) ______ (6) ______

2 다음을 듣고 괄호 안에 알맞은 단어를 찾으세요. CD1 28

Écoutez et trouvez le mot manquant entre les parenthèses.

(1) 마리는 (선생님)이에요.
① 대학생 ② 교수님 ③ 선생님 ④ 프랑스 사람

(2) 모르간은 (대학생)이에요.
① 교수님 ② 대학생 ③ 선생님 ④ 대학원생

(3) 저는 (프랑스) 사람이에요.
① 프랑스 ② 스위스 ③ 벨기에 ④ 모로코

(4) 찬호는 (회사원)이에요.
① 대학생 ② 선생님 ③ 요리사 ④ 회사원

3 다음을 듣고 빈칸을 채우세요. Écoutez et complétez le tableau. CD1 29

	Prénom	Nationalité	Profession
(1)	마리	프랑스 사람	선생님
(2)	찬호	한국 사람	회사원
(3)	레오	벨기에 사람	대학원생
(4)	이자벨	프랑스 사람	기자
(5)	아가트	캐나다 사람	가수

4 다음을 듣고 참인지 거짓인지 말하세요. CD1 30

Écoutez et dites si les affirmations suivantes sont vraies ou fausses.

(1) Samira se présente. VRAI – FAUX

(2) Samira est Française. VRAI – FAUX

(3) Pierre est Belge. VRAI – FAUX

(4) Jérémy est Belge. VRAI – FAUX

(5) Jérémy est acteur. VRAI – FAUX

(6) Le narrateur parle de la Corée. VRAI – FAUX

5 친구들에게 자신을 소개해 보세요. Présentez-vous en coréen à vos amis.

안녕하세요? 반갑습니다.

저는 ______________________________

____

____

____

____

____

____

____

문화와 사회 Culture et Société

Les noms coréens

Les noms de famille coréens sont moins variés que les noms français : la majorité des Coréens ont l'un des noms suivants : KIM (environ 21% de la population) ; LEE (ou YI ou RHEE, 14%) ; PARK (ou PAK, 8%) ; JEONG (ou JUNG ou CHUNG ou CHEONG), CHOI, JANG (ou CHANG), HAN, LIM (ou IM), etc. Les prénoms chez les Coréens sont en général composés de deux syllabes. En principe, les prénoms sont composés de caractères chinois, mais les prénoms purement coréens sont de plus en plus répandus. De ce fait, alors que les noms coréens ne sont pas très variés, en revanche il existe un large éventail de prénoms coréens. Les noms commencent par le nom de famille suivi du prénom. La femme coréenne garde son nom de jeune fille même après le mariage, alors que les enfants portent, en principe, le nom de leur père.

Activités

1 **아는 한국 사람이 있어요? 그 사람 이름이 뭐예요?**
Connaissez-vous des Coréens ? Comment s'appellent-ils ?

2 **여러분 나라에 가장 많은 성 세 개와 널리 쓰이는 이름 세 개를 얘기해 보세요.**
Pourriez-vous citer trois noms et trois prénoms les plus connus de votre pays ?

4과 이분이 누구예요?

대화 1 Dialogue 1

CD1 31

(Morgane et Min-jeong se connaissent déjà. Min-jeong fait la connaissance de Julien dans le hall de la résidence universitaire.)

민정 이분이 누구예요?

모르간 줄리엥 씨예요. 친구예요.

민정 아, 그래요? 반갑습니다, 줄리엥 씨.
저는 김민정이에요.

줄리엥 처음 뵙겠습니다.
저는 줄리엥이에요.

민정 줄리엥 씨는 대학생이에요?

줄리엥 네, 대학생이에요.
김민정 씨도 대학생이에요?

민정 네, 저도 대학생이에요.
이 학년이에요.

단어 vocabulaire

김민정	Min-jeong KIM
네	oui
누구	qui
-도	particule auxiliaire : aussi, non plus.
스페인	Espagne
씨	terme honorifique : madame, mademoiselle, monsieur.
아니요	non
이 학년	2ème année
줄리엥	Julien
중국	Chine
친구	ami(e)

대화 2 Dialogue 2

CD1 32

(Morgane, Min-jeong et Julien continuent de parler ensemble.)

민정 줄리엥 씨는 스페인 사람이에요?

줄리엥 아니요, 저는 스페인 사람이 아니에요.
프랑스 사람이에요.

민정 아, 그래요? 죄송합니다.

줄리엥 괜찮아요. 민정 씨는 중국 사람이에요?

민정 아니요, 저는 중국 사람이 아니에요.
한국 사람이에요.

줄리엥 아, 미안합니다.

민정 괜찮아요.
줄리엥 씨는 대학교 삼 학년이에요?

줄리엥 아니요, 저도 이 학년이에요.
전공은 한국어예요.

발음 prononciation

CD1 33

괜찮아요 [괜차나요]
미안합니다 [미안함니다]
삼 학년 [삼 항년]
이분이 [이부니]
이 학년 [이 항년]
중국 사람 [중국 싸람]
죄송합니다 [죄송함니다]
처음 뵙겠습니다 [처음 뵙께씀니다]
한국어 [한구거]

읽기 Lire

CD1 34

이분이 누구예요?
박경리 선생님이에요.
박경리 선생님은 소설가예요. 화가가 아니에요.

이분이 누구예요?
김영하 씨예요. 김영하 씨도 소설가예요.

이분이 누구예요?
전도연 씨예요.
전도연 씨는 한국 배우예요. 영화감독이 아니에요.

이분이 누구예요?
조수미 씨예요.
조수미 씨는 성악가예요. 배우가 아니에요.

이게 뭐예요?
가방이에요.

이게 뭐예요?
휴대전화예요.

이게 뭐예요?
사진이에요.
전도연 씨 사진이에요.

단어 vocabulaire

가방	sac
사진	photo
성악가	chanteur(euse) d'opéra
소설가	romancier(ère)
영화	cinéma
영화감독	metteur en scène
휴대전화	téléphone portable

발음 prononciation

CD1 35

사진이에요 [사지니에요]
영화감독이 [영화감도기]

문법 & 표현 Grammaire et Expressions

4-1 이분이 누구예요? Qui est cette personne ?

이분이 누구예요? est une question qui correspond à « Qui est cette personne ? » ; concernant une personne se trouvant près du locuteur. Elle demande l'identité ou le métier d'une personne.

예
가	이분이 누구예요?	Qui est cette personne ?
나	모르간이에요. 친구예요.	C'est Morgane. C'est une amie.
가	이분이 누구예요?	Qui est cette personne ?
나	이동수 씨예요. 의사예요.	C'est M. Dong-soo LEE. Il est médecin.

4-2 (Nom +) Préonom + 씨 Terme honorifique

씨 est un terme honorifique utilisé après un nom accompagné d'un prénom avec un espace typographique pour s'adresser aux collègues ou aux subordonnés. Il ne varie pas en fonction du genre et correspond en français à la fois à « Madame », « Mademoiselle » ou « Monsieur ». Dans le cas d'un emploi de 씨, il marque un certain degré de politesse envers la personne nommée mais il ne se traduit pas souvent en français .

예
줄리엥 씨는 대학생이에요.	Julien est étudiant.
김민정 씨는 한국 사람이에요.	Mlle Min-jeong KIM est Coréenne.

4-3 처음 뵙겠습니다 Enchanté(e) de vous rencontrer

Cette phrase de salutation s'utilise lorsque l'on rencontre une personne pour la première fois. Elle correspond en français à « (Je suis) enchanté(e) de vous rencontrer ».

예
민정 처음 뵙겠습니다. 김민정이에요.
Enchantée de vous rencontrer. Je suis Min-jeong KIM.

상준 처음 뵙겠습니다. 박상준이에요.
Enchanté de vous rencontrer. Je suis Sang-joon PARK.

4-4 Utilisation des noms en remplacement des pronoms personnels

Les noms, prénoms, titres ou fonctions sont souvent utilisés à la place des pronoms personnels de la deuxième personne « vous, tu » et de la troisième personne « il(s) / elle(s) ».

예 줄리엥 김민정 씨는 대학생이에요?
(Mlle Min-jeong KIM) vous êtes étudiante ?

민정 네, 대학생이에요.
Oui, je suis étudiante.

민정 줄리엥 르노 씨는 프랑스 사람이에요?
Julien RENAUD est Français ?

레오 네, 줄리엥 르노 씨는 프랑스 사람이에요.
Oui, il est Français.

4-5 Phrase déclarative / Phrase interrogative

Une même phrase peut être déclarative ou interrogative selon l'intonation qu'on lui donne. Une intonation plate produit une phrase déclarative et une intonation montante en fin de phrase produit une phrase interrogative.

예 김민정 씨는 대학생이에요.	Mlle Min-jeong KIM est étudiante.
→ 김민정 씨는 대학생이에요?	Mlle Min-jeong KIM, est-elle étudiante ?
줄리엥 씨는 프랑스 사람이에요.	Julien est Français.
→ 줄리엥 씨는 프랑스 사람이에요?	Julien, est-il Français ?

4-6 네 / 아니요 Oui / Non

네 « oui » est utilisé pour donner une réponse affirmative, 아니요 « non » est utilisé, au contraire, pour répondre négativement à une question.

예 가	기자예요?	Êtes-vous journaliste ?
나	네, 기자예요.	Oui, je suis journaliste.
가	스페인 사람이에요?	Êtes-vous Espagnol ?
나	아니요, 저는 프랑스 사람이에요.	Non, je suis Français.

4-7 NOM + 도 NOM aussi / NOM non plus

도 est une particule auxiliaire qui suit immédiatement un nom ou un pronom et donne le sens de « NOM aussi », « NOM également » dans la phrase affirmative, et « NOM non plus » dans la phrase négative.

예 민정 줄리엥 르노 씨도 대학생이에요?
Julien RENAUD, vous aussi, vous êtes étudiant ?

줄리엥 네, 저도 대학생이에요.
Oui, moi aussi, je suis étudiant.

가 피에르는 한국 사람이 아니에요. 모르간은 한국 사람이에요?
Pierre n'est pas Coréen. Est-ce que Morgane est Coréenne ?

나 아니요, 모르간도 한국 사람이 아니에요.
Non, Morgane non plus, elle n'est pas Coréenne.

4-8 Nom du pays, nationalité, langue

Nom du pays	Nationalité	Langue
한국	한국 사람	한국어
프랑스	프랑스 사람	프랑스어
모로코	모로코 사람	아랍어
벨기에	벨기에 사람	프랑스어 (ou 불어), 네덜란드어
미국	미국 사람	영어
중국	중국 사람	중국어
일본	일본 사람	일(본)어
영국	영국 사람	영어
캐나다	캐나다 사람	영어, 프랑스어 (ou 불어)
독일	독일 사람	독(일)어
스페인	스페인 사람	스페인어
호주	호주 사람	영어
스위스	스위스 사람	독(일)어, 프랑스어 (ou 불어),
가봉	가봉 사람	프랑스어 (ou 불어)

4-9 (NOM₁ + 은/는) NOM₂ + 이/가 아니에요 NOM₁ n'est pas NOM₂

아니에요 est la négation de 이에요/예요 (voir 3-2.). Il sert à nier une identité : NOM₁ ≠ NOM₂. Le NOM₂ est suivi de la particule d'attribut 이/가. Lorsque le nom se termine par une consonne, on lui ajoute la particule 이 et lorsqu'il se termine par une voyelle, on lui ajoute 가.

Nom Consonne + 이 아니에요
Nom Voyelle + 가 아니에요

예 가 한국 사람이에요?
Vous êtes Coréen(ne) ?
나 아니요, 저는 한국 사람이 아니에요. 중국 사람이에요.
Non, je ne suis pas Coréen(ne). Je suis Chinois(e).

가 대학생이에요?
Êtes-vous étudiant(e) ?
나 아니요, 저는 대학생이 아니에요. 요리사예요.
Non, je ne suis pas étudiant(e). Je suis cuisinier(ère).

커피가 아니에요. Ce n'est pas du café.

4-10 이게 뭐예요? Qu'est-ce que c'est, cet objet-ci ?

이게 뭐예요? est une question qui correspond à « Qu'est-ce que c'est, cet-objet-ci ? » ; concernant un objet se trouvant près du locuteur.

예 가	이게 뭐예요?	Qu'est-ce que c'est ?
나	사진이에요.	C'est une photo.
가	이게 뭐예요?	Qu'est-ce que c'est ?
나	책상이에요./의자예요.	C'est une table./C'est une chaise.

단어 vocabulaire

가봉	Gabon	아랍어	arabe (langue)	일본	Japon
네덜란드어	néerlandais (langue)	영국	Angleterre	일본어	japonais (langue)
독일	Allemagne	의사	médecin	중국어	chinois (langue)
독(일)어	allemand (langue)	의자	chaise	책상	table, bureau
미국	les États-Unis	이동수	Dong-soo LEE	프랑스어	français (langue)
스페인어	espagnol (langue)	이탈리아어	italien (langue)	호주	Australie

연습 1 Exercices 1

문법과 표현 Grammaire et Expressions

1 '네' 또는 '아니요'를 사용해서 대화를 완성하세요. Complétez le dialogue avec 네 ou 아니요.

(1) 가 전도연 씨는 배우예요? 나 (네), 배우예요.

(2) 가 박경리 선생님은 영화감독이에요? 나 (네), 소설가예요. ㅇ

(3) 가 조수미 씨는 화가예요? 나 (네), 성악가예요. ㅇ

(4) 가 줄리엥은 스페인 사람이에요? 나 (아니요), 프랑스 사람이에요.

(5) 가 김민정은 대학생이에요? 나 (네), 대학생이에요. ㅇ

(6) 가 줄리엥은 회사원이에요? 나 (아니요), 대학생이에요.

2 다음을 〈보기〉처럼 완성하세요. Complétez chaque série comme dans l'exemple.

보기 (한국) – 한국 사람 – 한국어

(1) (프랑스) – 프랑스 사람 – 프랑스어 / 불어

(2) 스페인 – 스페인 사람 – (스페인어)

(3) 중국 – (중국사람) – 중국어

(4) (영국) – 영국 사람 – 영어

(5) 일본 – (일본사람) – 일본어

(6) 가봉 – 가봉 사람 – (가봉어)

3 〈보기〉와 같이 문장을 완성하세요. Complétez les phrases selon l'exemple donné.

보기 (1) 줄리엥은 프랑스 사람이에요. (모르간)
→ 모르간도 프랑스 사람이에요.

(2) 줄리엥은 독일 사람이 아니에요. (모르간)
→ 모르간도 독일 사람이 아니에요.

(1) 민정은 한국 사람이에요. (상준)
→ 상준도 한국사람이에요

(2) 줄리엥은 대학생이에요. (모르간)

→ 모르간도 대학생이에요

(3) 모르간은 미국 사람이 아니에요. (이자벨)

→ 이자벨도 미국 사람이 아니에요

(4) 마리 씨는 프랑스 사람이에요. (피에르 씨)

→ 피에르 씨도 프랑스 사람이에요

(5) 저는 화가가 아니에요. (레오)

→ 레오도 화가가 아니에요

(6) 사미라 씨는 소설가가 아니에요. (모르간 씨)

→ 모르간 씨도 소절가가 아니에요

4 〈보기〉와 같이 '씨, 네, 아니요, 도' 중 알맞은 말을 골라 문장을 완성하세요.

Complétez les phrases en choisissant le mot adéquat : 씨, 네, 아니요, 도.

> **보기** 가 찬호 (씨)는 미국 사람이에요?
> 나 (아니요), 한국 사람이에요.

(1) 가 줄리엥 (씨)는 이 학년이에요?
나 (네), 이 학년이에요.

(2) 가 찬호 (씨)는 소설가예요?
나 (아니요), 회사원이에요.

(3) 가 저는 한국 사람이에요. 민정 씨(도) 한국 사람이에요?
나 (네), 저(도) 한국 사람이에요.

(4) 가 모르간 (씨)는 벨기에 사람이에요?
나 (아니요), 저는 프랑스 사람이에요.

(5) 가 이동수 (씨)는 기자예요?
나 (아니요), 이동수 (씨)는 의사예요.

(6) 가 마리 (씨)는 요리사예요?
나 (아니요), 마리 (씨)는 선생님이에요.

연습 2 Exercises 2

듣기와 말하기 Écouter et Parler

1 다음을 듣고 해당하는 그림을 찾으세요. Écoutez et trouvez l'image correspondante. CD1 36

① 

② 

③ 

④ 

(1) 4 (2) 2 (3) 3 (4) 3

2 다음을 듣고 괄호 안을 채우세요. Écoutez et complétez les parenthèses. CD1 37

(1) 김민정 씨는 (대학생)이에요.

(2) 모르간 씨는 (미국) 사람이 아니에요.

(3) 저는 (한가)예요.

(4) 전도연 씨는 한국 (배우)예요.

(5) 김영하 씨는 한국 (소설가)예요.

3 다음을 듣고 참인지 거짓인지 말하세요. CD1 38

Écoutez et dites si les affirmations suivantes sont vraies ou fausses.

(1) Isabelle n'est pas Française. VRAI – FAUX

(2) Isabelle est journaliste. VRAI – FAUX

(3) Chan-ho est Coréen. VRAI – FAUX

(4) Chan-ho est romancier. VRAI – FAUX

(5) Chan-ho est l'ami d'Isabelle. VRAI – FAUX

4 〈보기〉와 같이 대화를 해 보세요. Dialoguez comme dans le modèle.

보기

(제레미, 배우)

가 이분이 누구예요?
나 제레미 씨예요. 배우예요.

(1)  (아가트, 가수)

(2)  (이동수, 의사)

(3)  (이자벨, 기자)

(4)  (모르간, 대학생)

(5)  (김찬호, 회사원)

(6)  (마리, 선생님)

5 〈보기〉와 같이 대화를 해 보세요. Dialoguez comme dans le modèle.

보기

가 이게 뭐예요?
나 컴퓨터예요.

(1) 
이게 뭐여요?
사과에요

(2) 
이게 뭐예요?
버스예요

(3) 
이게 뭐여요?
빵이에요

(4) 
꽃이에요

(5) 
이게 뭐여요?
핸드폰이에요

(6) 
이게 뭐예요
책상이에요

문화와 사회 Culture et Société

Hallyu

Hallyu est le nom donné à la déferlante coréenne. Depuis quelques années, les produits culturels de masse atteignent en Corée une diffusion exceptionnelle. Chansons, films, BD, dramas, émissions de télévisions, industrie du spectacle, la vague coréenne a littéralement explosé. Puis, elle a franchi les frontières du pays pour s'étendre désormais à toute l'Asie : Chine, Japon, Taïwan, Vietnam, Hong Kong, Singapour… En plus, l'Asie Centrale, les États-Unis, l'Europe commencent à devenir des terrains de prédilection pour la diffusion de ces produits culturels. Cette explosion est due au développement sans précédent en Corée du Sud de la culture de masse, à partir des années 90. Sans avoir été préparé ni même prévu, le mouvement a pris de l'ampleur sous le triple effet de la demande du public, de la qualité des produits et des investissements opérés par le gouvernement. Des cinéastes comme Bong Joon-ho, Park Chan-wook, Lee Chang-dong, des chanteurs comme Boa ou Rain, des feuilletons comme « Sonate d'hiver » ou « Daejanggeum » attirent un nombre impressionnant de spectateurs. Certains films font plus de onze millions de spectateurs et les concerts de chanteurs de K-pop (la Korean pop) font salles combles.

Activités

1 **최근에 본 한국 영화를 친구들에게 말해 보세요.**
Racontez à vos amis le dernier film coréen que vous avez vu.

2 **여러분이 알고 있는 한국 배우들을 친구들에게 소개해 보세요.**
Présentez à vos amis les acteurs coréens que vous connaissez.

5과 오늘 시간이 있어요?

대화 1 Dialogue 1

CD1 39

(Min-jeong interroge Julien à propos de son emploi du temps.)

민정 줄리엥 씨, 오늘 시간이 있어요?

줄리엥 아니요, 시간이 없어요.
오늘은 수업이 많아요.
영어 수업하고 한국어 수업이 있어요.

민정 아, 네……. 한국어 수업이 어때요?

줄리엥 아주 재미있어요.

민정 그럼, 줄리엥 씨 내일 시간이 있어요?

줄리엥 네, 내일은 시간이 많아요.

단어 vocabulaire

괜찮다	aller bien, être pas mal
그럼 (= 그러면)	alors, dans ce cas
그리고	et
기숙사	dortoir, résidence universitaire
내일	demain
넓다	être large, être grand, être spacieux
많다	être nombreux
맛있다	être délicieux
방	chambre
수업	cours
시간	temps
식당	restaurant, 학교 식당 restaurant universitaire
아 !	Ah !, 아, 네… Ah, oui…
–아요/어요	Voir 5.3.
아주	très
어때요?	Voir 5.5.
없다	ne pas avoir / ne pas exister
오늘	aujourd'hui
외국 학생	étudiant étranger
음식	nourriture, plat
–의	particule de possession : de
–이/가	particule de sujet
있다	avoir / exister
잠실	Jamsil
잡지	revue
재미있다	être intéressant
제 (= 저의)	mon, ma, mes
좋다	être bien, bon
참	très, vraiment
–하고	et
학교	école, c.f. 학교 peut signifier, école élémentaire, collège, lycée ou université selon le contexte.
학생	élève, étudiant(e)

대화 2 Dialogue 2

CD1 40

(Min-jeong et Léo discutent ensemble de leur université.)

민정 레오 씨, 잠실대학교가 어때요?

레오 아주 좋아요.
그리고 교수님도 참 좋아요.

민정 기숙사는 어때요?

레오 기숙사도 좋아요. 제 방이 아주 넓어요.
그리고 외국 학생이 많아요.

민정 도서관도 좋아요?

레오 네, 도서관도 괜찮아요.
책하고 잡지가 많아요.

민정 학교 식당은 어때요?

레오 좋아요. 학교 식당의 음식이 맛있어요.

발음 prononciation

CD1 41

괜찮아요 [괜차나요]
기숙사 [기숙싸]
넓어요 [널버요]
많아요 [마나요]
없어요 [업써요]
오늘 시간이 있어요? [오늘 시가니 이써요]
외국 학생이 [외구 칵쌩이]
잠실대학교가 [잠실대하꾜가]
잡지 [잡찌]
좋아요 [조아요]
학교 식당은 [학꾜 식땅은]
한국어 수업이 [한구거 수어비]

Aspiration

Quand la consonne « ㅎ » rencontre les consonnes ordinaires « ㄱ ㄷ ㅂ ㅈ » dans la syllabe précédente ou suivante, la prononciation de ces consonnes ordinaires se transforme en aspirées. « ㄱ ㄷ ㅂ ㅈ » se prononcent « ㅋ ㅌ ㅍ ㅊ ».

예 영어 수업하고 [영어 수어파고] 좋다 [조타]
많다 [만타] 외국 학생이 [외구 칵쌩이]
괜찮다 [괜찬타] 책하고 [채카고]

읽기 Lire

CD1 42

모르간은 교환학생이에요.
오늘 모르간은 시간이 없어요.
수업이 많아요.
한국어 수업이 재미있어요.

레오도 교환학생이에요.
레오의 기숙사가 아주 좋아요.
방이 참 넓어요.
그리고 도서관도 괜찮아요.

모르간하고 레오는 민정 씨의 친구예요.
민정 씨의 전공은 프랑스어하고 미술이에요.

단어 vocabulaire

교환학생	étudiant(e) d'échange
미술	beaux-arts

문법 & 표현 Grammaire et Expressions

5-1 NOM + 이/가 particule de sujet VS NOM + 은/는 particule auxiliaire

은/는 est la particule auxiliaire. Quand elle marque le sujet de la phrase, en général, elle s'emploie pour marquer le sujet renvoyant à une information connue. Par exemple, '줄리엥은 프랑스 사람이에요. Julien est Français'. En revanche, 이/가 est la particule de sujet. Elle renvoie généralement à une information nouvelle. Ainsi, pour introduire un nouveau sujet dans un discours, on utilise la particule de sujet 이/가. Quand le nom à accoler à la particule se termine par une consonne, on utilise 이 et quand le nom se termine par une voyelle, on utilise 가.

	Particule de sujet	Particule auxiliaire
Nom consonne	이	은
Nom voyelle	가	는

예 모르간이 프랑스 사람이에요. (이 → particule de sujet)

찬호가 대학생이에요. (가 → particule de sujet)

찬호는 한국 사람이에요. (는 → particule auxiliaire marquant le sujet)

Exemples de l'emploi de la particule de sujet et la particule auxiliaire marquant le sujet :

가 레오가 벨기에 사람이에요? Léo est Belge ?

나 네, 레오는 벨기에 사람이에요. Oui, Léo est Belge.

La particule auxiliaire 은/는 sert également à marquer le temps ou le lieu. Un nom indiquant le temps ou le lieu + 은/는 peut fonctionner comme le complément circonstanciel de temps ou de lieu.

예 오늘은 수업이 많아요. (오늘 : aujourd'hui, 수업 : cours, 많아요 : être nombreux)

Aujourd'hui (complément circonstanciel de temps), les cours (sujet) sont nombreux.

→ « Il y a beaucoup de cours aujourd'hui. » Cette phrase implique l'idée qu'il n'y a pas beaucoup de cours les autres jours (hier, demain...), mais seulement pour aujourd'hui. En revanche, la phrase 오늘 수업이 많아요. signifie tout simplement qu'il y a beaucoup de cours aujourd'hui.

예 서울은 아파트가 많아요. (서울 : Séoul)

À Séoul (complément circonstanciel de lieu), les appartements (sujet) sont nombreux.

→ « Il y a beaucoup d'appartements à Séoul. » Cette phrase implique l'idée qu'il n'y a pas beaucoup d'appartements dans les autres villes, mais il y a beaucoup d'appartements à Séoul.

5-2 NOM + 이/가 있어요/없어요 avoir / ne pas avoir le NOM

있어요 signifie « exister / être là » (voir 7-6.). Par extension, il prend le sens de « y avoir » ou « avoir / posséder quelque chose ». 없어요 est l'antonyme de 있어요. Il signifie « ne pas exister / ne pas être là » et par extension « ne pas y avoir » ou « ne pas avoir / ne pas posséder quelque chose ». Quand le nom se termine par une consonne, on utilise 이 et quand le nom se termine par une voyelle, on utilise 가. 있어요 (affirmatif) et 없어요 (négatif) fonctionnent comme une paire marquant la présence ou l'absence de quelque chose ou de quelqu'un dans un lieu. Les infinitifs sont respectivement 있다 et 없다.

예	저는 영어 수업이 있어요.	J'ai un cours d'anglais.
	줄리엥은 한국어 수업이 없어요.	Julien n'a pas de cours de coréen.
가	오늘은 시간이 있어요?	Avez-vous du temps aujourd'hui ?
나	아니요, 시간이 없어요. 죄송합니다.	Non, je n'ai pas de temps. Excusez-moi.

5-3 Terminaison finale –아요/어요 (1)

En coréen, toutes les formes infinitives des verbes se terminent en 다. Le radical des verbes s'obtient en supprimant cette syllabe finale 다. Par exemple, dans le cas du verbe 많다 « être nombreux », 많 est le radical et 많다 est l'infinitif (=la forme du dictionnaire).
많아요 et 있어요 sont les formes affirmatives du présent des verbes 많다 et 있다. En ce qui concerne la conjugaison des verbes, on constate qu'en coréen il n'y a pas de conjugaison selon les personnes grammaticales, c'est-à-dire qu'une seule et même forme est utilisée pour toutes les personnes. Les verbes varient cependant en fonction du temps et du mode. La variation des verbes coréens est très simple en comparaison de la conjugaison des verbes français.
Pour terminer une phrase dans la forme –아요/어요, on ajoute –아요/어요 au radical du verbe en fonction de la configuration vocalique de ce radical : si la dernière syllabe du radical comporte ㅏ ou ㅗ, on y ajoute la terminaison 아요 ; dans les autres cas, on utilise 어요.

ㅏ ou ㅗ + 아요		
많다	많 + 아요	많아요 être nombreux
좋다	좋 + 아요	좋아요 être bien, bon
괜찮다	괜찮 + 아요	괜찮아요 aller bien, être pas mal

Autres voyelles + 어요		
있다	있 + 어요	있어요 être là, avoir
없다	없 + 어요	없어요 ne pas être là, ne pas avoir
재미있다	재미있 + 어요	재미있어요 être intéressant
넓다	넓 + 어요	넓어요 être large
맛있다	맛있 + 어요	맛있어요 être délicieux

예 오늘은 수업이 많아요.	Il y a beaucoup de cours aujourd'hui.
기숙사는 좋아요.	La résidence universitaire est bien.
시간이 있어요?	Avez-vous du temps ?
방이 참 넓어요.	La chambre est très large (grande).

5-4 NOM1 + 하고 + NOM2 NOM1 et NOM2

하고, particule de conjonction, sert de conjonction de coordination. Elle permet de relier des noms entre eux. A la différence du « et » français, 하고 peut s'employer plusieurs fois dans le même groupe nominal.

예 저는 영어 수업하고 한국어 수업이 있어요.
J'ai un cours d'anglais et un cours de coréen.

줄리엥하고 상준하고 모르간은 대학생이에요.
Julien, Sang-joon et Morgan sont étudiants.

5-5 NOM + 이/가(은/는) 어때요? Comment est le NOM ?

이/가(은/는) 어때요? est une construction de phrase utilisée pour demander l'avis de son interlocuteur sur le contenu présenté dans la phrase.

예 가	한국어 수업이 어때요?	Comment est le cours de coréen ?
나	재미있어요.	Il est intéressant.
가	대학교는 어때요?	Comment est l'université ?
나	아주 좋아요.	Elle est très bien.

5-6 그러면 (그럼) alors, dans ce cas

그러면(forme abrégée : 그럼) est un adverbe conjonctif correspondant en français à « alors », « dans ce cas ». La phrase qui précède 그러면 indique la condition qui conduit à la prédication introduite par cet adverbe.

예 가	오늘 시간이 있어요?	Avez-vous du temps aujourd'hui ?
나	아니요, 없어요.	Non, je n'en ai pas.
가	그러면, 내일은 시간이 있어요?	Dans ce cas, avez-vous du temps demain ?

5-7 그리고 Et

그리고 est un adverbe conjonctif et sert à relier des mots ou des phrases entre eux. Il correspond, en français, à la conjonction de coordination « et ».

예 기숙사가 좋아요. 그리고 아주 넓어요.
La résidence universitaire est bien et elle est grande.

줄리엥은 대학생이에요. 그리고 프랑스 사람이에요.
Julien est étudiant. Et il est Français.

5-8 NOM + 의 particule de possession

의 est une particule de possession ou d'appartenance. Elle permet d'établir un lien de détermination entre deux noms.

NOM_1 (déterminant / possesseur) + 의 NOM_2 (déterminé / possédé) = NOM_2 de NOM_1

예 학교 식당의 음식	la nourriture du restaurant universitaire
민정 씨의 전공	la spécialité de Min-jeong
레오의 친구	l'ami de Léo
교수님의 컴퓨터	l'ordinateur du professeur

제 (저 + 의) : **la combinaison du pronom de la première personne du singulier** 저 **« moi » et** 의 **« de », la particule de possession.** 저의 **se contracte en** 제.

En tant que déterminant, 제 se place devant le nom qu'il détermine. 제 correspond à l'adjectif possessif de la première personne du singulier (équivalent de « mon », « ma » ou « mes ») du français.

예 제 친구예요.	C'est mon ami(e).
제 책이에요.	C'est mon livre.
제 사전이에요.	C'est mon dictionnaire.

5-9 Nombres 10 ~ 100

10	11	12	13	14	15	16	17	18	19
십	십일	십이	십삼	십사	십오	십육	십칠	십팔	십구
20	21	22	23	24	25	26	27	28	29
이십	이십일	이십이	이십삼	이십사	이십오	이십육	이십칠	이십팔	이십구
30	31	32	33	34	35	36	37	38	39
삼십	삼십일	삼십이	삼십삼	삼십사	삼십오	삼십육	삼십칠	삼십팔	삼십구
40	41	…	50	60	70	80	90	100	101
사십	사십일		오십	육십	칠십	팔십	구십	백	백일

연습 1 Exercices 1

문법과 표현 Grammaire et Expressions

1 〈보기〉와 같이 대화를 완성하세요. Complétez le dialogue comme dans l'exemple.

보기 (1) 상준 모르간 씨, 시간이 있어요?
모르간 네, (시간이 있어요).
(2) 상준 모르간 씨, 시간이 있어요?
모르간 아니요, (시간이 없어요).

(1) 피에르 마리 씨, 한국어 수업이 있어요?
마리 아니요, ( ).

(2) 민정 피에르 씨, 한국 친구가 있어요?
피에르 네, ( ).

(3) 레오 민정 씨, 사과가 있어요?
민정 아니요, ( ).

(4) 상준 레오 씨, 프랑스어 사전이 있어요?
레오 네, ( ).

(5) 마리 상준 씨, 컴퓨터가 있어요?
상준 아니요, ( ).

(6) 모르간 이자벨 씨, 텔레비전이 있어요?
이자벨 아니요, ( ).

2 〈보기〉와 같이 '–아요/어요'를 사용해서 동사를 바꿔 보세요.
Transformez les verbes avec la terminaison –아요/어요 comme dans l'exemple.

보기 저는 시간이 (있다) → 저는 시간이 있어요.

(1) 학생이 (많다) → ______

(2) 아파트가 (넓다) → ______

(3) 한국어가 (재미있다) → ______

(4) 도서관이 (좋다) → ______

(5) 한국 음식이 (맛있다) → ______________________________

(6) 줄리엥은 영어 수업이 (없다) → ______________________________

3 **〈보기〉와 같이 '하고', '이/가'를 사용해서 문장을 완성하세요.**

Complétez les phrases avec 하고 et 이/가 comme dans l'exemple.

보기 오늘 한국어 수업(**하고**) 영어 수업(**이**) 있어요.

(1) 책(   ) 잡지(   ) 있어요.

(2) 빵(   ) 바게트(   ) 맛있어요.

(3) 꽃(   ) 나무(   ) 참 많아요.

(4) 피에르(   ) 모르간(   ) 프랑스 사람이에요.

(5) 도서관(   ) 기숙사(   ) 좋아요.

(6) 제레미는 컴퓨터(   ) 텔레비전(   ) 없어요.

4 **〈보기〉와 같이 '의'를 사용해서 써 보세요.** Utilisez 의 comme dans l'exemple.

보기 Spécialité de Morgane → 모르간의 전공

(1) l'ami de Samira → ______________________________

(2) la résidence universitaire de Léo → ______________________________

(3) le dictionnaire de Pierre → ______________________________

(4) l'appartement du médecin → ______________________________

(5) le téléphone portable de la Corée → ______________________________

(6) la voiture du professeur → ______________________________

연습 2 Exercices 2

듣기와 말하기 Écouter et Parler

1 **다음을 듣고 참인지 거짓인지 말하세요.** CD1 43

Écoutez et dites si les affirmations suivantes sont vraies ou fausses.

(1) 민정 씨는 오늘 시간이 없어요. VRAI – FAUX

(2) 민정 씨는 한국어 수업이 많아요. VRAI – FAUX

(3) 영어 수업이 재미있어요. VRAI – FAUX

(4) 민정 씨는 내일 시간이 있어요. VRAI – FAUX

(5) 모르간 씨는 오늘 시간이 없어요. VRAI – FAUX

(6) 모르간 씨는 내일 시간이 많아요. VRAI – FAUX

2 **다음을 듣고 괄호 안을 채우세요.** Écoutez et complétez les parenthèses. CD1 44

(1) 햄버거가 참 ( ).

(2) 제 기숙사가 아주 ( ).

(3) 책( ) 잡지가 많아요.

(4) 한국어 사전( ) 많아요.

(5) 이자벨의 ( )이 중국어예요.

(6) ( ) 외국 학생이 많아요.

3 **다음을 듣고 질문에 답하세요.** Écoutez et répondez aux questions. CD1 45

(1) 대학교가 어때요? ______________________

(2) 학교 식당의 음식이 어때요? ______________________

(3) 도서관이 어때요? ______________________

(4) 기숙사가 어때요? ______________________

4 〈보기〉와 같이 대화를 해 보세요. Dialoguez comme dans le modèle.

보기

(도서관, 책이 많다)

가 도서관이 어때요?

나 도서관이 좋아요. 책이 많아요.

(1)

(학교 식당, 음식이 맛있다)

(2)

(기숙사, 넓다)

(3)

(한국어 수업, 재미있다)

(4)

(영어 교수님, 교수님이 재미있다)

5 여러분의 학교에 대해서 말해 보세요. Parlez de votre établissement.

Exemples de vocabulaire à utiliser :

한국어 수업 교수님(선생님) 도서관 기숙사 (학교) 식당

좋아요 재미있어요 맛있어요 넓어요 괜찮아요 많아요

문화와 사회 Culture et Société

Vie universitaire

Les études universitaires durent quatre ans en licence. L'année scolaire coréenne commence au début de mars et termine à la fin de février de l'année suivante. Les deux grandes et seules périodes de vacances ont lieu en été et en hiver.

Le premier jour de la 1ère année de l'université, les étudiants sont accueillis par une cérémonie. A la fin des études universitaires, une cérémonie de remise des diplômes a lieu, pendant laquelle les étudiants sont revêtus de la toge. Au début de la rentrée annuelle, tous les étudiants et des professeurs de chaque département passent une nuit et deux jours dans un lieu pour favoriser la connaissance et la solidarité entre eux. Cette activité est appelée : MT (Membership Training). Dans chaque université, il y a de nombreuses associations culturelles, sportives, de loisirs, de religions, etc.

Activités

1 **여러분 나라의 대학 학제와 한국의 대학 학제를 비교해 보세요.**
Comparez l'année universitaire de votre pays avec celle de la Corée.

2 **여러분 대학교에 문화 및 운동 등의 동아리가 있나요? 소개해 보세요.**
Dans votre université y a-t-il des associations culturelles ou sportives, etc.? Si oui, présentez-les.

6과 요즘 뭐 해요?

대화 1 Dialogue 1

CD1 46

(Sang-joon et Morgane attendent Min-jeong dans un salon de thé à Insa-dong.)

종업원 손님, 주문하시겠어요?

상준 네, 전 녹차 주세요.

모르간 저는 커피 주세요.

종업원 네, 감사합니다.

모르간 상준 씨는 녹차를 자주 마셔요?

상준 네, 저는 녹차를 아주 좋아해요.
그런데 모르간 씨, 요즘 뭐 해요?

모르간 요즘 인사동에서 서예를 배워요.
서예가 참 재미있어요.
아, 민정 씨가 와요. 민정 씨!

단어 vocabulaire

공부하다	étudier, faire des études
그런데	au fait, mais, pourtant
녹차	thé vert
마시다	boire
매일	tous les jours
배우다	apprendre
생활	vie, 한국 생활 la vie en Corée
서예	calligraphie
손님	client(e)
아르바이트	petit travail
–에서	particule de lieu
오다	venir
요즘	ces derniers temps, ces jours-ci
운전	conduite, 운전 학원 auto école
–을/를	particule du complément d'objet direct
자주	souvent
전	= 저는
종업원	serveur(euse)
좋아하다	aimer
주문	commande
주세요	Voir 6.2.
찻집	salon de thé
편의점	supérette ouverte 24 h sur 24
–하고 이야기하다	parler avec quelqu'un
하다	faire
학원	institut (plutôt privé)

대화 2 Dialogue 2

CD1 47

(Sang-joon, Morgane et Min-jeong discutent dans un salon de thé à Insa-dong.)

모르간 민정 씨는 찻집을 좋아해요?

민정 네, 저는 친구를 찻집에서 자주 만나요.

상준 그런데 민정 씨, 요즘 뭐 해요?

민정 운전 학원에서 운전을 배워요.
상준 씨는 요즘 뭐 해요?

상준 저는 편의점에서 아르바이트를 해요.

민정 모르간 씨는 한국 생활이 어때요?

모르간 한국 생활이 참 재미있어요.
저는 매일 한국어를 공부해요.
그리고 한국 친구하고 자주 이야기해요.

발음 pronunciation

CD1 48

생활이 [생화리]
운전 학원에서 [운전 하궈네서]
재미있어요 [재미이써요]
좋아해요 [조아해요]
주문하시겠어요? [주문하시게써요]
찻집 [차찝]
찻집을 좋아해요? [차찌블 조아해요]
편의점에서 [펴니저메서]

읽기 Lire

CD1 49

모르간 씨하고 상준 씨는 인사동 찻집에서 민정 씨를 기다려요.

상준 씨는 찻집에서 녹차를 마셔요.
모르간 씨는 커피를 마셔요.
민정 씨는 오렌지 주스하고 유자차를 좋아해요.

모르간 씨하고 민정 씨는 인사동에서 서예 전시를 봐요.
그리고 인사동 거리를 구경해요.
찻집하고 식당이 많아요.

단어 vocabulaire

거리	rue	**오렌지 주스**	jus d'orange
구경하다	visiter (et regarder)	**유자차**	Yujacha (infusion de citron d'Extrême-Orient)
기다리다	attendre	**전시**	exposition

6-1 손님, 주문하시겠어요? Que désirez-vous, monsieur ?

손님, 주문하시겠어요? est une expression qui sert à demander aux clients ce qu'ils veulent commander. On peut la traduire par « Que désirez-vous, monsieur (madame, mademoiselle) ? » 손님 signifie « client(e) ». mais la traduction courante dans le contexte est « monsieur », « madame » ou « mademoiselle ». On utilise également 고객님 au lieu de 손님.

예 종업원 손님, 주문하시겠어요? — Que désirez-vous, monsieur?
손님 네, 커피 주세요. — Donnez-moi un café, s'il vous plaît.

6-2 전(저는) + NOM + 주세요 Donnez-moi le NOM, s'il vous plaît

저는 ou 전 (forme abrégée de 저는), qui correspond à « je » comme sujet, peut être utilisé au sens de : « pour moi » à l'oral sous la forme de commande dans un café ou dans un restaurant. 전(저는) + NOM + 주세요, forme impérative, veut dire « Donnez-moi le NOM, s'il vous plaît. ».

예 저는 커피 주세요. — Donnez-moi un café, s'il vous plaît.
전 콜라 주세요. — Donnez-moi un coca, s'il vous plaît.

Quelques exemples des boissons que l'on peut commander au café en Corée.

커피 café	유자차 yujacha	우유 lait
콜라 coca	녹차 thé vert	카푸치노 cappuccino
오렌지 주스 jus d'orange	인삼차 thé au ginseng	물 eau

6-3 NOM + 을/를 particule du complément d'objet direct

을/를 est la particule du complément d'objet direct. Quand le nom à accoler à la particule se termine par une consonne, on lui ajoute 을 et quand il se termine par une voyelle, on lui ajoute 를 à sa suite.

Nom Consonne + 을
Nom Voyelle + 를

예 상준 씨는 모르간을 기다려요. — Sang-joon attend Morgane.
저는 오렌지 주스를 좋아해요. — J'aime le jus d'orange.

6-4 Terminaison finale –아요/어요 (2)

Comme nous l'avons vu dans 5-3, quand la voyelle de la dernière syllabe d'un radical verbal comporte ㅏ ou ㅗ, on y ajoute la terminaison finale 아요. Dans les autres cas, on y ajoute 어요.

A. A cette règle de base, s'ajoutent les règles de contraction suivantes :

(1) Quand la voyelle « ㅏ » est suivie de la même voyelle « ㅏ », les deux voyelles « ㅏ + ㅏ » fusionnent en une seule voyelle « ㅏ ».

Infinitif	
가다 (aller)	가 + 아요 → 가요
만나다 (rencontrer)	만나 + 아요 → 만나요
사다 (acheter)	사 + 아요 → 사요

예 저는 줄리엥을 만나요. Je rencontre Julien.
사미라는 사전을 사요. Samira achète un dictionnaire.

(2) « ㅗ + ㅏ » se contractent en « ㅘ », « ㅜ + ㅓ » en « ㅝ ».

Infinitif	
오다 (venir)	오 + 아요 → 와요
배우다 (apprendre)	배우 + 어요 → 배워요
보다 (regarder, voir)	보 + 아요 → 봐요

예 민정 씨는 일본어를 배워요. Min-jeong apprend le japonais.
모르간은 레오를 봐요. Morgane regarde Léo.

(3) « ㅣ + ㅓ » se contractent en « ㅕ ».

Infinitif	
마시다 (boire)	마시 + 어요 → 마셔요
기다리다 (attendre)	기다리 + 어요 → 기다려요

예 저는 커피를 자주 마셔요. Je bois souvent du café.
모르간은 지금 친구를 기다려요. Morgane attend maintenant un(e) ami(e).

B. Attention aux verbes irréguliers suivants :

(1) Le verbe 하다 est irrégulier et donne 해요. Il suit un nom pour former un nouveau verbe. Les verbes combinés avec 하다 sont extrêmement nombreux. Par exemple : 공부하다 « faire des études / étudier », 구경하다 « visiter ».

Infinitif	
하다 (faire)	해요
좋아하다 (aimer)	좋아해요
공부하다 (étudier)	공부해요
이야기하다 (parler, discuter)	이야기해요
구경하다 (visiter)	구경해요

예 지금 뭐 해요? — Que faites-vous maintenant ?

카푸치노를 좋아해요? — Vous aimez le cappuccino ?

저는 민정 씨하고 이야기해요. — Je parle avec Min-jeong.

(2) Les copules 이다 et 아니다 sont des verbes irréguliers.

Infinitif	
이다 (être)	Consonne + 이에요 Voyelle + 예요
아니다 (ne pas être)	아니에요

예 피에르는 요리사예요. — Pierre est cuisinier.

피에르는 영국 사람이 아니에요. — Pierre n'est pas Anglais.

6-5 그런데 au fait / mais

그런데 est un adverbe conjonctif. Il est utilisé pour introduire un nouveau sujet de conversation. En fonction du contexte, il se traduit par « au fait », « à propos », « mais », « pourtant », « dis donc », etc.

예 그런데 상준 씨, 지금 뭐 마셔요?
Au fait, Sang-joon, que buvez-vous maintenant ?

그런데 오늘 한국어 수업이 있어요?
Au fait, vous avez un cours de coréen aujourd'hui ?

6-6 뭐 que / quoi

On a déjà vu 뭐 dans 3-6. 이름이 뭐예요? « Comment vous appelez-vous ? » et dans 4-10. 이게 뭐예요? « Qu'est-ce que c'est ? ». 뭐 est la forme abrégée du pronom interrogatif 무엇 « quoi ? ». 뭐 peut être employé avec plusieurs particules fonctionnelles différentes et correspondre à des pronoms interrogatifs différents en fonction du contexte: : « qu'est-ce que ? », « quoi ? », « Qu'est-ce qui ? ». A l'oral, la particule du complément d'objet direct 을 /를 est souvent omise. Quand il est suivi de 이다, il se traduit toujours par « qu'est-ce ? » ou « qu'est-ce que c'est ? ».

예 요즘 뭐(를) 해요?	Que faites-vous ces derniers temps ?
뭐(를) 마셔요?	Que buvez-vous ?
뭐가 맛있어요?	Qu'est-ce qui est délicieux ?
이름이 뭐예요?	Quel est votre /ton nom ? → Comment vous appelez-vous ?

6-7 –에서 particule de lieu

에서 est une particule de lieu. Elle marque l'endroit où se déroule une action et suppose donc que le verbe soit un verbe d'action. Elle se distingue de la particule de lieu 에 qui s'emploie pour un positionnement statique (voir 7-4.).

예 저는 공원에서 레오를 만나요.	Je rencontre Léo dans un parc.
줄리엥은 도서관에서 공부해요.	Julien étudie à la bibliothèque.

- **NOM$_1$ 은/는 NOM$_2$에서 NOM$_3$ 을/를 Verbe = NOM$_1$ Verbe NOM$_3$ à NOM$_2$**

예 사미라는 우체국에서 줄리엥을 기다려요.
Samira attend Julien à la poste.

모르간 씨는 대학교에서 서예를 배워요.
Morgan apprend la calligraphie à l'université.

모르간은 찻집에서 인삼차를 마셔요.
Morgan boit un thé au ginseng au salon de thé.

단어 vocabulaire

가다	aller	물	eau	지금	maintenant
고객님	client(e)	보다	regarder, voir	카푸치노	cappuccino
만나다	rencontrer	사다	acheter		
먹다	manger	인삼차	thé au ginseng		

연습 1 Exercises 1

문법과 표현 Grammaire et Expressions

1 〈보기〉와 같이 '을'이나 '를'을 사용해서 문장을 완성하세요. Complétez avec 을 ou 를, selon le modèle.

보기 상준 씨는 녹차(를) 좋아해요.

(1) 모르간은 카푸치노(   ) 마셔요.

(2) 레오는 한국(   ) 좋아해요.

(3) 아가트는 인사동(   ) 구경해요.

(4) 저는 사미라(   ) 만나요.

(5) 저는 이자벨(   ) 만나요.

(6) 줄리엥은 영화(   ) 봐요.

2 〈보기〉와 같이 동사를 바꾸세요. Complétez avec le verbe, selon le modèle.

보기 사미라는 친구를 (만나다). → 사미라는 친구를 만나요.

민정 씨는 녹차를 (좋아하다). → 민정 씨는 녹차를 좋아해요.

(1) 찬호 씨는 컴퓨터를 (사다). → ____________________

(2) 모르간은 레오 씨를 (기다리다). → ____________________

(3) 민정 씨, 지금 뭐 (하다)? → ____________________

(4) 저는 요즘 한국어를 (배우다). → ____________________

(5) 사미라는 오늘 영어를 (공부하다). → ____________________

(6) 제레미가 (오다). → ____________________

3 〈보기〉와 같이 주어진 동사를 사용해서 문장을 완성하세요.

Complétez en utilisant les mots indiqués comme dans l'exemple.

재미있다	먹다	배우다	기다리다	있다	아니다

보기 모르간은 기숙사에서 레오를 (**만나요**).

(1) 줄리엥은 도서관에서 모르간을 ( ).

(2) 레오는 지금 빵을 ( ).

(3) 민정 씨, 한국어 사전이 ( )?

(4) 아니요, 저는 중국 사람이 ( ).

(5) 피에르 씨는 요즘 태권도를 ( ).

(6) 한국어가 참 ( ).

4 〈보기〉와 같이 질문에 답하세요. Répondez aux questions comme dans l'exemple.

보기 가 지금 뭐 해요? (도서관, 한국어, 공부하다)
나 도서관에서 한국어를 공부해요.

(1) 가 지금 뭐 해요? (찻집, 인삼차, 마시다)
나 ____________________

(2) 가 지금 뭐 해요? (인사동, 거리, 구경하다)
나 ____________________

(3) 가 지금 뭐 해요? (기숙사, 텔레비전, 보다)
나 ____________________

(4) 가 지금 뭐 해요? (편의점, 물, 사다)
나 ____________________

(5) 가 요즘 뭐 해요? (학원, 일본어, 배우다)
나 ____________________

(6) 가 요즘 뭐 해요? (우체국, 아르바이트, 하다)
나 ____________________

연습 2 Exercises 2

듣기와 말하기 Écouter et Parler

1 **다음을 듣고 해당하는 그림을 고르세요.** Écoutez et choisissez l'image correspondante. CD1 50

①

②

③

④

(1) ________ (2) ________ (3) ________ (4) ________

2 **다음을 듣고 괄호 안을 채우세요.** Écoutez et complétez les parenthèses. CD1 51

(1) 네. 저는 (   ) 주세요.

(2) 민정 씨는 서예를 (   ).

(3) (   ) 영국 친구를 기다려요.

(4) (   )이 뭐예요?

(5) 레오는 찻집에서 인삼차를 (   ).

3 **다음을 듣고 질문에 답하세요.** Écoutez et répondez aux questions. CD1 52

(1) 모르간 씨는 콜라를 좋아해요?

____

(2) 모르간 씨는 요즘 서예를 배워요?

____

(3) 모르간 씨는 학교 식당에서 뭐 해요?

___

(4) 모르간 씨의 한국 생활이 어때요?

___

4 〈보기〉와 같이 답하세요. Répondez à l'oral comme dans l'exemple.

보기
가 뭐 마셔요?
나 (eau) → 물을 마셔요.

(1) jus d'orange →
(2) thé au ginseng →
(3) café →
(4) lait →
(5) yujacha →
(6) coca →
(7) thé vert →
(8) cappuccino →

5 다음에 나오는 상황을 보고 대화를 해 보세요.

Jeu de rôles : préparez un dialogue selon la situation suivante.

Vous êtes dans un café. Vous voulez commander des boissons au serveur.

문화와 사회 Culture et Société

Tradition à Séoul

Séoul est une ville qui associe la tradition et la modernité. Voici quelques endroits d'histoire et de culture à Séoul :

* Palais Gyeongbok : Le Palais Gyeongbok est le plus ancien palais de la dynastie Joseon (1392~1910), établi en 1394.
* Palais Changdeok : Le Palais Changdeok a été construit en 1405, il était à l'origine une annexe de la résidence officielle du souverain, le palais Gyeongbok.
* Palais Deoksu : Le Palais Deoksu est à l'origine la demeure des princes mais il servit de palais royal temporaire. Il devint un palais royal à part entière pendant le règne du roi Kojong (1863~1907), qui y fit construire de nombreux bâtiments dont Seokjojeon qui servit autrefois de musée d'art contemporain. Il abrite aujourd'hui les archives royales.
* Musée National de Corée : Il permet de découvrir l'histoire de la Corée et des trésors nationaux. Le Musée National de Corée a rouvert ses portes en 2005 dans son nouvel emplacement de Yongsan, Séoul. Ce musée est le 6ème plus grand musée au monde.
* Insa-dong : Dans le quartier d'Insa-dong on y trouve des galeries d'art, des maisons de thé et des restaurants traditionnels, des boutiques d'artisanat, des antiquaires. Le week-end il y a des manifestations culturelles traditionnelles – danse, chants, théâtre, mariage traditionnel, etc.
* Bukchon : Situé tout près des palais Gyeongbok et Changdeok, c'est l'ancien quartier résidentiel des hauts fonctionnaires de la dynastie de Joseon. L' architecture de la maison traditionnelle a été jusqu'à présent conservée.

Activités

1 여러분 나라의 전통문화를 보여주는 대표적인 장소 세 군데를 소개해 보세요.
Présentez trois endroits représentatifs de la culture traditionnelle de votre pays.

2 여러분 나라의 전통문화를 관람할 수 있는 도시의 한 지역이나 도시 하나를 소개해 보세요.
Pourriez-vous présenter un quartier de votre ville ou bien une ville de votre pays où on peut voir des manifestations culturelles traditionnelles ?

7과 지금 어디에 가요?

대화 1 Dialogue 1

CD1 53

(Pierre va au théâtre. Il rencontre Marie par hasard à Daehangno.)

마리 피에르 씨, 요즘 어떻게 지내요?

피에르 잘 지내요. 마리 씨는 어떻게 지내요?

마리 저도 잘 지내요.
그런데 피에르 씨, 지금 어디에 가요?

피에르 지금 극장에 가요.
요즘 대학로에 연극 공연이 많아요.

마리 아, 그래요? 그럼 저도 함께 가요.

피에르 좋아요.

마리 저기에 연극 포스터가 있어요.

피에르 음…… 이 극장에서 재미있는 연극을 해요.

마리 피에르 씨, 이걸 봐요. 이 연극은 어때요?

단어 vocabulaire

가끔	de temps en temps, parfois
공연	spectacle, 연극 공연 spectacle d'une pièce de théâtre
극장	théâtre, salle de cinéma
대학로	Daehangno
맵다	être piquant, être épicé
불고기	bulgogi
비빔밥	bibimbap
안	adverbe de négation: ne pas
어디	où
어떻게	comment
어머	Oh là là !, Tiens !
–에	particule de lieu
여기/거기/저기	Voir 7.7.
연극	pièce de théâtre
유명하다	être connu
이/그/저	Voir 7.7.
이걸/그걸/저걸	Voir 7.7.
잘	bien
재미있는	intéressant
조금	un peu
지내다	Voir 7.2.
포스터	affiche, poster
함께	ensemble

대화 2 Dialogue 2

CD1 54

(La pièce de théâtre est finie. Marie et Pierre sont entrés dans un restaurant coréen.)

마리 피에르 씨는 연극을 자주 봐요?

피에르 아니요, 가끔 봐요.
저는 영화를 자주 봐요.

마리 어머, 저도 영화를 자주 봐요.

종업원 주문하시겠어요?

피에르 네. 여기 비빔밥이 매워요?

종업원 네, 조금 매워요. 그런데 맛있어요.

마리 불고기는 어때요?

종업원 여기는 불고기가 유명해요. 그리고 안 매워요.

마리 그럼, 저는 불고기 주세요.

피에르 전 비빔밥 주세요.

종업원 네, 감사합니다.

마리 어머, 저기에 레오가 있어요.

피에르 레오가 누구예요?

마리 제 친구예요.

발음 prononciation

CD1 55

극장에 [극짱에]
대학로 [대항노]
비빔밥이 [비빔빠비]
어떻게 [어떠케]
연극 공연이 많아요 [연극 공여니 마나요]
연극을 [연그글]

 CD1 56

마리는 매일 한국어를 배워요.
한국어가 쉬워요. 한글이 안 어려워요.

오늘 마리는 시내에 가요.
대학로에서 피에르를 우연히 만나요.

마리는 피에르하고 극장에 가요.
극장에서 연극을 봐요.
그리고 피에르하고 식당에서 저녁도 먹어요.

마리는 식당에서 레오도 우연히 만나요.

단어 vocabulaire

쉽다	être facile
시내	centre-ville
어렵다	être difficile
우연히	par hasard
저녁	dîner / soir

발음 prononciation CD1 057

한국어	[한구거]
한글이	[한그리]
식당에서	[식땅에서]
저녁도	[저녁또]

7-1 NOM de lieu + 에 가다/오다 aller / venir à + lieu

'Nom de lieu + 에 가다' signifie « aller à + lieu » tandis que 'Nom de lieu + 에 오다' correspond à « venir à + lieu ». Le verbe 가다 exprime un mouvement d'éloignement à partir du lieu où l'on se trouve ; il s'oppose donc au verbe 오다 qui, lui, exprime un mouvement de rapprochement vers le lieu où l'on se trouve. On ne peut donc pas utiliser 오다 pour « Je vais au cinéma ce soir », car il s'agit d'un mouvement d'éloignement par rapport au lieu où se trouve le locuteur. Dans ce cas, il faut utiliser 가다 : 저는 오늘 저녁 극장에 가요.

예	피에르는 극장에 가요.	Pierre va au cinéma. (le locuteur n'est pas au cinéma)
	사미라는 시내에 가요.	Samira va au centre ville. (le locuteur n'est pas au centre ville)
	민정은 (대)학교에 와요.	Min-jeong vient à l'université. (le locuteur est à l'université)

7-2 어떻게 지내요? Comment allez-vous ?

어떻게 « comment » est un adverbe interrogatif dont l'emploi est large. Lorsqu'il accompagne le verbe 지내다, il sert à construire une phrase de politesse : 어떻게 지내요? « Comment allez-vous ? » à laquelle on répond généralement de manière simple par 잘 지내요. « Je vais bien. ».

예	가	요즘 어떻게 지내요?	Comment allez-vous ces derniers jours ?
	나	잘 지내요.	Je vais bien.

7-3 어디 Où

어디 est un pronom interrogatif de lieu. Il s'emploie dans une phrase interrogative en s'accolant avec les particules de lieu 에/에서. Il correspond à « où » en français.

예	마리 씨, 어디에 가요?	Marie, vous allez où ?
	어디에서 한국어를 배워요?	Où apprenez-vous le coréen ?

7-4 에 VS 에서 particule de lieu

에서 est une particule de lieu qui désigne l'endroit ou le cadre dans lequel se déroule une action (voir 6-7.). 에 est une particule de lieu qui désigne un positionnement statique (l'endroit où se trouve quelque chose ou quelqu'un).

Attention! 에 fonctionne aussi avec des verbes d'action dans certaines construction de phrase comme nous l'avons vu avec « Nom de lieu + 에 가다/오다 » dans 7-1.

예 모르간은 카페에서 콜라를 마셔요.
Morgane boit du coca dans un café.

저는 찻집에서 친구를 만나요.
Je rencontre un ami au salon de thé.

시내에 백화점이 많아요.
Il y a beaucoup de grands magasins au centre ville.

모르간은 지금 우체국에 가요.
Morgane va à la poste maintenant.

Attention! Le verbe 살다 « habiter, vivre » peut fonctionner avec les deux particules 에 et 에서.

예 제레미는 친구 집에서 살아요.
Jérémy habite chez son ami.

레오는 서울에(서) 살아요.
Léo habite à Séoul.

영어 교수님은 아파트에(서) 살아요.
Le professeur d'anglais habite dans un appartement.

7-5 좋아요 D'accord

Dans la leçon 5, nous avons vu 좋아요 dans le sens appréciatif de « c'est bien ». Ici, 좋아요 apparaît dans sa valeur d'acquiescement. Avec cette expression on peut acquiescer à une proposition.

예	가	우체국에 함께 가요.	On va ensemble à la poste.
	나	좋아요.	D'accord.

7-6 NOM de lieu + 에 있다/없다 existser à / ne pas exister à

Dans 5-2. on a vu 있다 qui prend le sens de « y avoir » ou « avoir / posséder quelque chose », 없다 qui prend le sens de « ne pas y avoir » ou « ne pas avoir / ne pas posséder quelque chose ». Ici on voit l'emploi de base de 있다 « exister / être là » et de 없다 « ne pas exister / ne pas être là ». La particule de lieu 에 marque un complément circonstanciel de lieu en s'accolant à un nom dénotant le lieu et s'emploie avec les verbes d'existence '있다' ou '없다'. Elle a différentes traductions en français: à, dans, en… en fonction du contexte.

예 가	줄리엥은 어디에 있어요?	Où est Julien ?
나	파리에 있어요.	Julien est à Paris.
	민정 씨는 집에 없어요.	Min-jeong n'est pas à la maison.
	저기에 연극 포스터가 있어요.	Il y a l'affiche de la pièce de théâtre là-bas.

7-7 이/그/저 + NOM démonstratif

	이	그	저
personne	이분	그분	저분
objet	이 + Nom	그 + Nom	저 + Nom
lieu	여기	거기	저기

이, 그, 저, qui se placent devant le nom, sont les trois démonstratifs. 이 sert à indiquer ce qui est proche du locuteur, 그, ce qui est proche de l'interlocuteur, 저, ce qui est éloigné du locuteur et de l'interlocuteur. Par exemple,

예 이 책	ce livre-ci (près du locuteur)
그 책	ce livre-là (près de l'interlocuteur)
저 책	ce livre là-bas (loin du locuteur et de l'interlocuteur)
이분	cette personne-ci (près du locuteur)
그분	cette personne-là (près de l'interlocuteur)
저분	cette personne là-bas (loin du locuteur et de l'interlocuteur)

Ainsi, on peut analyser la phrase que l'on a déjà vue dans 4-1. 이분이 누구예요? « Qui est cette personne ? » comme suit :
이분 (cette personne-ci) + 이 (particule de sujet) + 누구 (pronom interrogatif, « qui » du français) + 예요 (copule, 이다)
On utilise trois formes différentes pour indiquer les lieux : 여기 « ici », 거기 « là », 저기 « là-bas ».

예 저분이 누구예요?	Qui est cette personne là-bas ?
이 사전이 좋아요.	Ce dictionnaire-ci est bien.
여기가 제 방이에요.	Ici, c'est ma chambre.
가방이 거기에 있어요?	Le sac est là (près de vous) ?

	이것	그것	저것
Avec 은/는	이것은 (이건)	그것은 (그건)	저것은 (저건)
Sujet	이것이 (이게)	그것이 (그게)	저것이 (저게)
Complément d'objet direct	이것을 (이걸)	그것을 (그걸)	저것을 (저걸)

Les démonstratifs peuvent également être combinés avec 것 « chose » pour désigner l'objet incertain : 이것 « cette chose-ci », 그것 « cette chose-là », 저것 « cette chose là-bas ». Les particules sont souvent abrégées à l'oral quand on utilise 이것, 그것, 저것 avec les particules 은/이/을.

이것이 (이게 : forme abrégée) : cette chose-ci (près du locuteur)
그것이 (그게 : forme abrégée) : cette chose-là (près de l'interlocuteur)
저것이 (저게 : forme abrégée) : cette chose là-bas (loin du locuteur et de l'interlocuteur)

Ainsi, on peut analyser la phrase que l'on a déjà vue dans 4-10. 이게 뭐예요? « Qu'est-ce que c'est ? » comme suit :
이게 (cette chose-ci + particule de sujet) + 뭐 (pronom interrogatif, « quoi ? » du français) + 예요 (copule, 이다)

예 그건 뭐예요?	Qu'est-ce que c'est, là ?
저게 뭐예요?	Qu'est-ce que c'est, là-bas ?
저는 이걸 좋아해요.	J'aime celui (celle)-ci.

7-8 어머 = 어머나 Exclamatif

어머(어머나) est un exclamatif. Il exprime la surprise du locuteur et correspond à « Oh là là ! », « Tiens ! ». L'ajout de 나 renforce légèrement le sens du mot. Attention, cet exclamatif est réservé aux filles et non pas aux garçons !

예 어머나, 이걸 봐요.	Tiens ! Regarde celui (celle)-ci.
어머, 이게 뭐예요?	Oh là là ! Qu'est-ce que c'est ?

7-9 Verbe irrégulier ㅂ

Quand le radical d'un verbe de description se termine en ㅂ, le ㅂ se transforme en ㅜ ou en ㅗ au contact d'une voyelle. Quand on ajoute 어요 ou 아요 au radical à transformer, on doit procéder à des contractions. Par exemple,

어렵다 → 어렵 + 어요 → 어려우 + 어요 → 어려워요 « être difficile »

Autres exemples de verbes de description irréguliers ㅂ:

어렵다 être difficile	어렵 + 어요	어려우 + 어요	어려워요
쉽다 être facile	쉽 + 어요	쉬우 + 어요	쉬워요
맵다 être piquant	맵 + 어요	매우 + 어요	매워요
아름답다 être beau	아름답 + 아요	아름다우 + 아요 → 아름다우 + 어요	아름다워요
돕다 aider	돕 + 아요	도오 + 아요	도와요

예 가 한국어가 어려워요?	Le coréen est difficile ?
나 아니요, 쉬워요.	Non, c'est facile.
비빔밥이 조금 매워요.	Le bibimbap est un peu piquant.

7-10 안 adverbe de négation

안 est un adverbe permettant de mettre les verbes à la forme négative. 안 se place devant le verbe.

예 불고기는 안 매워요.	Le bulgogi n'est pas piquant.
한국어가 안 어려워요.	Le coréen n'est pas difficile.
아가트는 극장에 안 가요.	Agathe ne va pas au cinéma.

- **Récapitulatif des verbes coréens**

On peut distinguer dans le coréen quatre types de verbes.

Types	Usages	Exemples
Copule	sert à marquer l'identité	–이다/아니다
Verbe d'existence	sert à marquer l'existence / l'absence ou la possession / la non-possession	있다/없다
Verbes de description	servent à décrire l'état ou la propriété	많다, 좋다, 괜찮다, 재미있다, 맛있다, 넓다··· etc.
Verbes d'action	servent à marquer l'action ou le progrès	가다, 오다, 만나다, 마시다, 기다리다, 배우다, 먹다, 하다, 이야기하다··· etc.

Attention!

(1) Les copules –이다/아니다 forment le prédicat et fonctionnent comme un verbe en liant le sujet de la phrase à l'attribut. Dans la forme positive, il n'y a pas d'espace entre l'attribut et le verbe : par exemple, 저는 학생이에요 « Je suis étudiant ». Dans la forme négative, l'attribut est suivi de la particule d'attribut 이/가, puis d'un espace entre cet attribut et le verbe : 저는 학생이 아니에요 « Je ne suis pas étudiant ».

(2) Souvent les verbes d'existence 있다/없다 fonctionnent gramaticalement, selon le contexte, soit comme un verbe de description, soit comme un verbe d'action.

단어 vocabulaire

돕다	aider
백화점	grand magasin
분	personne (forme honorifique de 사람)
살다	habiter, vivre
아름답다	être beau
이것/그것/저것	Voir 7.7.
자다	dormir
집	maison

연습 1 Exercises 1

문법과 표현 Grammaire et Expressions

1 **제시된 단어를 사용해서 〈보기〉와 같이 대화를 만드세요.**

Construisez des phrases selon le modèle ci-dessous en utilisant les mots proposés.

보기 (1) (줄리엥, 집, 네)

→ 가 줄리엥이 집에 있어요? 나 네, 집에 있어요.

(2) (가방, 기숙사, 아니요)

→ 가 가방이 기숙사에 있어요? 나 아니요, 기숙사에 없어요.

(1) (이자벨, 수영장, 네)

→ 가 ______________________

나 ______________________

(2) (사진, 방, 네)

→ 가 ______________________

나 ______________________

(3) (한국어 책, 도서관, 아니요)

→ 가 ______________________

나 ______________________

(4) (아가트하고 제레미, 공원, 아니요)

→ 가 ______________________

나 ______________________

(5) (상준 씨, 시내, 네)

→ 가 ______________________

나 ______________________

(6) (피에르, 편의점, 아니요)

→ 가 ______________________

나 ______________________

2 '에'나 '에서'를 사용해서 문장을 완성하세요. Complétez les parenthèses avec 에 ou 에서.

(1) 상준 씨는 극장(   ) 가요.

(2) 사미라는 학교 식당(   ) 저녁을 먹어요.

(3) 모르간은 학교(   ) 친구를 만나요.

(4) 피에르는 대학로(   ) 자주 와요.

(5) 마리는 지금 집(   ) 있어요?

(6) 레오는 학원(   ) 서예를 배워요.

3 다음 표를 완성하세요. Complétez le tableau.

(1)

이	그	저
이 친구	그 친구	( ) 친구
이 시계	( ) 시계	저 시계
( )	거기	저기

(2)

이것	그것	저것
( )	그건	저건
이게	( )	저게
이걸	그걸	( )

4 제시된 단어를 사용해서 〈보기〉와 같이 문장을 만드세요.

Construisez des phrases selon le modèle ci-dessous en utilisant les mots proposés.

보기 (한국어, 쉽다) → 한국어가 쉬워요.

(1) (한글, 쉽다) → ______________________

(2) (비빔밥, 맵다) → ______________________

(3) (꽃, 아름답다) → ______________________

(4) (불고기, 유명하다) → ______________________

(5) (비빔밥, 맛있다) → ______________________

(6) (영어, 어렵다) → ______________________

연습 2 Exercices 2

듣기와 말하기 Écouter et Parler

1 **다음을 듣고 해당하는 그림을 고르세요.** Écoutez et choisissez l'image correspondante. CD1 58

①

②

③

④

(1) ______ (2) ______ (3) ______ (4) ______

2 **다음을 듣고 질문에 답하세요.** Écoutez et répondez aux questions. CD1 59

(1) 제레미는 어디에 가요?

____

(2) 제레미는 백화점에서 책을 사요?

____

(3) 제레미는 누구를 만나요?

____

(4) 제레미하고 모르간은 뭐 해요?

____

(5) 영화가 어때요?

____

(6) 모르간은 극장에 자주 가요?

____

3 **다음을 듣고 원고지에 써 보세요.** Dictée : écoutez bien et écrivez correctement. CD1 60

4 **다음에 나오는 상황을 보고 대화를 해 보세요.**

Jeu de rôles : préparez un dialogue selon la situation suivante.

Vous rencontrez un(e) de vos amis dans la rue par hasard. Vous allez voir un film et votre ami aussi.

문화와 사회 Culture et Société

Quartiers des jeunes à Séoul

* Daehangno : Autrefois, dans ce quartier il y avait l'Université Nationale de Séoul. De ce fait ce quartier a été nommé Daehangno, qui signifie la Route de l'Université. Depuis son déménagement, plusieurs théâtres, galeries et places occupent l'espace. Dans ce quartier devenu quartier culturel, les jeunes se rassemblent pour de nombreux spectacles, aussi bien dans les théâtres que dans la rue.

* Sinchon : Il y a dans le quartier de Sinchon, quatre des plus grandes universités de Séoul. Dans ce quartier de jeunes, on y trouve des librairies – même une librairie française -, des cafés, des bars, des restaurants. Les fanas de rock, de techno, de hip hop et de jazz n'oublient jamais d'aller à Sinchon.

Activités

1 **여러분이 사는 도시에 젊은이들이 즐겨 찾는 거리가 있으면 소개해 보세요.**
Dans votre ville, y a-t-il des quartiers de jeunes ? S'il y en a, pourriez-vous les présenter ?

2 **여러분이 다니는 대학의 대학가를 소개해 보세요.**
Pourriez-vous présenter le quartier de votre université ?

8과 지금 몇 시예요?

대화 1 Dialogue 1

CD1 61

(오늘은 12월 5일 금요일이에요. 줄리엥하고 민정은 학교에서 이야기해요.)

줄리엥 민정 씨, 한국 역사 수업이 언제 시작해요?

민정 두 시에 시작해요. 그리고 네 시에 끝나요.

줄리엥 지금 몇 시예요?

민정 한 시 반이에요. 그런데 줄리엥 씨, 오늘 모르간 씨 생일이에요. 모르간 씨가 집에서 생일잔치를 해요.

줄리엥 아…… 저도 오늘 모르간 씨 생일잔치에 가요.

민정 그래요? 그럼, 같이 가요.

줄리엥 네, 좋아요. 그럼 이따가 저녁 여섯 시에 학교에서 만나요.

단어 vocabulaire

같이	ensemble = 함께
고맙다	être reconnaissant 고마워요 = 고맙습니다.
금요일	vendredi
글쎄요	euh…, je ne sais pas trop…
끝나다	finir
네, 넷	quatre, Voir 8.3.
두, 둘	deux, Voir 8.3.
며칠	Voir 8.6.
몇	quel / combien de / quel nombre
반	demi
밥	riz cuit / repas
보통	en général, d'habitude
생일	anniversaire
선물	cadeau, 생일 선물 cadeau d'anniversaire
시	heure, Voir 8.5.
시작하다	commencer
언제	quand
-에	particule de temps
여섯	six, Voir 8.3.
월	mois, Voir 8.6.
이따가	tout à l'heure
일	travail / jour
잔치	fête, 생일잔치 fête d'anniversaire
주다	donner
축하하다	féliciter, 생일 축하해요! Bon Anniverssaire !

대화 2 Dialogue 2

CD1 62

(오늘은 모르간의 생일이에요. 줄리엥하고 민정은 모르간 집에 있어요.)

민정　모르간 씨, 생일 축하해요!
제 선물이에요.

모르간　고마워요, 민정 씨.

줄리엥　민정 씨는 생일이 몇 월 며칠이에요?

민정　제 생일은 6월 12일이에요.
줄리엥 씨는 생일이 몇 월 며칠이에요?

줄리엥　5월 28일이에요.
민정 씨, 한국에서는 친구 생일에 뭐 해요?

민정　글쎄요, 보통 생일 선물을 줘요.
그리고 같이 밥을 먹어요.

발음 prononciation

CD1 63

같이 [가치]
끝나요 [끈나요]
몇 시예요 [며 씨예요]
생일이에요 [생이리에요]
시작해요 [시자캐요]
십이월 [시비월]
오늘은 [오느른]
축하해요 [추카해요]

Palatalisation

Quand les consonne finales « ㄷ ㅌ » rencontrent 이 de la syllabe suivante, ces consonnes finales se prononcent « ㅈ ㅊ ».

예 같이 [가치]　굳이 [구지]　붙이다 [부치다]

읽기 Lire

CD1 64

찬호 씨는 월요일부터 금요일까지 일해요.

찬호 씨는 매일 아침 6시 반에 일어나요.
6시 반부터 7시까지 운동해요.
찬호 씨는 7시 10분에 씻어요.
그리고 7시 반에 아침을 먹어요.

찬호 씨는 9시에 회사에 도착해요.
12시까지 열심히 일해요.
그리고 12시에 점심을 먹어요.

찬호 씨는 보통 저녁 7시쯤에 집에 와요.
그리고 저녁을 먹어요.
8시에 텔레비전을 봐요.
9시에 책을 읽어요. 인터넷도 해요.
찬호 씨는 밤 11시에 자요.

주말에 찬호 씨는 카페에서 친구를 만나요.
일요일에는 집에서 쉬어요.

단어 vocabulaire

도착하다	arriver
–부터 –까지	Voir 8.9.
분	minute
쉬다	se reposer
씻다	se laver
아침	matin = 오전 / petit déjeuner
열심히	sérieusement, avec ardeur
운동하다	faire du sport
월요일	lundi
인터넷	internet
일어나다	se lever
일요일	dimanche
일하다	travailler
읽다	lire
점심	déjeuner
주말	week-end
–쯤	environ / vers / à peu près
카페	café (lieu)
회사	compagnie, entreprise

발음 prononciation

CD1 65

금요일 [그묘일]
도착해요 [도차캐요]
십 분 [십뿐]
씻어요 [씨서요]
열심히 [열씸히]
월요일 [워료일]
인터넷도 [인터네또]
읽다 [익따]
읽어요 [일거요]

8-1 Jours de la semaine

월요일	화요일	수요일	목요일	금요일	토요일	일요일
lundi	mardi	mercredi	jeudi	vendredi	samedi	dimanche

On emploie 무슨 요일이에요? « Nous sommes quel jour de la semaine ? » pour demander le jour de la semaine. 무슨 correspond à « quel(le) », 요일 correspond à « jour de la semaine » en français.

예
가 오늘 무슨 요일이에요? Aujourd'hui, nous sommes quel jour de la semaine?
나 오늘은 월요일이에요. Aujourd'hui, nous sommes lundi.

가 오늘 무슨 요일이에요? Aujourd'hui, quel jour sommes-nous ?
나 수요일이에요. C'est mercredi.

8-2 언제 quand

언제 est l'adverbe interrogatif de temps. Il correspond à « quand » en français.

예 한국역사 수업이 언제 시작해요?
Quand est-ce que le cours d'histoire de la Corée commence ?

영화가 언제 시작해요?
Quand le film commence-t-il ?

언제 시내에 가요?
Quand allez-vous au centre-ville ?

8-3 Nombres sino-coréens / nombres coréens

En coréen, on utilise deux systèmes numéraux, les nombres sino-coréens et les nombres coréens. Les nombres coréens s'utilisent pour l'heure (mais pas pour la minute), pour l'âge et pour compter les personnes ou les objets. Pour la plupart des cas, on utilise les nombres sino-coréens. La série des numéraux d'origine coréenne impose de faire de légères modifications de formes facilitant la prononciation, lorsque les nombres coréens sont employés avec des classificateurs (voir 9-6. pour les classificateurs) : 하나 → 한, 둘 → 두, 셋 → 세, 넷 → 네, 스물 → 스무.

	Nombres sino-coréens	Nombres coréens	Nombres coréens avec des classificateurs		Nombres sino-coréens	Nombres coréens	Nombres coréens avec des classificateurs
1	일	하나	한	16	십육	열여섯	
2	이	둘	두	17	십칠	열일곱	
3	삼	셋	세	18	십팔	열여덟	
4	사	넷	네	19	십구	열아홉	
5	오	다섯		20	이십	스물	스무
6	육	여섯		21	이십일	스물하나	스물한
7	칠	일곱		…	…	…	…
8	팔	여덟		30	삼십	서른	
9	구	아홉		40	사십	마흔	
10	십	열		50	오십	쉰	
11	십일	열하나	열한	60	육십	예순	
12	십이	열둘	열두	70	칠십	일흔	
13	십삼	열셋	열세	80	팔십	여든	
14	십사	열넷	열네	90	구십	아흔	
15	십오	열다섯		100	백	백	

예 지금 한 시예요. Il est une heure maintenant.
오후 다섯 시예요. Il est cinq heures de l'après-midi.
두 시 이십 분이에요. Il est deux heures vingt.
저는 스물한 살이에요. J'ai 21 ans.

8-4 에 particule de temps

On a vu que 에 était la particule de lieu qui désigne un positionnement statique dans 7-4. 에 s'utilise également comme particule de temps. Elle peut s'utiliser pour marquer un moment dans le temps. 에 ne peut pas s'utiliser avec 오늘, 내일, 지금 et 언제.

예 한국역사 수업이 네 시에 끝나요. Le cours d'histoire de la Corée finit à 4 heures.
오전에 경복궁을 구경해요. Je visite Gyeongbokgung dans la matinée.
저는 토요일에 친구를 만나요. Je rencontre un ami samedi.

8-5 몇 시예요? Quelle heure est-il ?

몇 시예요?, qui correspond à « Quelle heure est-il ? » en français, permet de demander l'heure. 몇, qui peut se traduire par « quel », « combien de » ou « quel nombre », est un interrogatif qui s'emploie dans la plupart des cas avec les classificateurs. 시 veut dire « l'heure » et 분 s'utilise pour dire les minutes dans la réponse. On utilise les nombres coréens pour indiquer les heures (시) et les nombres sino-coréens pour les minutes (분).

예 지금 몇 시예요? — Quelle heure est-il maintenant ?
– 두 시예요. — Il est deux heures.
– 세 시 이십 분이에요. — Il est trois heures vingt.
– 네 시 반이에요. = 네 시 삼십 분이에요.
Il est quatre heures et demie. = Il est quatre heures trente.
– 아침 여덟 시 사십 분이에요. — Il est 8h 40 du matin.
– 저녁 아홉 시 반이에요. — Il est 9 h et demie du soir.
– 오전 11시 15분이에요. — Il est 11 h 15 du matin.
– 오후 5시 45분이에요. = 오후 6시 15분 전이에요.
Il est 5 h 45 de l'après-midi. = Il est 6 h moins le quart de l'après-midi.

8-6 몇 월 며칠이에요? On est le combien ?

몇 월 며칠이에요? « On est le combien ? » s'utilise pour demander la date. 몇 (interrogatif) + 월 (mois). 며칠 est venu de 몇 일 : 몇 (interrogatif) + 일 (jour). Si l'on connaît le mois et veut savoir simplement quel jour nous sommes, on utilise 며칠이에요?.

Attention! 육월 se transforme en 유월 et 십월 en 시월 pour faciliter la prononciation.

janvier	일월	**juillet**	칠월
février	이월	**août**	팔월
mars	삼월	**septembre**	구월
avril	사월	**octobre**	시월 (← 십월)
mai	오월	**novembre**	십일월
juin	유월 (← 육월)	**décembre**	십이월

예 가 오늘 몇 월 며칠이에요? — On est le combien aujourd'hui ?
나 유월 이십이 일이에요. — On est le 22 juin.

오늘은 12월 9일이에요. — Aujourd'hui, c'est le 9 décembre.

8-7 글쎄요 Euh… / Je ne sais pas trop

글쎄요 est utilisé dans les cas d'hésitation ou de doute. Il représente une alternative entre le « oui » et le « non » et permet de ne pas faire une réponse trop affirmée à une question posée. On peut le rapprocher de « Euh… », « eh bien », « Je ne sais pas trop… ».

예	가	영화가 몇 시에 시작해요?	Le film commence à quelle heure ?
	나	글쎄요.	Ben... je ne sais pas trop.

8-8 밥을 먹다 prendre le repas

La traduction directe de 밥을 먹다 est « manger du riz » en français. Mais dans la plupart des cas, cette expression s'utilise pour signifier « prendre le repas », « manger ». La particule du complément d'objet direct 을 est souvent omise.

예	가	민정 씨, 밥을 먹어요?	Min-jeong, Vous prenez pris le repas ? Min-jeong, vous êtes à table ?
	나	아니요, 안 먹어요.	Non, je ne prends pas le repas. Non, je ne suis pas à table.

8-9 …부터 …까지 de… à…

Les particules 부터 et 까지 s'utilisent ensemble pour marquer les bornes d'un événement temporel. 부터, qui correspond à « de » en français, marque le début de l'action et 까지, « à » ou « jusqu'à » en français, en marque la fin. On peut aussi utiliser 부터 et 까지 séparément.

예 찬호 씨는 월요일부터 금요일까지 일해요.
Chan-ho travaille du lundi au vendredi.

저는 1시부터 3시까지 한국어를 배워요.
J'apprend le coréen d'une heure à trois heures.

레오는 2시부터 수업이 있어요.
Léo a un cours à partir de 2 heures.

단어 vocabulaire

다섯	cinq
목요일	jeudi
무슨	quel
셋	trois
수요일	mercredi
아홉	neuf
여덟	huit
열	dix
오전	matin = 아침
오후	après-midi
일곱	sept
전	avant, moins, 4시 10분 전 4 h moins 10.
토요일	samedi
한, 하나	un(e)
화요일	mardi

연습 1 Exercices 1 | 문법과 표현 Grammaire et Expressions

1 〈보기〉와 같이 질문에 답하세요. Répondez aux questions comme dans l'exemple.

보기

여섯 시 이십 분이에요.

(1)

(2)

(3)

(4)

(5)

(6)

2 〈보기〉와 같이 대화를 완성하세요. Dialoguez comme comme dans l'exemple.

보기 (친구를 만나다, 14:00)
→ 가 몇 시에 친구를 만나요? 나 오후 두 시에 만나요.

(1) (일어나다, 7:30)
→ 가 ______________ 나 ______________

(2) (학교에 도착하다, 10:20)
→ 가 ______________ 나 ______________

(3) (책을 읽다, 21:10)
→ 가 ______________ 나 ______________

(4) (영화가 시작하다, 18:22)
→ 가 ______________ 나 ______________

(5) (자다, 23:00)

→ 가 ______________________ 나 ______________________

(6) (인터넷을 하다, 15:50)

→ 가 ______________________ 나 ______________________

3 〈보기〉와 같이 질문에 답하세요. Répondez aux questions comme dans l'exemple.

보기

가 오늘은 몇 월 며칠이에요?

나 오늘은 5월 10일이에요.

(1)

가 오늘은 몇 월 며칠이에요?

나 ______________________

(2)

가 오늘은 몇 월 며칠이에요?

나 ______________________

(3)

가 오늘은 몇 월 며칠이에요?

나 ______________________

(4)

가 오늘은 몇 월 며칠이에요?

나 ______________________

(5)

가 오늘은 몇 월 며칠이에요?

나 ______________________

(6)

가 오늘은 몇 월 며칠이에요?

나 ______________________

연습 2 Exercices 2 듣기와 말하기 Écouter et Parler

1 다음을 듣고 해당하는 그림을 고르세요. Écoutez et choisissez l'image correspondante. CD1 66

① 

② 

③ 

④ 

⑤ 

(1) ____________ (2) ____________ (3) ____________

(4) ____________ (5) ____________

2 다음을 듣고 일정표를 완성하세요. Écoutez et complétez l'agenda de la semaine. CD1 67

월	화	수	목	금	토	일
7 서예	8	9 ________ (　　)시	10 ________ (　　)시	11	12 ________ (　　)시	13 ________ (　　)시

3 다음을 듣고 원고지에 써 보세요. Dictée : écoutez bien et écrivez correctement. CD1 68

4 〈보기〉와 같이 시간을 말해 보세요. Indiquez les heures comme dans l'exemple.

보기

(1) 7:30 → 아침 일곱 시 삼십 분이에요.

(2) 14:45 → 오후 두 시 사십오 분이에요.

(3) 20:10 → 저녁 여덟 시 십 분이에요.

(1) 15:15 → ______________________

(2) 17:30 → ______________________

(3) 21:55 → ______________________

(4) 6:42 → ______________________

(5) 10:17 → ______________________

(6) 13:52 → ______________________

(7) 12:00 → ______________________

(8) 19:30 → ______________________

5 친구들에게 하루 일과를 말해 보세요. Racontez une journée ordinaire à vos amis.

저는 아침 7시에 일어나요.……

L'heure du repas

En Corée, le repas du soir se prend en général tôt. Il est de bon ton de dîner à partir de 18h30. Le prix des restaurants étant bon marché, les Coréens y vont souvent, en famille, entre amis, entre employés. Tous les plats sont servis en même temps. Le repas dure en principe peu longtemps, beaucoup de Coréens retournant travailler après le repas du soir.

Le riz est un aliment de base du repas coréen et les Coréens en mangent pratiquement à tous les repas. Un repas typique se compose de riz, de soupe, de plusieurs plats d'accompagnements (essentiellement des légumes assaisonnés) et de viande. Le kimchi (à base de légumes – choux ou navets, en principe- fermentés avec du sel et des épices) est le plat d'accompagnement le plus courant.

Activités

1 **한국 음식을 먹어본 적이 있어요? 먹어본 적이 있다면 무슨 음식을, 어떤 기회에 먹어 봤어요?**
Est-ce que vous avez déjà goûté des plats coréens ? Si oui, lesquels et à quelle occasion ?

2 **평소 아침 식사 때 무엇을 먹어요?**
Que prenez-vous habituellement au petit-déjeuner ?

9과 여보세요?

대화 1 Dialogue 1

CD1 69

(모르간이 상준에게 전화해요.)

어머니 여보세요?

모르간 여보세요?
거기 상준 씨 댁이에요?

어머니 네, 맞아요.

모르간 안녕하세요? 저는 상준 씨 친구 모르간이에요.
상준 씨 좀 바꿔 주세요.

어머니 잠깐만 기다리세요.

상준 여보세요?
모르간 씨, 안녕하세요?

모르간 안녕하세요? 상준 씨, 요즘 어떻게 지내요?

단어 vocabulaire

개	classificateur (objet), Voir 9.6.
공책	cahier
권	classificateur (livre), Voir 9.6.
나타나다	apparaître
노트북 (컴퓨터)	ordinateur portable
대	classificateur (ordinateur, voiture), Voir 9.6.
댁	maison (forme honorifique de 집)
따르릉	dring (sonnerie de téléphone)
만	dix mille
맞다	être correct, 네, 맞아요. Oui, c'est ça.
번	classificateur (numéro), Voir 9.6.
볼펜	stylo
쇼핑하다	faire des achats, faire du shopping
세일하다	faire les soldes
싸다	ne pas être cher, être bon marché
알다	savoir, connaître
어머니	mère
얼마	Voir 9.5.
–에	Voir 9.8.
–에게	particule qui introduit le complément d'objet indirect
여보세요?	Allô
원	classificateur (won), Voir 9.6.
–(으)세요	Voir 9.1.
잠깐만	un instant, une minute
전화	téléphone
전화번호	numéro de téléphone
전화하다	téléphoner
좀	s'il vous plaît
천	mille
학용품	fournitures scolaires

대화 2 Dialogue 2

CD1 70

(오늘은 토요일이에요. 레오와 모르간은 휴대전화가 있어요. 레오가 모르간에게 전화해요. 모르간의 휴대전화에 레오의 전화번호가 나타나요.)

모르간 네, 레오 씨. 안녕하세요?

레오 안녕하세요? 모르간 씨, 오늘 서울백화점에서 세일해요.

모르간 어머, 그래요?

레오 네. 노트북 컴퓨터가 아주 싸요.

모르간 노트북이 얼마예요?

레오 한 대에 오십만 원이에요.

모르간 학용품도 세일해요?

레오 네. 볼펜이 다섯 개에 천 원이에요.
그리고 공책은 한 권에 팔백 원이에요.

모르간 레오 씨, 그럼 이따가 같이 백화점에서 쇼핑해요.

레오 좋아요. 그런데 사미라 씨 휴대전화 번호 알아요?

모르간 네, 알아요.

레오 사미라 씨 전화번호가 몇 번이에요?

모르간 010-1234-5678이에요.

발음 prononciation

CD1 71

- 같이 [가치]
- 공책은 한 권에 [공채근 한 궈네]
- 다섯 개에 [다서깨에]
- 댁이에요 [대기에요]
- 맞아요 [마자요]
- 어떻게 [어떠케]
- 오늘은 [오느른]
- 오십만 원 [오심마 눤]
- 집에 있어요 [지베 이써요]

읽기 Lire

CD1 72

레오랑 모르간이랑 사미라는 서울백화점에 함께 가요.
지금 서울백화점에서 세일해요.

4층에서 학용품을 세일해요.
학용품이 아주 싸요.
볼펜이 다섯 개에 천 원이에요.
연필은 열 개에 천오백 원이에요.
공책은 한 권에 팔백 원이에요.

노트북 컴퓨터도 안 비싸요.
좋은 노트북이 한 대에 오십만 원이에요.

백화점 2층에서 옷도 세일해요.
청바지 한 벌에 만 이천 원이에요.

레오는 볼펜하고 공책을 사요.
모르간은 연필을 열 개 사요.
사미라는 청바지를 한 벌 사요.

단어 vocabulaire

벌	classificateur (vêtement), Voir 9.6.
비싸다	être cher
연필	crayon
옷	vêtement
-(이)랑	particule de conjonction = 하고, 와/과
좋은	bon(ne)
청바지	jean
층	classificateur (étage), Voir 9.6.

발음 prononciation

CD1 73

천오백 원 [처노배 권]
한 벌에 [한 버레]

문법 & 표현 Grammaire et Expressions

9-1 Conversations téléphoniques : expressions courantes

(1) **여보세요?** Allô.
(2) …**씨 집/댁이에요?** Je suis bien chez…. ?
(3) **실례지만, 누구세요?** Excusez-moi, mais qui est à l'appareil ?
(4) Nom **좀 바꿔 주세요.** Passez-moi Nom, s'il vous plaît.
(5) **잠깐만 기다리세요.** Un instant (= Ne quittez pas), s'il vous plaît.

- **Radical du verbe d'action + (으)세요**

La construction 'Radical du verbe d'action + (으)세요' s'emploie à la forme impérative polie. Quand le radical du verbe se termine par une voyelle, on ajoute -세요 et quand il se termine par une consonne, on ajoute –으세요.

예 기다리세요.	Attendez, s'il vous plaît.
한국어를 배우세요.	Apprenez le coréen, s'il vous plaît.
7과를 읽으세요.	Lisez la leçon 7, s'il vous plaît.

9-2 NOM_1 와/과 NOM_2 = NOM_1 (이)랑 NOM_2 = NOM_1 하고 NOM_2

와/과 est une particule de conjonction. Elle permet de relier les noms et peut être remplacée par 하고 ou (이)랑. Quand la dernière syllabe du NOM_1 se termine par une voyelle, on utilise 와, 랑 et quand elle se termine par une consonne, on utilise 과, 이랑.
(이)랑 est moins formel que 와/과 et 하고.

Nom Consonne + 과	Nom Voyelle + 와
Nom Consonne + 이랑	Nom Voyelle + 랑

예 레오는 볼펜과 공책을 사요.	Léo achète le stylo et le cahier.
= 레오는 볼펜이랑 공책을 사요.	
= 레오는 볼펜하고 공책을 사요.	
피에르는 콜라와 커피를 마셔요.	Pierre boit du coca et du café.
= 피에르는 콜라랑 커피를 마셔요.	
= 피에르는 콜라하고 커피를 마셔요.	

9-3 NOM de personne + 에게 particule qui introduit le complément d'objet indirect

Employée après un nom dénotant les personnes, la particule 에게 fait de ce nom le complément d'objet indirect de la phrase. Voir 6-3. pour la particule du complément d'objet direct 을/를.

예 레오는 사미라에게 전화해요.	Léo téléphone à Samira.
레오는 모르간에게 볼펜을 줘요.	Léo donne un stylo à Morgane.

9-4 Verbes combinés avec 하다

On peut construire de nombreux verbes avec le verbe 하다 dans la langue coréenne. Employé après un nom 공부 « étude », le verbe 하다 « faire » se transforme en un nouveau verbe 공부하다 « étudier ».

Attention! Pour mettre les verbes à la forme négative avec 안, 안 se place juste devant le verbe 하다, s'il s'agit des verbes d'action : 공부하다 → 공부 안 하다, 운전하다 → 운전 안 하다. 안 se place devant le verbe comme les autres, s'il s'agit des verbes de description : 친절하다 → 안 친절하다, 피곤하다 → 안 피곤하다.

Verbes d'action	
아르바이트 (petit travail) + 하다	아르바이트 하다 faire un petit travail
공부 (étude) + 하다	공부하다 étudier
구경 (visite) + 하다	구경하다 visiter
이야기 (récit) + 하다	이야기하다 parler/discuter
운전 (conduite) + 하다	운전하다 conduire
일 (travail) + 하다	일하다 travailler
축하 (félicitation) + 하다	축하하다 féliciter
도착 (arrivée) + 하다	도착하다 arriver
시작 (commencement) + 하다	시작하다 commencer
인터넷 (internet) + 하다	인터넷하다 surfer sur internet
전화 (téléphone) + 하다	전화하다 téléphoner
세일 (soldes) + 하다	세일하다 faire les soldes
쇼핑 (achat) + 하다	쇼핑하다 faire des achats, faire du shopping
운동 (sport) + 하다	운동하다 faire du sport
테니스 (tennis) + 하다	테니스하다 faire du tennis
조깅 (jogging) + 하다	조깅하다 faire du jogging
수영 (natation) + 하다	수영하다 faire de la natation

예 레오와 모르간은 백화점에서 같이 쇼핑해요.
Léo et Morgane font des achats ensemble dans un grand magasin.

저는 스페인어 공부 안 해요.
Je n' étudie pas l'espagnol.

가 찬호 씨는 매일 조깅해요? Chan-ho, vous faites du jogging tous les jours ?
나 아니요, 매일 조깅 안 해요. Non, je ne fais pas de jogging tous les jours.

Verbes de description	
유명 (célébrité) + 하다	유명하다 être connu
친절 (gentillesse) + 하다	친절하다 être gentil
피곤 (fatigue) + 하다	피곤하다 être fatigué

예 가 제레미 씨가 친절해요? Jérémy est gentil ?
나 아니요, 안 친절해요. Non, il n'est pas gentil.

Attention! La particule –에서 s'utilise avec certains verbes de description comme 유명하다, 친절하다, etc.

예 줄리엥은 한국에서 유명해요. Julien est connu en Corée.
아가트는 학교에서 친절해요. Agathe est gentille à l'école.

9-5 NOM + 이/가 얼마예요? Ça coûte combien le NOM ?

얼마 est un interrogatif qui correspond à « combien » en français. 'NOM + 이/가 얼마예요?' s'emploie pour demander le prix de quelque chose. Quand le nom se termine par une consonne, on utilise 이 et quand le nom se termine par une voyelle, on utilise 가.

예 노트북 컴퓨터가 얼마예요? Ça coûte combien un ordinateur portable ?
사전이 얼마예요? C'est combien le dictionnaire?

9-6 Classificateurs

Les classificateurs s'emploient pour compter des objets ou des êtres animés. Ils ont pour fonction de les classer en différentes catégories selon leurs caractéristiques. Tous les noms appartenant à une même catégorie (objets, animaux, humains..) ont un classificateur commun qui permet d'effectuer des dénombrements. Il y a les classificateurs qui s'accompagnent des nombres coréens : 개, 명, 마리, 권, 벌, 대, 병, 잔, 시, 살... et les classificateurs qui s' accompagnent des nombres sino-coréens : 층, 분, 월, 일, 학년, 번, 원, 유로...

Classificateurs	Catégories	Exemples
개	objet	한 개, 두 개, 세 개···
명, 분	personne	한 명(분), 두 명(분), 세 명(분)···
마리	animal	한 마리, 두 마리, 세 마리···
권	livre, cahier	한 권, 두 권, 세 권···
벌	vêtement	한 벌, 두 벌, 세 벌···
대	ordinateur, voiture, télévision…	한 대, 두 대, 세 대···
병	bouteille	한 병, 두 병, 세 병···
잔	verre, tasse	한 잔, 두 잔, 세 잔···
시	heure	한 시, 두 시, 세 시···
살	âge	한 살, 두 살, 세 살···
층	étage	일 층, 이 층, 삼 층···
분	minute	일 분, 이 분, 삼 분···
일	jour	일 일, 이 일, 삼 일···
학년	année	일 학년, 이 학년, 삼 학년···
번	numéro (scolaire)	일 번, 이 번, 삼 번···
원	won (₩)	일 원, 이 원, 삼 원···
유로	euro (€)	일 유로, 이 유로, 삼 유로···

A noter que l'ordre est « le nom + le nombre + le classificateur » et que la particule peut être placée soit après le nom ou soit après le classificateur : 학생 스무 명

예 사미라는 콜라 한 병과 사과 두 개를 사요.
Samira achète une bouteille de coca et deux pommes.

교실에 학생이 스무 명 있어요. — Il y a vingt étudiants dans la classe.

커피 한 잔 주세요. — Donnez-moi un café, s'il vous plaît.

친구 집에 개 한 마리가 있어요. — Il y a un chien chez mon ami.

오늘은 12월 20일이에요. — Aujourd'hui nous sommes le 20 décembre.

지금은 아침 10시 40분이에요. — Maintenant il est 10 h 40 du matin.

모르간은 대학교 이 학년이에요. — Morgane est en deuxième année de l'université.

사미라는 청바지를 한 벌 사요. — Samira achète un jean.

텔레비전 한 대가 600유로예요. — Une télévision coûte 600 €.

- **몇 (quel, quel nombre, combien de)**

On a vu 몇 comme interrogatif, dans la phrase 몇 시예요? « Quelle heure est-il ? » dans 8-5. 몇 s'utilise souvent avec d'autres classificateurs pour demander le nombre.

예	가	사과가 몇 개 있어요?	Il y a combien de pommes ?
	나	열 개 있어요.	Il y en a dix.
	가	사전이 몇 권 있어요?	Combien de dictionnaires avez-vous ?
	나	세 권 있어요.	J'en ai trois.
	가	교실에 학생이 몇 명 있어요?	Il y a combien d'étudiants dans la classe ?
	나	다섯 명 있어요.	Il y en a cinq.
	가	몇 살이에요?	Quel âge avez-vous ?
	나	스물 한 살이에요.	J'ai 21 ans.
	가	카페가 몇 층에 있어요?	Le café est à quel étage ?
	나	이 층에 있어요.	Il est au premier étage.

9-7 Nombres 100~100,000,000

A partir de 100, on utilise les nombres sino-coréens.

100	백	200	이백	300	삼백
1,000	천	2,000	이천	3,000	삼천
10,000	만	20,000	이만	30,000	삼만
100,000	십만	200,000	이십만	300,000	삼십만
1,000,000	백만	2,000,000	이백만	3,000,000	삼백만
10,000,000	천만	20,000,000	이천만	30,000,000	삼천만
100,000,000	억	200,000,000	이억	300,000,000	삼억

예 가	햄버거가 얼마예요?	Ça coûte combien un hamburger ?
나	삼천 오백 원이에요.	3,500 wons.

오늘은 2011년 11월 29일이에요. Aujourd'hui c' est le 29 novembre 2011.

467	사백육십칠
1,998	천구백구십팔
4,187	사천백팔십칠
9,999	구천구백구십구
10,380	만 삼백팔십
36,000	삼만 육천
72,900	칠만 이천구백
250,000	이십오만
3,700,000	삼백칠십만
12,000,000	천이백만
28,500,000	이천팔백오십만

9-8 -에 unité

La particule 에, employée après un classificateur accompagné d'un nombre, exprime l'unité pour le prix. Voir d'autres emplois de 에: particule de lieu (7-4) et particule de temps (8-4).

예 노트북 컴퓨터가 한 대에 오십만 원이에요.
Un ordinateur portable coûte 500,000 wons.

볼펜이 다섯 개에 천 원이에요. Cinq stylos coûtent 1,000 wons.

와인이 두 병에 4유로예요. Deux bouteilles de vin coûtent 4 €.

단어 vocabulaire

교실	salle de classe
마리	classificateur (animal), Voir 9.6.
명	classificateur (personne), Voir 9.6.
병	classificateur (bouteille), Voir 9.6.
살	classificateur (âge), Voir 9.6
수영하다	faire de la natation
와인	vin = 포도주
유로	euro
아르바이트하다	faire un petit boulot
억	cent millions
-와/과	particule de conjonction = 하고, (이)랑
운전하다	conduire (une voiture)
인터넷하다	surfer sur internet
잔	classificateur (verre, tasse), Voir 9.6.
조깅하다	faire du jogging
친절하다	être gentil
테니스하다	faire du tennis
피곤하다	être fatigué

연습 1 Exercices 1 — 문법과 표현 Grammaire et Expressions

1 알맞은 표현을 사용해서 대화를 완성하세요.
Complétez les parenthèses avec les expressions convenables.

누구세요	여보세요	잠깐만 기다리세요	댁이에요

수진　(1) (　　　　　　　)?

어머니　여보세요?

수진　동수 씨 (2) (　　　　　　　)?

어머니　네.

수진　동수 씨 좀 바꿔주세요.

어머니　실례지만, (3) (　　　　　　　)?

수진　동수 씨 친구예요.

어머니　(4) (　　　　　　　).

2 알맞은 동사를 사용해서 문장을 완성하세요. Complétez les parenthèses avec les verbes convenables.

공부하다	구경하다	축하하다	쇼핑하다	친절하다	피곤하다

보기　찬호 씨는 지금 회사에서 (**일해요**).

(1) 모르간은 도서관에서 한국어를 (　　　　　　).

(2) 생일 (　　　　　　)!

(3) 동수 씨는 참 (　　　　　　).

(4) 제레미와 아가트는 백화점에서 (　　　　　　).

(5) 저는 친구하고 인사동을 (　　　　　　).

(6) 오늘은 아주 (　　　　　　).

3 〈보기〉와 같이 대화를 완성하세요. Complétez le dialogue comme dans l'exemple.

보기

(1) 가 교실에 학생이 몇 명 있어요? (12) 나 열두 명 있어요.

(2) 가 며칠이에요? (25) 나 이십오 일이에요.

(1) 가 몇 살이에요? (22) 나 ____________________

(2) 가 연필이 몇 개 있어요? (7) 나 ____________________

(3) 가 사전이 몇 권 있어요? (3) 나 ____________________

(4) 가 녹차가 몇 잔 있어요? (5) 나 ____________________

(5) 가 프랑스 사람이 몇 명 있어요? (12) 나 ____________________

(6) 가 차가 몇 대 있어요? (2) 나 ____________________

4 〈보기〉와 같이 대화를 만드세요. Construisez le dialogue comme dans l'exemple.

보기

가 사과가 얼마예요?
나 세 개에 이천 원이에요.

(1)

가 ____________________
나 ____________________

(2)

가 ____________________
나 ____________________

(3)

가 ____________________
나 ____________________

(4)

가 ____________________
나 ____________________

(5)

가 ____________________
나 ____________________

(6)

가 ____________________
나 ____________________

연습 2 Exercices 2

듣기와 말하기 Écouter et Parler

1 (1)과 같이 숫자를 듣고 쓰세요. CD1 74

Écoutez le nombre et écrivez-le comme dans l'exemple (1).

(1) 3988 (8) ______
(2) ______ (9) ______
(3) ______ (10) ______
(4) ______ (11) ______
(5) ______ (12) ______
(6) ______ (13) ______
(7) ______ (14) ______

2 다음을 듣고 표를 완성하세요. Écoutez et remplissez le tableau. CD1 75

상준 씨	010 - 5672 - 3098
모르간 씨 집	
잠실대학교	
수영장	
편의점	
레오	

3 다음을 듣고 표를 완성하세요. Écoutez et remplissez le tableau. CD1 76

3층		커피	
2층	식당		
1층			500원

4 **〈보기〉와 같이 친구에게 전화번호를 물어 보세요.**

Demandez le numéro de téléphone à votre ami(e) comme dans l'exemple.

보기 (010−5729−0490)

가 전화번호가 몇 번이에요?

나 공일공 오칠이구에 공사구공이에요.

(1) (010−9984−2958)

가 ______________________ 나 ______________________

(2) (02−4987−2933)

가 ______________________ 나 ______________________

(3) (010−9472−5949)

가 ______________________ 나 ______________________

(4) (02−2120−4872)

가 ______________________ 나 ______________________

(5) (031−984−2940)

가 ______________________ 나 ______________________

(6) (031−799−2933)

가 ______________________ 나 ______________________

(7) (010−3367−0025)

가 ______________________ 나 ______________________

5 **다음에 나오는 상황을 보고 대화를 해 보세요.**

Jeu de rôles : préparez un dialogue selon la situation suivante.

Préparez un dialogue entre un vendeur et un client dans un magasin.

문화와 사회 Culture et Société

Shopping

Séoul et les grandes villes de Corée offrent un large éventail de lieux dans lesquels il est possible de faire du shopping ou des courses : grands magasins, supérettes ouvertes jour et nuit, marchés traditionnels, marchés ouverts sous des arcades, petites épiceries de quartier…

La plupart des magasins sont ouverts tard le soir et souvent le dimanche aussi. A Séoul, les deux grands marchés de Dongdaemun et de Namdaemun s'animent à la nuit tombée. Au marché de Dongdaemun, vaste marché de multiples bâtiments, on y trouve des articles de mode à prix modérés, tandis que Namdaemun est le marché dans lequel on peut trouver, à côté des étals de toutes sortes, des produits à la vente en gros. Les touristes y sont nombreux pour acheter des vêtements, des chaussures, des appareils ménagers, des appareils électroniques, des fleurs et des plantes, des outils de bricolage…

Les petits supermarchés, les supérettes ouvertes 24h/24 sont nombreuses dans les quartiers et font souvent partie de chaines de magasins.

L'argent coréen :

Le won est l'unité monétaire (KRW). En avril 2011, un euro équivaut environ à 1,500 wons ; la monnaie est constituée de billets de 50,000 wons, 10,000 wons, 5,000 wons, 1,000 wons,

Et de pièces de 500 wons, 100 wons, 50 wons, 10 wons. A noter qu'il n'existe pas de division du won.

Activités

1 **여러분이 사는 도시의 시장을 소개해 보세요.**
Présentez les marchés de votre ville.

2 **한국의 화폐 단위와 여러분 나라의 화폐 단위를 비교해 보세요.**
Comparez l'unité monétaire coréenne avec celle de votre pays.

10과 지난 주말에 뭐 했어요?

대화 1 Dialogue 1

CD1 77

(오늘은 2012년 1월 21일 수요일이에요. 모르간은 상준을 교실에서 만났어요.)

상준 모르간 씨, 지난 주말에 뭐 했어요?

모르간 집에서 시험 공부했어요.
어제 한국어랑 경제학 시험이 있었어요.

상준 시험 잘 봤어요?

모르간 네. 그런데 경제학 시험이 조금 어려웠어요.
상준 씨는 주말에 뭐 했어요?

상준 토요일에는 제 방을 청소했어요.
그리고 친구들하고 수영장에 갔어요.

모르간 일요일에는 뭐 했어요?

상준 친구들이랑 영화를 봤어요.
그리고 같이 산책했어요.

단어 vocabulaire

걷다	marcher
걸리다	prendre (au sens de temps nécessaire)
걸어서	à pied
경제학	sciences économiques
길	chemin, rue
남부터미널	nom d'une station de métro à Séoul/ Gare routière du sud
내리다	descendre
–들	suffixe de pluriel, Voir 10.2.
막히다	être bouché, 길이 막히다 il y a des embouteillages
많이	beaucoup
산책하다	se promener, faire une promenade
시험	examen, 시험(을) 보다 passer un examen
–았어요/었어요	Voir 10.1.
약속	rendez-vous
어제	hier
얼마나	combien, Voir 10.6.
–에서 –까지	Voir 10.3.
역	station / gare
예술의 전당	Centre d'Arts
–(으)로	particule qui indique le moyen (de transport), Voir 10.4.
지난	dernier, 지난 주말 week-end dernier, 지난주 la semaine dernière
지하철	métro = 전철
청소하다	faire le ménage, nettoyer
타다	prendre (le moyen de transport)
편하다	être confortable, être pratique
호선	classificateur (ligne de métro)

대화 2 Dialogue 2

CD1 78

(오늘 모르간은 예술의 전당에 가요. 상준 씨와 약속이 있어요.)

모르간 레오 씨, 여기에서 예술의 전당까지 어떻게 가요?

레오 지하철로 가세요.

모르간 버스는 없어요?

레오 버스도 있어요.
그런데 길이 많이 막혀요.
지하철이 편해요.

모르간 그럼, 지하철로 얼마나 걸려요?

레오 30분쯤 걸려요.

모르간 지하철 몇 호선을 타요?

레오 지하철 3호선을 타세요.
그리고 남부터미널 역에서 내리세요.
거기에서 예술의 전당까지 걸어서 5분 걸려요.

발음 prononciation

CD1 79

2012년 1월 21일 [이천시비년 이뤌 이시비릴]
같이 산책했어요 [가치 산채캐써요]
경제학 시험이 [경제학 시허미]
만났어요 [만나써요]
많이 막혀요 [마니 마켜요]
몇 호선을 [면 호서늘 → 며 토서늘]
뭐 했어요 [뭐 해써요]
어떻게 [어떠케]
없어요 [업서요]

읽기

모르간은 지난 화요일에 경제학과 한국어 시험을 봤어요.
한국어 시험이 쉬웠어요.
그런데 경제학 시험은 조금 어려웠어요.

상준은 주말에 방을 청소했어요.
그리고 친구들과 영화도 봤어요.

어제 모르간은 상준 씨와 예술의 전당에 갔어요.
거기에서 음악을 들었어요.

모르간은 예술의 전당까지 전철을 탔어요.
그런데 전철에 사람들이 많았어요.

모르간은 남부터미널 역에서 내렸어요.
남부터미널 역에서 예술의 전당까지 걸어서 5분 걸렸어요.

단어 vocabulaire

듣다	écouter
음악	musique
전철	métro = 지하철

발음 prononciation CD1 81

경제학과 한국어 시험을 봤어요
[경제하꽈 한구거 시허믈 봐써요]

10-1 Le passé

았어요/었어요 sont des terminaisons marquant le passé. Pour former le passé, on applique le même principe que pour le présent en 아요 et 어요. Quand la dernière voyelle du radical est ㅏ ou ㅗ, on attache 았어요. Pour les autres voyelles, on attache 었어요. Le verbe 하다 reste irrégulier au passé comme au présent : 했어요.

(1) Copule

Infinitif	Présent	Passé –았어요/었어요	
이다	Consonne + 이에요 Voyelle + 예요	이 + 었어요	Consonne + 이었어요 Voyelle + 였어요
아니다	아니에요	아니 + 었어요	아니었어요

(2) Verbes d'existence

Infinitif	Présent	Passé –았어요/었어요	
있다	있어요	있 + 었어요	있었어요
없다	없어요	없 + 었어요	없었어요

(3) Verbes de description

Infinitif	Présent	Passé –았어요/었어요	
많다	많아요	많 + 았어요	많았어요
좋다	좋아요	좋 + 았어요	좋았어요
괜찮다	괜찮아요	괜찮 + 았어요	괜찮았어요
재미있다	재미있어요	재미있 + 었어요	재미있었어요
맛있다	맛있어요	맛있 + 었어요	맛있었어요
넓다	넓어요	넓 + 었어요	넓었어요
유명하다	유명해요	유명했어요	
친절하다	친절해요	친절했어요	
피곤하다	피곤해요	피곤했어요	
맵다	매워요	매우 + 었어요 → 매웠어요	
어렵다	어려워요	어려우 + 었어요 → 어려웠어요	
쉽다	쉬워요	쉬우 + 었어요 → 쉬웠어요	
아름답다	아름다워요	아름다우 + 었어요 → 아름다웠어요	
고맙다	고마워요	고마우 + 었어요 → 고마웠어요	
싸다	싸요	싸 + 았어요 → 쌌어요 (싸 + 았 → 쌌)	
비싸다	비싸요	비싸 + 았어요 → 비쌌어요 (싸 + 았 → 쌌)	

(4) Verbes d'action

Infinitif	Présent	Passé -았어요/었어요	
먹다	먹어요	먹 + 었어요	먹었어요
쉬다	쉬어요	쉬 + 었어요	쉬었어요
씻다	씻어요	씻 + 었어요	씻었어요
읽다	읽어요	읽 + 었어요	읽었어요
맞다	맞아요	맞 + 았어요	맞았어요
가다	가요	가 + 았어요 → 갔어요 (가 + 았 → 갔)	
만나다	만나요	만나 + 았어요 → 만났어요 (나 + 았 → 났)	
사다	사요	사 + 았어요 → 샀어요 (사 + 았 → 샀)	
자다	자요	자 + 았어요 → 잤어요 (자 + 았 → 잤)	
끝나다	끝나요	끝나 + 았어요 → 끝났어요 (나 + 았 → 났)	
일어나다	일어나요	일어나 + 았어요 → 일어났어요 (나 + 았 → 났)	
나타나다	나타나요	나타나 + 았어요 → 나타났어요 (나 + 았 → 났)	
오다	와요	오 + 았어요 → 왔어요 (오 + 았 → 왔)	
보다	봐요	보 + 았어요 → 봤어요 (보 + 았 → 봤)	
배우다	배워요	배우 + 었어요 → 배웠어요 (우 + 었 → 웠)	
주다	줘요	주 + 었어요 → 줬어요	
마시다	마셔요	마시 + 었어요 → 마셨어요 (시 + 었 → 셨)	
기다리다	기다려요	기다리 + 었어요 → 기다렸어요 (리 + 었 → 렸)	
내리다	내려요	내리 + 었어요 → 내렸어요 (리 + 었 → 렸)	
하다	해요	했어요	
구경하다	구경해요	구경했어요	
이야기하다	이야기해요	이야기했어요	
좋아하다	좋아해요	좋아했어요	
공부하다	공부해요	공부했어요	
운동하다	운동해요	운동했어요	
쇼핑하다	쇼핑해요	쇼핑했어요	
세일하다	세일해요	세일했어요	
아르바이트하다	아르바이트해요	아르바이트했어요	
운전하다	운전해요	운전했어요	
일하다	일해요	일했어요	
축하하다	축하해요	축하했어요	
전화하다	전화해요	전화했어요	
도착하다	도착해요	도착했어요	
시작하다	시작해요	시작했어요	
인터넷하다	인터넷해요	인터넷했어요	

테니스하다	테니스해요	테니스했어요
조깅하다	조깅해요	조깅했어요
수영하다	수영해요	수영했어요
산책하다	산책해요	산책했어요

예 모르간은 상준을 만났어요. Morgane a rencontré Sang-joon.
한국어 시험이 쉬웠어요. L' examen de coréen était facile.
요꼬는 커피 한 잔을 마셨어요. Yoko a pris une tasse de café.
어제 저는 수진에게 전화했어요. Hier j'ai téléphoné à Soo-jin.
어제 뭐 했어요? Qu'est-ce que vous avez fait hier ?

10-2 ―들 suffixe de pluriel

En coréen, il n'y a pas d'opposition systématique entre singulier et pluriel. Un nom peut prendre une valeur de singulier ou de pluriel selon le contexte. En revanche, il est possible de pluraliser un nom en lui ajoutant le suffixe de pluriel 들. Toutefois, 들 n' est pas obligatoire dans la plupart des cas.

예 상준은 친구들하고 수영장에 갔어요 Sang-joon est allé à la piscine avec des amis.
친구들이랑 영화를 봤어요. J'ai vu un film avec des amis.

10-3 …에서 …까지 de… à…

Les particules 에서 et 까지 s'utilisent ensemble ou isolément pour marquer des bornes spatiales. 에서 est une particule qui marque la provenance et 까지 est une particule qui marque la destination. Rappel : les particules …부터 …까지 dans 8-9. s'utilisent ensemble pour marquer les bornes d'un événement temporel. On peut aussi utiliser 에서 et 까지 séparément.

예 여기에서 시내까지 어떻게 가요? Comment puis-je aller au centre-ville d'ici ?
저는 학교까지 산책해요. Je me promène jusqu'à l'université.

10-4 어떻게 / -(으)로 Comment / particule qui indique le moyen (de transport)

어떻게 « comment » est un adverbe interrogatif dont l'emploi est large. Lorsqu'il accompagne un verbe de déplacement, il sert à poser une question sur le moyen de transport ou le mode de déplacement. Dans la réponse, la particule utilisée pour marquer le complément circonstanciel de moyen est (으)로. Si le nom qui précède cette particule se termine par une voyelle ou par la consonne ㄹ, on le fait suivre par 로 ; si le nom se termine par une consonne (sauf ㄹ), on le fait suivre par 으로. Par exemple :

버스로	en bus
택시로	en taxi
지하철로 (전철로)	en métro
자전거로	en vélo
비행기로	en avion
기차로	en train
트럭으로	en camion
걸어서	à pied

예 가 어떻게 예술의 전당에 가요? Comment allez-vous au Centre d'Arts ?
나 지하철로 가요. J'y vais en métro.

가 어떻게 집에 갔어요? Comment êtes-vous rentré(e) chez vous ?
나 지하철로 (집에) 갔어요. Je suis rentré(e) en métro.

10-5 길이 많이 막혀요 Il y a beaucoup d'embouteillages

막히다, qui veut dire « être bouché », permet de construire une expression avec 길 « chemin, rue ». 길이 막히다 = « Il y a des embouteillages ».

Infinitif	Présent	Passé
막히다	막히 + 어요 → 막혀요	막혔어요 (히 + 었 → 혔)

예 서울에는 길이 많이 막혀요.
Il y a beaucoup d'embouteillages à Séoul.

오늘 아침에 길이 많이 막혔어요.
Ce matin sur la route, il y avait beaucoup d'embouteillages.

10-6 얼마나 걸려요? Combien de temps faut-il ?

Employé avec le verbe 걸리다, 얼마나 construit une expression qui sert à demander « combien de temps faut-il ? » pour aller d'un endroit à un autre ou pour faire quelque chose.

Infinitif	Présent	Passé
걸리다	걸리 + 어요 → 걸려요	걸렸어요 (리 + 었 → 렸)

예 가 은행까지 얼마나 걸려요? Combien de temps faut-il jusqu'à la banque ?
나 버스로 10분 걸려요. Il faut 10 minutes en bus.

가 파리에서 서울까지 얼마나 걸려요?
Combien de temps faut-il de Paris à Séoul ?
나 비행기로 11시간 걸려요.
Il faut 11 heures en avion.

10-7 NOM + 을/를 타다 prendre + moyens de transport

Employé après un nom dénotant les moyens de transport, 을/를 타다 sert à exprimer l'utilisation des moyens de transport. 버스를 타다 prendre le bus, 택시를 타다 prendre un taxi, 기차를 타다 prendre le train, 자전거를 타다 prendre le vélo, 지하철을 타다 prendre le métro, 비행기를 타다 prendre l'avion.

Infinitif	Présent	Passé
타다	타 + 아요 → 타요	탔어요 (타 + 았 → 탔)

예 가 지하철 몇 호선을 타요? Vous prenez quelle ligne de métro ?
나 3호선을 타요. Je prends la ligne 3.

동수는 택시를 탔어요. Dong-soo a pris un taxi.

10-8 Verbe irrégulier ㄷ

Certains verbes dont le radical se termine en ㄷ sont irréguliers. Leur consonne finale ㄷ se transforme en ㄹ quand elle est suivie d'une voyelle.

Infinitif	Présent	Passé
걷다 marcher	걷 + 어요 → 걸어요	걸었어요
듣다 écouter	듣 + 어요 → 들어요	들었어요
묻다 interroger	묻 + 어요 → 물어요	물었어요

Attention! Les verbes 닫다, 받다 sont des verbes réguliers.

Infinitif	Présent	Passé
닫다 fermer	닫아요	닫았어요
받다 recevoir	받아요	받았어요

예 수진은 걸어서 은행에 갔어요.
Soo-jin est allée à la banque à pied.

이자벨은 음악을 들었어요.
Isabelle a écouté de la musique.

동수는 레오에게 전화번호를 물었어요.
Dong-soo a demandé à Léo son numéro de téléphone.

요꼬는 교실 문을 닫아요.
Yoko ferme la porte de la classe.

단어 vocabulaire

기차	train	받다	recevoir	은행	banque
닫다	fermer	비행기	avion	자전거	vélo
문	porte	수진	Soo-jin	택시	taxi
묻다	interroger quelqu'un	요꼬	Yoko	트럭	camion

연습 1 Exercises 1

문법과 표현 Grammaire et Expressions

1 **다음 문장을 〈보기〉와 같이 과거형으로 만드세요.** Mettez la phrase au passé comme dans l'exemple.

보기 민정 씨는 극장에 가요. → 민정 씨는 극장에 갔어요.

(1) 마리는 교실에 없어요. → ______________________

(2) 학교 식당에서 점심을 먹어요. → ______________________

(3) 동수는 독일어를 배워요. → ______________________

(4) 저는 카페에서 카푸치노를 마셔요. → ______________________

(5) 모르간은 백화점에서 쇼핑해요. → ______________________

(6) 저는 모르간을 만나요. → ______________________

2 **다음 문장을 〈보기〉와 같이 현재형으로 만드세요.** Mettez la phrase au présent comme dans l'exemple.

보기 민정 씨는 극장에 갔어요. → 민정 씨는 극장에 가요.

(1) 피에르는 모르간에게 전화했어요. → ______________________

(2) 시내에 길이 많이 막혔어요. → ______________________

(3) 아가트는 주말에 연극을 봤어요. → ______________________

(4) 저는 버스를 탔어요. → ______________________

(5) 시험이 어려웠어요. → ______________________

(6) 은행까지 걸어서 15분 걸렸어요. → ______________________

3 〈보기〉와 같이 문장을 만드세요. Construisez une phrase comme dans l'exemple.

보기

→ 저는 버스로 학교에 갔어요.

(1)

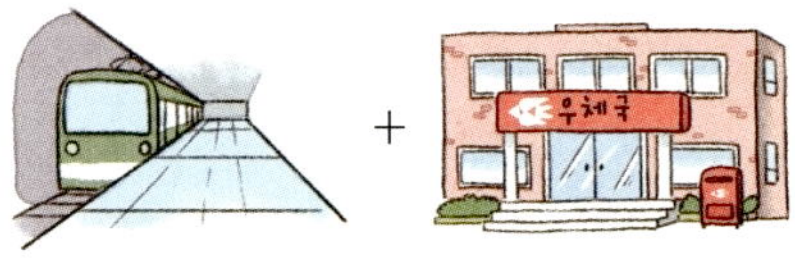

→ ______________________

(2)

→ ______________________

(3)

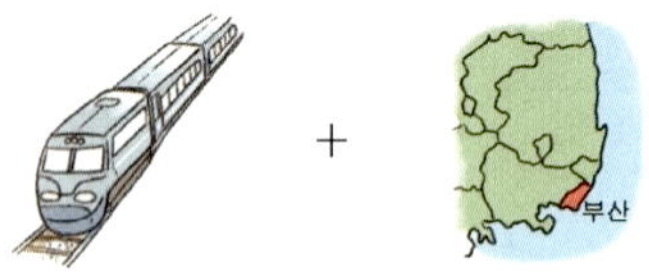

→ ______________________

(4)

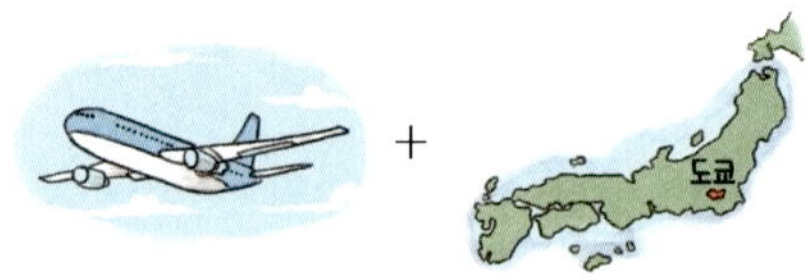

→ ______________________

(5)

→ ______________________

(6)

→ ______________________

4 알맞은 동사를 골라 괄호 안에 알맞은 시제로 써 보세요.

Complétez les parenthèses en utilisant les verbes proposés avec le temps qui convient.

쉬다	타다	듣다	받다	걷다	닫다

(1) 수진은 지금 음악을 (   ).

(2) 민정 씨는 생일에 꽃을 (   ).

(3) 제레미가 지금 교실 문을 (   ).

(4) 요꼬는 어제 공원에서 많이 (   ).

(5) 상준은 지난 일요일에 집에서 (   ).

(6) 레오는 매일 집에서 학교까지 버스를 (   ).

연습 2 Exercises 2

듣기와 말하기 Écouter et Parler

1 다음을 듣고 〈보기 1〉과 같이 표를 완성하세요. CD1 82

Écoutez et complétez le tableau comme dans l'exemple (1).

	Qui	Où	Quoi
(1)	아가트	도서관	책을 읽었어요.
(2)	요꼬		
(3)	동수		텔레비전을 봤어요. / ( )
(4)		카페	커피를 마셨어요. / ( )
(5)	상준		조깅을 했어요. / ( )

2 다음을 듣고 질문에 답하세요. Écoutez et répondez aux questions. CD1 83

(1) 언제 마리 씨가 수진 씨를 만났어요?

____

(2) 마리 씨와 수진 씨는 백화점까지 어떻게 갔어요?

____

(3) 백화점까지 몇 분 걸렸어요?

____

(4) 마리 씨는 백화점에서 뭐를 샀어요?

____

(5) 마리 씨와 수진 씨는 어디에서 저녁을 먹었어요?

____

(6) 마리 씨는 몇 시에 집에 왔어요?

____

3 다음을 듣고 원고지에 써 보세요. Dictée : écoutez bien et écrivez correctement. CD1 84

4 다음 그림을 이용해서 모르간의 하루를 말해 보세요.

En se servant des images, racontez la journée de Morgane.

5 지난 주말에 한 일을 말해 보세요. Dites ce que vous avez fait le week-end dernier.

문화와 사회 Culture et Société

Les transports en commun

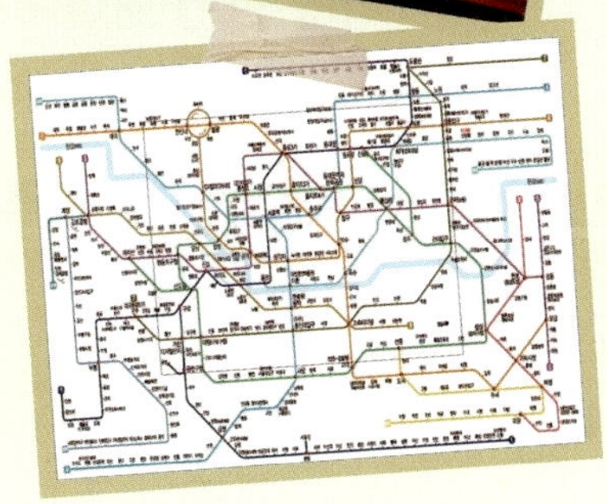

Le système de transport en commun est très développé en Corée. On peut se rendre facilement dans pratiquement toutes les villes et grands villages de Corée. Le système des autocars interurbains est particulièrement étoffé. Plusieurs services quotidiens desservent toutes les villes de Corée, grandes ou petites.

Pour le réseau express Autocars Longue Distance, quatre gares routières desservent Séoul. Si les autocars de luxe sont bien entendu plus chers que les autocars express, ces derniers disposent malgré tout d'un confort important et de sièges spacieux.

Dans chaque ville, un réseau de bus circule. A noter : chaque ville dispose d'un système particulier dû à la privatisation des compagnies.

Chaque grande ville possède aussi son métro : Séoul, Pusan, Daegu, Incheon, Gwangju. A Séoul, on accède au métro avec une carte que l'on peut trouver dans les kiosques, dans les arrêts d'autobus, dans les stations de métro. La carte est rechargeable, en acquittant des sommes allant de 1000 wons à 90 000 wons.

Activités

1 **여러분 나라의 대중교통수단으로는 무엇이 있나요?**
Quels sont les moyens de transport en commun dans votre pays ?

2 **여러분이 사는 도시나 여러분 나라의 지하철을 소개해 보세요.**
Présentez le métro de votre ville ou de votre pays.

11과 내일 뭐 할 거예요?

대화 1 Dialogue 1

CD1 85

(사미라와 줄리엥은 학교 도서관에서 이야기해요.)

줄리엥 사미라 씨, 내일 뭐 할 거예요?

사미라 내일은 친구 집에 갈 거예요.
저를 집에 초대했어요.

줄리엥 누가 초대했어요?

사미라 민정 씨가 초대했어요.
줄리엥 씨는 내일 뭐 할 거예요?

줄리엥 저는 내일 비행기 표를 살 거예요.
다음 주 토요일에 프랑스에 갈 거예요.

사미라 어머, 왜요?

줄리엥 누나 결혼식이 있어요.
결혼식이 끝나고 다시 한국에 올 거예요.

단어 vocabulaire

가깝다	être proche
결혼식	cérémonie de mariage
–고	terminaison connective, Voir 11.4.
누가	qui
누나	grande sœur (d'un garçon)
다시	encore, à nouveau
다음	prochain, 다음 주에 la semaine prochaine
멀다	être loin
약국	pharmacie
왜요?	pourquoi ?, Voir 11.3.
왼쪽에	à gauche de
–(으)ㄹ 거예요	Voir 11.1.
잠실역	station de Jamsil
주	semaine
초대하다	inviter
표	billet, ticket
행인	passant(e)

대화 2 Dialogue 2

CD1 86

(사미라는 지금 민정 씨 집에 가요. 사미라는 잠실역에서 내렸어요. 사미라는 행인에게 길을 물어요.)

사미라　실례합니다.
　　　　여기에서 잠실아파트까지 멀어요?

행인　　아니요, 가까워요.
　　　　걸어서 10분쯤 걸려요.

사미라　잠실아파트가 어디에 있어요?

행인　　저기가 약국이에요.
　　　　잠실아파트는 약국 왼쪽에 있어요.

사미라　네, 고맙습니다.

행인　　천만에요.

발음 prononciation

CD1 87

10분쯤 [십뿐쯤]　　약국 [약꾹]
결혼식이 끝나고 [결혼시기 끈나고]　　초대했어요 [초대해써요]

CD1 88

민정 씨의 아파트

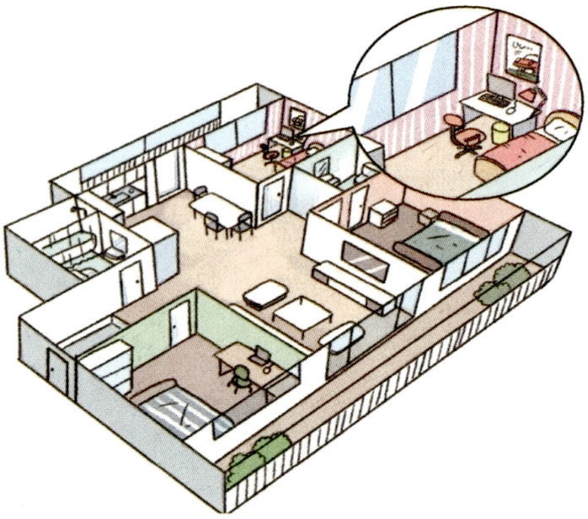

사미라는 민정 씨의 아파트에 왔어요. 아파트가 아주 커요. 민정 씨는 255동 1502호에 살아요.

사미라는 민정 씨에게 꽃을 주었어요. 하지만 레오는 안 왔어요. 곧 올 거예요.

민정 씨는 부모님과 함께 살아요. 민정 씨의 아파트에 방이 3개 있고 화장실이 2개 있어요. 거실하고 부엌도 있어요. 안방은 부모님의 방이에요. 민정 씨의 방은 안방 앞에 있어요. 민정 씨 남동생의 방은 현관 옆에 있어요. 거실은 가운데에 있어요. 부엌은 거실 앞에 있어요.

아파트에 베란다가 2개 있어요. 민정 씨의 방은 참 예뻐요. 방 안에는 책상이 있어요. 책상 위에 컴퓨터하고 스탠드가 있어요. 책상 밑에 휴지통이 있어요. 책상 오른쪽에 침대가 있어요. 벽장은 창문 왼쪽에 있어요. 벽에 영화 포스터가 있어요.

단어 vocabulaire

가운데에	au milieu, au centre
거실	salon
곧	bientôt
남동생	petit frère
동	bâtiment (dans une résidence)
밑에	sous, au-dessous de = 아래에
베란다	balcon
벽	mur
벽장	placard
부모님	parents
부엌	cuisine
스탠드	lampe (de bureau)
안방	chambre des parents
안에	dedans
앞에	devant, en face de
옆에	à côté de
예쁘다	être joli
오른쪽에	à droite de
위에	sur, au-dessus de
창문	fenêtre
침대	lit
크다	être grand
하지만	mais, cependant
현관	entrée
호	numéro (d'appartement)
화장실	toilettes
휴지통	poubelle

발음 prononciation

CD1 89

255동 1502호 [이백오십오동 천오백이호]
3개 [세개]
밑에 [미테]
부엌도 [부억또]
벽장 [벽짱]
앞에 [아페]
옆에 [여페]

11-1 Le futur

Radical Consonne + 을 거예요
Radical Voyelle + ㄹ 거예요

(으)ㄹ 거예요 est une terminaison marquant le futur. Quand le radical du verbe se termine par une consonne (sauf ㄹ), on ajoute 을 거예요 et quand il se termine par une voyelle, on ajoute ㄹ 거예요.

Attention! On ajoute simplement 거예요 pour un radical se terminant par la consonne ㄹ : 살다 → 살 거예요, 멀다 → 멀 거예요.

(1) Copule

Infinitif	Présent	Passé	Futur
이다	이에요/예요	이었어요/였어요	일 거예요
아니다	아니에요	아니었어요	아닐 거예요

(2) Verbes d'existence

Infinitif	Présent	Passé	Futur
있다	있어요	있었어요	있을 거예요
없다	없어요	없었어요	없을 거예요

(3) Verbes de description

Infinitif	Présent	Passé	Futur
많다	많아요	많았어요	많을 거예요
좋다	좋아요	좋았어요	좋을 거예요
괜찮다	괜찮아요	괜찮았어요	괜찮을 거예요
재미있다	재미있어요	재미있었어요	재미있을 거예요
맛있다	맛있어요	맛있었어요	맛있을 거예요
넓다	넓어요	넓었어요	넓을 거예요
유명하다	유명해요	유명했어요	유명할 거예요
친절하다	친절해요	친절했어요	친절할 거예요
피곤하다	피곤해요	피곤했어요	피곤할 거예요
맵다	매워요	매웠어요	매울 거예요
어렵다	어려워요	어려웠어요	어려울 거예요
쉽다	쉬워요	쉬웠어요	쉬울 거예요
아름답다	아름다워요	아름다웠어요	아름다울 거예요
고맙다	고마워요	고마웠어요	고마울 거예요
싸다	싸요	쌌어요	쌀 거예요

비싸다	비싸요	비쌌어요	비쌀 거예요
멀다	멀어요	멀었어요	멀 거예요
가깝다	가까워요	가까웠어요	가까울 거예요

(4) Verbes d'action

Infinitif	Présent	Passé	Futur
먹다	먹어요	먹었어요	먹을 거예요
쉬다	쉬어요	쉬었어요	쉴 거예요
씻다	씻어요	씻었어요	씻을 거예요
읽다	읽어요	읽었어요	읽을 거예요
맞다	맞아요	맞았어요	맞을 거예요
살다	살아요	살았어요	살 거예요
가다	가요	갔어요	갈 거예요
만나다	만나요	만났어요	만날 거예요
사다	사요	샀어요	살 거예요
자다	자요	잤어요	잘 거예요
끝나다	끝나요	끝났어요	끝날 거예요
일어나다	일어나요	일어났어요	일어날 거예요
나타나다	나타나요	나타났어요	나타날 거예요
오다	와요	왔어요	올 거예요
보다	봐요	봤어요	볼 거예요
배우다	배워요	배웠어요	배울 거예요
주다	줘요	줬어요	줄 거예요
마시다	마셔요	마셨어요	마실 거예요
기다리다	기다려요	기다렸어요	기다릴 거예요
내리다	내려요	내렸어요	내릴 거예요
걷다	걸어요	걸었어요	걸을 거예요
듣다	들어요	들었어요	들을 거예요
묻다	물어요	물었어요	물을 거예요
닫다	닫아요	닫았어요	닫을 거예요
받다	받아요	받았어요	받을 거예요
걸리다	걸려요	걸렸어요	걸릴 거예요
타다	타요	탔어요	탈 거예요
하다	해요	했어요	할 거예요
구경하다	구경해요	구경했어요	구경할 거예요
이야기하다	이야기해요	이야기했어요	이야기할 거예요
좋아하다	좋아해요	좋아했어요	좋아할 거예요

공부하다	공부해요	공부했어요	공부할 거예요
운동하다	운동해요	운동했어요	운동할 거예요
쇼핑하다	쇼핑해요	쇼핑했어요	쇼핑할 거예요
세일하다	세일해요	세일했어요	세일할 거예요
아르바이트하다	아르바이트해요	아르바이트했어요	아르바이트할 거예요
운전하다	운전해요	운전했어요	운전할 거예요
일하다	일해요	일했어요	일할 거예요
축하하다	축하해요	축하했어요	축하할 거예요
전화하다	전화해요	전화했어요	전화할 거예요
도착하다	도착해요	도착했어요	도착할 거예요
시작하다	시작해요	시작했어요	시작할 거예요
인터넷하다	인터넷해요	인터넷했어요	인터넷할 거예요
테니스하다	테니스해요	테니스했어요	테니스할 거예요
조깅하다	조깅해요	조깅했어요	조깅할 거예요
수영하다	수영해요	수영했어요	수영할 거예요
산책하다	산책해요	산책했어요	산책할 거예요
초대하다	초대해요	초대했어요	초대할 거예요

예 이자벨은 피에르를 만날 거예요. — Isabelle rencontrera Pierre.

내일은 피곤할 거예요. — Demain je serai fatigué(e).

아가트는 독일어를 배울 거예요. — Agathe apprendra l'allemand.

저는 레오에게 전화할 거예요. — Je téléphonerai à Léo.

내일 뭐 할 거예요? — Qu'est-ce que vous ferez demain ?

제레미는 12시에 도착할 거예요. — Jérémy arrivera à 12 h.

11-2 누구 Qui

On a analysé dans **7-7**. 이분이 누구예요? « Qui est cette personne ? » comme suit : 이분 (cette personne-ci) + 이 (particule de sujet) + 누구 (pronom interrogatif, « qui » du français) + 예요 (copule, 이다). Ce pronom interrogatif s'utilise également comme sujet 누가, complément d'objet direct 누구를 ou complément d'objet indirect 누구에게.

Sujet	누구 + 가 → 누가
Complément d'objet direct	누구 + 를 → 누구를 ou 누굴 (forme abrégée)
Complément d'objet indirect	누구 + 에게 → 누구에게

예 누가 초대했어요? — Qui a invité ?
누가 집에 왔어요? — Qui est venu à la maison ?
누구하고 약속이 있어요? — Avec qui avez-vous rendez-vous ?
누구를 기다려요? — Qui attendez-vous ?
누구를 봐요? — Qui regardez-vous ?
누구에게 전화해요? — À qui téléphonez-vous ?

11-3 왜 Pourquoi

왜 est un adverbe interrogatif qui correspond en français à « pourquoi ». 왜요? signifie « pourquoi ? » en français.

예
가 오늘 시간이 있어요? — Avez-vous du temps aujourd'hui ?
나 네, 있어요. 그런데, 왜요? — Oui, j'en ai. Mais pourquoi ?

가 왜 한국어를 공부해요? — Pourquoi étudiez-vous le coréen ?
나 한국어가 재미있어요. — Le coréen est intéressant.

11-4 Radical du verbe + 고 = 그리고 et

La terminaison connective 고 sert à énumérer des faits, à marquer deux actions différentes qui ont lieu à la fois ou à lier des phrases de façon chronologique. A la différence de 그리고, qui permet de relier des mots ou des phrases, 고 s'utilise seulement pour relier les propositions.

예 저는 서울에 살고 피에르는 파리에 살아요. (Énumération des faits)
(= 저는 서울에 살아요. 그리고 피에르는 파리에 살아요.)
J'habite à Séoul et Pierre habite à Paris.

마리는 백화점에 가고 피에르는 도서관에 가요. (Deux actions à la fois)
(= 마리는 백화점에 가요. 그리고 피에르는 도서관에 가요.)
Marie va au grand magasin et Pierre va à la bibliothèque.

동수는 책을 읽고 텔레비전을 봐요. (Énumération chronologique)
(= 동수는 책을 읽어요. 그리고 동수는 텔레비전을 봐요.)
Dong-soo lit un livre et il regarde la télévision.

Attention! C'est seulement le dernier verbe qui exprime le temps pour ce type de phrase.

예 사미라는 영화를 보고 저녁을 먹었어요.
사미라는 영화를 봤고 저녁을 먹었어요. (faux)
(= 사미라는 영화를 봤어요. 그리고 사미라는 저녁을 먹었어요.)
Samira a vu un film et elle a dîné.

저는 어제 운동을 하고 학교에 갔어요.
저는 어제 운동을 했고 학교에 갔어요. (faux)
(= 저는 어제 운동을 했어요. 그리고 학교에 갔어요.)
J'ai fait du sport et je suis allé à l'université.

결혼식이 끝나고 다시 한국에 올 거예요.
(= 결혼식이 끝날 거예요. 그리고 다시 한국에 올 거예요.)
Je viendrai à nouveau en Corée lorsque le mariage sera terminé.

11-5 Locatifs

Locatifs = NOM de lieu + 에 (particule de lieu)

옆에	à côté de
앞에	devant, en face de
뒤에	derrière
가운데에	au milieu de
오른쪽에	à droite de
왼쪽에	à gauche de
위에	sur, au-dessus de
밑에 (= 아래에)	sous, au-dessous de
안에	dans, à l'intérieur de
밖에	dehors, à l'extérieur de

예 잠실아파트는 약국 왼쪽에 있어요.
L'appartement Jamsil est à gauche de la pharmacie.

민정 씨의 방은 안방 앞에 있어요.
La chambre de Min-jeong est devant la chambre des parents.

책상 밑에 휴지통이 있어요.
La poubelle est sous la table.

11-6 Verbe irrégulier ㅡ

Quand la voyelle finale du radical ㅡ est suivie d'une autre voyelle, la voyelle ㅡ tombe. Et c'est la voyelle précédant de ㅡ qui régit le choix entre 아요 et 어요. Si cette voyelle est ㅏ ou ㅗ, on ajoute 아요, sinon on ajoute 어요.

Infinitif	Présent		Passé	Futur
바쁘다 être occupé	바ㅃ + 아요	바빠요	바빴어요	바쁠 거예요
배고프다 avoir faim	배고ㅍ + 아요	배고파요	배고팠어요	배고플 거예요
크다 être grand	ㅋ + 어요	커요	컸어요	클 거예요
쓰다 écrire	ㅆ + 어요	써요	썼어요	쓸 거예요
예쁘다 être joli	예ㅃ + 어요	예뻐요	예뻤어요	예쁠 거예요

예 아파트가 커요. L'appartement est grand.
민정 씨의 방은 참 예뻐요. La chambre de Min-jeong est très jolie.
지난 주말에 바빴어요. J'étais occupé le week-end dernier.

11-7 하지만 = 그렇지만 mais, cependant

Les adverbes conjonctifs 하지만 et 그렇지만 « mais, cependant, toutefois, néanmoins » introduisent une relation d'opposition entre la phrase qui précède et celle qui suit.

예 사미라는 민정 씨 집에 왔어요. 하지만 레오는 안 왔어요.
Samira est venue chez Min-jeong mais Léo n'est pas venu.

저는 영화를 좋아해요. 그렇지만 연극을 안 좋아해요.
J'aime le cinéma mais je n'aime pas le théâtre.

단어 vocabulaire

뒤에 derrière
바쁘다 être occupé
배고프다 avoir faim
쓰다 écrire
아래에 sous, au-dessous de = 밑에

연습 1 Exercices 1

문법과 표현 Grammaire et Expressions

1 **다음 문장을 〈보기〉와 같이 미래형으로 만드세요.** Mettez le verbe au futur comme dans l'exemple.

보기 레오는 책을 읽어요. → 레오는 책을 읽을 거예요.

(1) 상준은 목요일에 집에 있어요.

→ ______________________________

(2) 저는 한국에서 살아요.

→ ______________________________

(3) 수업이 오후 4시에 끝나요.

→ ______________________________

(4) 이자벨은 금요일에 바빠요.

→ ______________________________

(5) 모르간은 친구를 기다려요.

→ ______________________________

(6) 아가트는 집에 친구를 초대해요.

→ ______________________________

2 **알맞은 표현을 사용해서 문장을 완성하세요.** Complétez les phrases avec les expressions convenables.

누가　　누구를　　누구에게　　누구　　누구하고

(1) 사미라는 (　　　　　) 전화해요?

(2) (　　　　　) 모르간 씨예요?

(3) 이분이 (　　　　　)예요?

(4) 어제 (　　　　　) 같이 영화를 봤어요?

(5) 민정 씨는 카페에서 (　　　　　) 기다렸어요?

3 **다음 그림을 보고 질문에 답하세요.** Répondez aux questions en recourant à l'image suivante.

(1) 침대가 어디에 있어요?

____

(2) 스탠드가 어디에 있어요?

____

(3) 휴지통이 어디에 있어요?

____

(4) 의자는 어디에 있어요?

____

(5) 책상은 어디에 있어요?

____

(6) 가방은 어디에 있어요?

____

연습 2 Exercises 2

듣기와 말하기 Écouter et Parler

1 다음을 듣고 괄호 안을 채우세요. Écoutez et complétez les parenthèses. CD2 01

(1) 줄리엣은 지난 금요일에 역사 시험을 (   ).

(2) 토요일에 마리 씨를 (   ).

(3) 도서관이 우체국 (   ) 있어요.

(4) 약국은 우체국 (   ) 있어요.

(5) 레오는 버스를 (   ).

(6) 2월에는 (   ).

(7) 책상 (   ) 연필이 있어요.

(8) 저는 영화를 좋아해요. (   ) 연극을 안 좋아해요.

2 다음을 듣고 (1)과 같이 자연스럽게 이어지는 문장에 표시하세요. CD2 02
Écoutez et cochez la phrase adéquate qui suit comme dans l'exemple (1).

(1) ✔ 그리고 아침을 먹었어요.
② 그리고 연극을 좋아해요.

(2) ① 거기서 책을 읽을 거예요.
② 거기서 운동할 거예요.

(3) ① 2월 24일이에요.
② 3시 반이에요.

(4) ① 아니요, 커피를 사요.
② 아니요, 괜찮아요.

(5) ① 친구를 만났어요.
② 친구가 왔어요.

(6) ① 바쁠 거예요.
② 사전이 없어요.

3 다음을 듣고 질문에 답하세요. Écoutez et répondez aux questions. CD2 03

(1) 내일은 누구 생일이에요?

____

(2) 상준은 생일 선물을 샀어요?

____

(3) 상준은 제레미에게 뭐를 줄 거예요?

____

(4) 제레미는 어디에 살아요?

____

(5) 상준은 어떻게 제레미 집에 갈 거예요?

____

(6) 제레미 집까지 얼마나 걸려요?

____

4 **장소를 나타내는 표현을 사용해서 다음 그림을 설명하세요.** Décrivez le dessin en utilisant des locatifs.

옆에
앞에
뒤에
가운데에
오른쪽에
왼쪽에
위에
아래에

5 **다음에 나오는 상황을 보고 대화를 해 보세요.**
Jeu de rôles : préparez un dialogue selon la situation suivante.

> Demandez à vos amis ce qu'ils vont faire pendant les vacances. Préparez un dialogue à deux ou à trois.

En entrant dans la maison

Le système de chauffage par le sol traditionnel appelé « Ondol » continue de nos jours de chauffer les maisons et les appartements, même si le gaz, le fioul et l'eau ont remplacé le feu de bois.

Autrefois, les Coréens s'asseyaient et se couchaient sur le sol chauffé par l' Ondol. Ainsi, il fallait toujours que la maison soit propre et les Coréens ont pris l'habitude de se déchausser en entrant dans la maison. Dans les maisons traditionnelles comme dans les appartements modernes,
il y a d'ailleurs un espace dès la porte d'entrée qui est réservé à cet usage.

Aujourd'hui encore, dans les maisons, malgré tables et chaises, les Coréens continuent de se déchausser et de porter des pantoufles réservées à l'intérieur de la maison. En été, il convient de toujours porter des chaussettes, car être les pieds nus n'est pas poli.

Certains restaurants sont restés traditionnels et il faut donc aussi se déchausser avant d'entrer dans la partie réservée à la restauration. D'autres restaurants sont mixtes, une partie traditionnelle, une partie contemporaine. Dans un cas, il faudra se déchausser tandis que dans l'autre cas on conservera ses chaussures.

Activités

1 여러분 나라의 난방 방식은 어떠한가요?
Quel est le système de chauffage de votre pays ?

2 여러분 나라의 전통 가옥의 특징이 무엇이에요?
Quelles sont les particularités de la maison traditionnelle de votre pays ?

12과 파리 날씨가 어때요?

대화 1 Dialogue 1

CD2 04

(줄리엥은 지난주에 프랑스에 도착했어요. 어제 누나의 결혼식이 끝났어요. 줄리엥은 민정 씨하고 인터넷으로 화상 전화해요.)

민정 줄리엥 씨, 누나 결혼식은 잘 끝났어요?

줄리엥 네, 잘 끝났어요.

민정 파리 날씨가 어때요?
오늘 서울에 눈이 많이 왔어요.

줄리엥 아, 그래요?
파리는 지금 비가 오고 조금 추워요.
어제는 날씨가 따뜻하고 좋았어요.

민정 줄리엥 씨, 프랑스에서 뭐 했어요?

줄리엥 조금 바빴어요.
라로셸에서 친척들을 만나고 액상프로방스에서는 결혼식이 있었어요.
그리고 파리에서 학교 친구들도 만났어요.

민정 저도 프랑스를 여행하고 싶어요.

줄리엥 정말이에요? 그럼 여름 방학에 저랑 같이 프랑스에 올래요?

단어 vocabulaire

-고 싶다	Voir 12.2.
날씨	temps (météo)
눈	neige, 눈이 오다 neiger
따뜻하다	être doux (le temps)
문화원	Centre culturel, 한국문화원 Centre Culturel Coréen
방학	vacances
비	pluie, 비가 오다 pleuvoir, Voir 12.1.
빨리	vite
샹제리제	Champs-Élysées
액상프로방스	Aix-en-Provence
여름	été
여행하다	voyager
-(으)ㄹ래요	Voir 12.4.
이메일	e-mail
정말이에요?	Voir 12.3.
춥다	faire froid (le temps), Voir 12.1.
친척	familles, parent
-한테	particule qui introduit le complément d'objet indirect
-한테서	Voir 12.5.
화상 전화	vidéo téléphone, 화상 전화하다 vidéotéléphoner

대화 2 Dialogue 2

CD2 05

(줄리엥은 상준 씨한테 이메일을 써요.)

상준 씨에게

상준 씨, 안녕하세요?

지난주에 누나의 결혼식이 있었어요.

저는 다음 주에 다시 한국에 갈 거예요.

어제 샹제리제에서 학교 친구들을 만났어요.

그리고 한국문화원에서 영화도 봤어요.

빨리 한국에 가고 싶어요.

어제 민정 씨하고 인터넷으로 화상 전화했어요.

민정 씨가 여름 방학에 프랑스에 올 거예요.

오늘 아침에는 사미라 씨한테서 이메일을 받았어요.

사미라 씨도 프랑스에 올 거예요.

상준 씨도 여름 방학에 프랑스를 구경할래요?

저는 민정 씨랑 사미라 씨랑 상준 씨랑 같이

프랑스를 여행하고 싶어요.

그럼, 잘 지내요.

– 줄리엥 –

발음 prononciation

CD2 06

끝났어요 [끈나써요]

친척들을 [친척뜨를]

눈이 많이 왔어요 [누니 마니 와써요]

읽기 Lire

CD2 07

한국의 날씨와 계절

한국에는 사계절이 있습니다.
봄, 여름, 가을, 겨울입니다.

봄은 3월부터 5월까지입니다.
봄에는 날씨가 따뜻하고 바람이 조금 붑니다.

여름은 6월부터 8월까지입니다.
날씨가 덥고 비가 많이 옵니다.
여름에 장마가 있습니다.

9월부터 11월까지는 가을입니다.
한국의 가을 날씨는 아주 좋습니다.

12월부터 2월까지는 겨울입니다.
겨울에는 날씨가 자주 흐리고 춥습니다.
그리고 눈도 옵니다.

단어 vocabulaire

가을	automne
겨울	hiver
계절	saison
덥다	faire chaud (le temps), Voir 12.1.
바람	vent, 바람이 불다 il y a du vent, Voir 12.1.
봄	printemps
불다	souffler, Voir 12.1.
-(스)ㅂ니다	Voir 12.6.
장마	saison des pluies, mousson
흐리다	être nuageux (le temps), Voir 12.1.

발음 prononciation

CD2 08

눈이 옵니다 [누니 옴니다]
따뜻하고 [따뜨타고]
있습니다 [읻씀니다]
춥습니다 [춥씀니다]

12-1 Expressions de la météo

날씨가 어때요? Comment est le temps ? Quel temps fait-il ?
날씨가 좋아요. Le temps est beau. Il fait beau.
날씨가 나빠요. Le temps est mauvais. Il fait mauvais.
날씨가 더워요. Il fait chaud.
날씨가 추워요. Il fait froid.
날씨가 흐려요. Le temps est nuageux.
날씨가 따뜻해요. Le temps est doux. Il fait doux.
날씨가 시원해요. Il fait frais.
바람이 불어요. Il y a du vent.
비가 와요. Il pleut.
눈이 와요. Il neige.

- 사계절 quatre saisons

봄	printemps
여름	été
가을	automne
겨울	hiver

예 오늘 날씨가 어때요?	Quel temps fait-il aujourd'hui ?
오늘 날씨가 아주 좋아요.	Il fait très beau aujourd'hui ?
가을에는 바람이 많이 불어요.	Il y a beaucoup de vent en automne.
내일 눈이 올 거예요.	Il va neiger demain.
오늘 날씨가 아주 추워요.	Aujourd'hui il fait très froid.
언제 날씨가 더워요?	Quand est-ce qu'il fait chaud ?
봄에 날씨가 좋아요.	Il fait beau au printemps.
가을에 날씨가 흐려요.	Le temps est nuageux en automne.

12-2 Radical du verbe d'action + 고 싶다 avoir envie de + infinitif

La construction de phrase 'Radical du verbe d'action + 고 싶다' sert à exprimer un désir ou une envie. En français cela correspond à « avoir envie de + infinitif. » ou « vouloir + infinitif. ». Quand le sujet est à la 3ème personne '고 싶어하다' s'utilise au lieu de '고 싶다'.

예	저도 프랑스를 여행하고 싶어요.	Moi aussi, j'ai envie de voyager en France.
	한국에 가고 싶어요.	Je voudrais aller en Corée.
	레오는 산책하고 싶어해요.	Léo veut se promener.

12-3 정말이에요? = 진짜예요? C'est vrai ?, Vraiment ?

La phrase interro-exclamative 정말이에요? = 진짜예요?, « C'est vrai ? » ou « Vraiment ? » en français, sert à vérifier une information. Elle est très courante dans la conversation.

예	가	제레미가 왔어요.	Jérémy est arrivé.
	나	정말이에요?	Vraiment ?

12-4 Radical du verbe d'action + (으)ㄹ래요? proposition

La construction de phrase 'Radical du verbe d'action + (으)ㄹ래요?' sert à proposer une action à son interlocuteur ou à demander l'avis de son interlocuteur. Cela équivaut à « si on allait faire quelque chose ? » ou à « qu'est-ce que vous en pensez ? ».

Radical Consonne + 을래요?
Radical Voyelle + ㄹ래요?

예

가 민정 씨도 여름 방학에 프랑스를 구경할래요?
Min-jeong, voulez-vous aussi voyager en France pendants les vacances d'été ?

나 네, 좋아요.
Oui, d'accord.

가 모르간 씨, 내일 극장에 같이 갈래요?
Morgane, si on allait ensemble au cinéma demain ?

나 아니요, 내일은 바빠요.
Non, je suis occupée demain.

12-5 한테, 에게 / 한테서, 에게서

particule qui introduit le complément d'object indirect / la provenance

La particule 에게 (9-3) peut être remplacée par 한테. Ces deux particules font du nom le complément d'objet indirect dans la phrase. 에게 est plutôt de style écrit, 한테 de style oral. Quant aux particules 한테서, 에게서, elles marquent la provenance de l'action.

예 줄리엥은 민정 씨한테 이메일을 써요. = 줄리엥은 민정 씨에게 이메일을 써요.
Julien écrit un e-mail à Min-jeong.

상준한테서 생일 선물을 받았어요. = 상준에게서 생일 선물을 받았어요.
J'ai reçu un cadeau d'anniversaire de Sang-joon.

12-6 Terminaison finale –(스)ㅂ니다/(스)ㅂ니까?

La terminaison finale en ㅂ니다/습니다 est plus formelle que la terminaison finale en 아요/어요. Ces deux formes que peut prendre le verbe sans changement de sens, renvoient toutes les deux à des niveaux de langue polie. La terminaison en ㅂ니다/습니다 s'utilise en particulier dans des contextes de grande formalité, tels que les discours, les entretiens, les journaux télévisés, etc. Dans la conversation, les Coréens alternent souvent ces deux types de terminaisons finales.

(C = Consonne, V = Voyelle)

Présent		Passé		Futur	
Déclaratives	Interrogatives	Déclaratives	Interrogatives	Déclaratives	Interrogatives
C + 습니다	C + 습니까?	ㅏ, ㅗ + 았습니다	ㅏ, ㅗ + 았습니까?	C + 을 겁니다	C + 을 겁니까?
V + ㅂ니다	V + ㅂ니까?	+ 었습니다	+ 었습니까?	V + ㄹ 겁니다	V + ㄹ 겁니까?

	Présent		Passé		Futur	
가다	갑니다	갑니까?	갔습니다	갔습니까?	갈 겁니다	갈 겁니까?
	가요	가요?	갔어요	갔어요?	갈 거예요	갈 거예요?
오다	옵니다	옵니까?	왔습니다	왔습니까?	올 겁니다	올 겁니까?
	와요	와요?	왔어요	왔어요?	올 거예요	올 거예요?
만나다	만납니다	만납니까?	만났습니다	만났습니까?	만날 겁니다	만날 겁니까?
	만나요	만나요?	만났어요	만났어요?	만날 거예요	만날 거예요?
배우다	배웁니다	배웁니까?	배웠습니다	배웠습니까?	배울 겁니다	배울 겁니까?
	배워요	배워요?	배웠어요	배웠어요?	배울 거예요	배울 거예요?
하다	합니다	합니까?	했습니다	했습니까?	할 겁니다	할 겁니까?
	해요	해요?	했어요	했어요?	할 거예요	할 거예요?
마시다	마십니다	마십니까?	마셨습니다	마셨습니까?	마실 겁니다	마실 겁니까?
	마셔요	마셔요?	마셨어요	마셨어요?	마실 거예요	마실 거예요?
읽다	읽습니다	읽습니까?	읽었습니다	읽었습니까?	읽을 겁니다	읽을 겁니까?
	읽어요	읽어요?	읽었어요	읽었어요?	읽을 거예요	읽을 거예요?
걷다	걷습니다	걷습니까?	걸었습니다	걸었습니까?	걸을 겁니다	걸을 겁니까?
	걸어요	걸어요?	걸었어요	걸었어요?	걸을 거예요	걸을 거예요?
많다	많습니다	많습니까?	많았습니다	많았습니까?	많을 겁니다	많을 겁니까?
	많아요	많아요?	많았어요	많았어요?	많을 거예요	많을 거예요?
좋다	좋습니다	좋습니까?	좋았습니다	좋았습니까?	좋을 겁니다	좋을 겁니까?
	좋아요	좋아요?	좋았어요	좋았어요?	좋을 거예요	좋을 거예요?

쉽다	쉽습니다	쉽습니까?	쉬웠습니다	쉬웠습니까?	쉬울 겁니다	쉬울 겁니까?
	쉬워요	쉬워요?	쉬웠어요	쉬웠어요?	쉬울 거예요	쉬울 거예요?
춥다	춥습니다	춥습니까?	추웠습니다	추웠습니까?	추울 겁니다	추울 겁니까?
	추워요	추워요?	추웠어요	추웠어요?	추울 거예요	추울 거예요?
바쁘다	바쁩니다	바쁩니까?	바빴습니다	바빴습니까?	바쁠 겁니다	바쁠 겁니까?
	바빠요	바빠요?	바빴어요	바빴어요?	바쁠 거예요	바쁠 거예요?
살다*	삽니다	삽니까?	살았습니다	살았습니까?	살 겁니다	살 겁니까?
	살아요	살아요?	살았어요	살았어요?	살 거예요	살 거예요?
이다	입니다	입니까?	C + 이었습니다 V + 였습니다	C + 이었습니까? V + 였습니까?	일 겁니다	일 겁니까?
	C + 이에요 V + 예요	C + 이에요? V + 예요?	C + 이었어요 V + 였어요	C + 이었어요? V + 였어요?	일 거예요	일 거예요?
아니다	아닙니다	아닙니까?	아니었습니다	아니었습니까?	아닐 겁니다	아닐 겁니까?
	아니에요	아니에요?	아니었어요	아니었어요?	아닐 거예요	아닐 거예요?
있다	있습니다	있습니까?	있었습니다	있었습니까?	있을 겁니다	있을 겁니까?
	있어요	있어요?	있었어요	있었어요?	있을 거예요	있을 거예요?
없다	없습니다	없습니까?	없었습니다	없었습니까?	없을 겁니다	없을 겁니까?
	없어요	없어요?	없었어요	없었어요?	없을 거예요	없을 거예요?

예 겨울에 날씨가 춥습니다. Il fait froid en hiver.
비가 옵니다. 그런데 우산이 없습니다. Il pleut mais je n'ai pas de parapluie.
저는 어제 약국에 갔습니다. Je suis allé à la pharmacie hier.

***Omission de ㄹ**

La consonne ㄹ apparaissant à la fin du radical, disparaît devant les consonnes ㄴ, ㅂ, ㅅ.

불다	불 + 습니다 → 부 + 습니다 → 부 + ㅂ니다	붑니다
알다	아 (omission de ㄹ) + ㅂ니다	압니다
살다	사 (omission de ㄹ) + ㅂ니다	삽니다

Attention! On ajoute simplement 겁니다 pour un radical terminant par la consonne ㄹ dans le futur : 살다 → 살 겁니다, 알다 → 알 겁니다.

예 바람이 조금 붑니다. Il y a un peu de vent.
레오는 제 이름을 압니다. Léo connaît mon nom.
이자벨은 한국에서 살 겁니다. Isabelle vivra en Corée.

단어 vocabulaire

나쁘다 être mauvais, Voir 12.1. **우산** parapluie

연습 1 Exercises 1

문법과 표현 Grammaire et Expressions

1 **그림을 보고 〈보기〉와 같이 문장을 만드세요.**

Construisez la phrase en se servant d'images comme dans l'exemple.

보기

가 날씨가 어때요? 나 <u>비가 와요.</u>

(1)

가 날씨가 어때요? 나 ____________________

(2)

가 날씨가 어때요? 나 ____________________

(3)

가 날씨가 어때요? 나 ____________________

(4)

가 날씨가 어때요? 나 ____________________

(5)

가 날씨가 어때요? 나 ____________________

(6)

가 날씨가 어때요? 나 ____________________

2 **다음 문장을 '-고 싶어요' 를 사용해서 〈보기〉와 같이 문장을 바꾸세요.**

Transformez la phrase en utilisant -고 싶어요 comme dans l'exemple.

보기 일요일이에요. (공원에 가다) → <u>공원에 가고 싶어요.</u>

(1) 한국어를 배워요. (한국을 여행하다)

→ ______________________________

(2) 날씨가 추워요. (창문을 닫다)

→ ______________________________

(3) 제 생일이에요. (선물을 받다)

→ ______________________________

(4) 날씨가 더워요. (수영하다)

→ ______________________________

(5) 아가트를 좋아해요. (아가트를 보다)

→ ______________________________

(6) 지금 배고파요. (밥을 먹다)

→ ______________________________

3 문장을 격식체 '(스)ㅂ니다'를 사용해서 〈보기〉와 같이 문장을 바꾸세요.

Transformez la phrase en utilisant le style formel (스)ㅂ니다 comme dans l'exemple.

> **보기** 오늘은 날씨가 좋아요. → <u>오늘은 날씨가 좋습니다.</u>

(1) 저는 학교에서 한국어를 배워요.

→ ______________________________

(2) 모르간은 기숙사에서 잡지를 읽어요.

→ ______________________________

(3) 레오 씨는 한국 음식을 좋아해요?

→ ______________________________

(4) 버스로 얼마나 걸려요?

→ ______________________________

(5) 오늘은 며칠이에요?

→ ______________________________

(6) 피에르는 아주 바빠요.

→ ______________________________

연습 2 Exercises 2

듣기와 말하기 Écouter et Parler

1 **다음을 듣고 (1)과 같이 자연스럽게 이어지는 문장에 표시하세요.** CD2 09

Écoutez et cochez la phrase adéquate qui suit comme dans l'exemple (1).

(1) ✔ 아니요, 화요일이에요.
② 아니요, 3월 15일이에요.

(2) ① 네, 오늘은 좀 바빠요.
② 좋아요. 도서관 앞에서 봐요.

(3) ① 좋아요.
② 정말이에요?

(4) ① 그리고 비가 와요.
② 그리고 눈이 와요.

(5) ① 흐려요.
② 친절해요.

(6) ① 마리한테 이메일을 썼어요.
② 피에르한테서 받았어요.

(7) ① 바람이 불 거예요.
② 집에서 텔레비전을 볼 거예요.

(8) ① 아니요, 재미있어요.
② 아니요, 따뜻해요.

2 **다음을 듣고 괄호 안을 채우세요.** Écoutez et complétez les parenthèses. CD2 10

(1) 봄에 날씨가 좋고 (   ).

(2) (   )에 날씨가 덥습니다.

(3) 가을에 (   )이 많이 붑니다.

(4) 누나 (   )이 잘 끝났어요.

(5) 민정 씨, 같이 (   )?

(6) 한국을 (   ) 싶어요.

(7) 레오는 사미라(　　　　　) 선물을 주었어요.

(8) (　　　　　　　)이 어디에 있어요?

3 **질문에 자유롭게 답하세요.** Répondez librement aux questions. CD2 11

(1) ____________________

(2) ____________________

(3) ____________________

(4) ____________________

(5) ____________________

4 **격식체 '(스)ㅂ니다'와 장소를 나타내는 표현을 사용해서 다음 그림을 설명하세요.**

Décrivez le dessin en utilisant des locatifs au style formel (스)ㅂ니다.

5 **격식체를 사용해서 자신을 소개해 보세요.** Présentez-vous en utilisant le style formel.

(안녕하세요? 저는 …입니다. …을/를 좋아합니다……)

Les saisons en Corée

La Corée est une zone tempérée avec quatre saisons distinctes. L'hiver, de décembre à février, les vents qui viennent de Sibérie font baisser la température jusqu'à -20° dans certaines régions. La neige est souvent abondante, l'air sec et le ciel pur.

Le printemps, de mars à mai, voit la neige fondre mais souvent une nouvelle vague de froid intervient vers fin mars. Il pleut beaucoup et le vent du désert de Gobi en Chine transporte des poussières jaunes.

L' été, de juin à août, est chaud et humide avec les pluies torrentielles de la mousson qui apportent près de 70% des précipitations annuelles. Les typhons venus du sud-est asiatique sont parfois dévastateurs.

L' automne est la saison préférée des Coréens et dure de septembre à novembre. Les nuits sont fraîches et l'air est sec. Mais les montagnes et les rues des villes et des villages se parent de couleurs magnifiques avec des arbres aux feuilles colorées, que l' on appelle en coréen « danp'ung' ».

Activités

1 **여러분 나라의 계절과 한국의 계절을 비교해 보세요.**
Comparez les saisons de votre pays avec celles de la Corée.

2 **어떤 계절을 제일 좋아하세요? 그 이유가 뭐예요?**
Quelle est votre saison préférée ? Et pourquoi ?

13과 줄리엥 씨 가족은 모두 라로셀에 사세요?

대화 1 Dialogue 1

CD2 12

(줄리엥은 파리대학교에서 민수를 만납니다. 민수는 상준의 친구이고, 교환학생입니다. 민수는 잠실대학교에서 왔습니다. 지금 파리에서 프랑스어를 배웁니다.)

줄리엥 민수 씨, 언제 프랑스에 왔어요?

민수 한 달 전에 왔어요.

줄리엥 프랑스가 어때요?

민수 아주 좋아요.
샹제리제도 예쁘고 에펠탑도 멋있어요.
지난주에는 루브르 박물관도 구경했어요.

줄리엥 프랑스어는 어때요?

민수 프랑스어가 조금 어려워요.
그래서 지금 학교에서 배워요.
그런데 줄리엥 씨는 한국어를 잘 하시네요.

단어 vocabulaire

가족	famille
경치	paysage, vue
계시다	forme honorifique de 있다
고향	pays (ville) natal
그래서	donc, c'est pourquoi, Voir 13.2.
근처	environs
–께서	forme honorifique de 이/가
–네요	Voir 13.3.
다	tout / tous = 모두
달	classificateur (de mois)
루브르 박물관	musée du Louvre
–만	seulement, Voir 13.9.
멋있다	être chouette, être formidable
물론이죠	Voir 13.6.
민수	Min-soo
아버지	père
어느	quel / lequel, Voir 13.7.
에펠탑	Tour Eiffel
여동생	petite sœur
–(으)시–	infixe honorique
정말	vrai / vraiment
할머니	grand-mère
할아버지	grand-père
해변	plage
형	grand frère d'un garçon

대화 2 Dialogue 2

CD2 13

(줄리엥과 민수는 지금 기차 안에 있습니다. 줄리엥과 민수는 줄리엥의 할아버지 댁에 갑니다. 할아버지께서 라로셸에 사십니다.)

민수 경치가 정말 멋있네요.
줄리엥 씨는 라로셸을 잘 알아요?

줄리엥 물론이죠. 제 고향이 라로셸이에요.

민수 정말이에요?
그럼 줄리엥 씨는 라로셸에 자주 와요?

줄리엥 네. 그리고 근처에 해변에도 자주 가요.

민수 라로셸 근처에 어느 해변이 좋아요?

줄리엥 글쎄요. 다 좋아요.

민수 줄리엥 씨 가족은 모두 라로셸에 사세요?

줄리엥 아니요, 할아버지하고 할머니께서만 라로셸에 계세요.

민수 줄리엥 씨는 가족이 몇 명이에요?

줄리엥 모두 일곱 명이에요. 할아버지하고 할머니, 아버지와 어머니,
그리고 형이 한 명, 누나가 한 명 있어요.
민수 씨는 가족이 몇 명이에요?

민수 제 가족은 여섯 명이에요. 할아버지하고 할머니, 부모님 그리고
여동생이 한 명 있어요.

발음 prononciation

CD2 14

만납니다 [만남니다]	**배웁니다** [배움니다]
몇 명 [면명]	**여섯 명** [여선 명]
박물관 [방물관]	**왔습니다** [왇씀니다]

줄리엥의 가족

줄리엥의 가족은 일곱 명입니다. 할아버지와 할머니께서는 라로셸에 사십니다. 할아버지 연세는 여든 둘이시고 할머니는 일흔 여덟이십니다. 줄리엥의 부모님께서는 파리에서 사십니다. 아버지께서는 은행에서 일하십니다. 어머니께서는 우체국에서 일하십니다.

줄리엥은 형이 한 명 그리고 누나가 한 명 있습니다. 형은 무역 회사에 다니고, 누나는 간호사입니다. 형은 나이가 서른두 살이고 누나는 스물아홉 살입니다. 누나는 지난주에 결혼했습니다. 누나의 남편은 액상프로방스에서 일합니다. 누나는 액상프로방스에서 살 겁니다. 형은 애인이 있고 내년에 결혼할 겁니다. 줄리엥은 동생이 없습니다.

단어 vocabulaire

간호사 infirmier(ère)
결혼하다 se marier
-께서는 forme honorifique de 은/는
나이 âge
남편 mari
내년 l'année prochaine, 작년 l'année dernière
다니다 fréquenter, Voir 17.7.
동생 petit frère / petite sœur
무역 commerce, 무역 회사 enterprise import-export
애인 petit ami(e)
연세 âge (forme honorifique de 나이)

발음 prononciation CD2 16

무역 회사 [무여 쾨사]

문법 & 표현 Grammaire et Expressions

13-1 NOM de lieu + 에서 오다 venir d'un lieu

La construction 'NOM de lieu + 에서 오다' « venir d'un lieu » sert à indiquer la provenance de quelque chose ou de quelqu'un. La particule 에서 marque le point de départ ou la provenance. Elle permet aussi d'exprimer la nationalité d'une personne selon le contexte. Dans ce cas, le verbe 오다 doit être mis au passé. Par exemple, 저는 한국에서 왔습니다. « Je suis venu de la Corée du Sud (Je suis d'origine coréenne) ».

예 피에르는 프랑스에서 왔습니다. Pierre est venu de France.

민수는 잠실대학교에서 왔습니다. Min-soo est venu de l'Université de Jamsil.

내일 마리가 프랑스에서 한국에 옵니다.
Demain, Marie vient en Corée depuis la France.

13-2 그래서 donc, c'est pourquoi…

그래서 est un adverbe conjonctif. Il sert à relier deux phrases et établit une relation de cause à effet entre elles. La phrase précédente est la cause et la phrase suivante est la conséquence qui en découle. Il donne lieu à plusieurs traductions en français : « donc, c'est pourquoi, en conséquence, de ce fait, de là » .

예 프랑스어가 조금 어려워요. 그래서 지금 학교에서 배워요.
Le français est un peu difficile. C'est pourquoi, j'apprends le français à l'université.

영화를 좋아해요. 그래서 극장에 자주 가요.
J'aime le cinéma. Donc, j'y vais souvent.

내일 친구의 생일이에요. 그래서 생일 선물을 사요.
Demain c'est l'anniversaire de mon ami. C'est pourquoi, je lui achète un cadeau.

13-3 Radical du verbe + 네요 étonnement

La terminaison 네요 sert à construire la phrase exprimant une sorte d'émotion. L'émetteur de ce type de phrase exprime un étonnement face à un fait inattendu.

예 줄리엥 씨는 한국어를 잘 하네요. Julien, vous parlez bien le coréen.

경치가 정말 멋있네요. Le paysage est vraiment magnifique.

13-4 Termes honorifiques

En coréen, il existe des termes honorifiques. Ces mots s'emploient en remplacement des termes non-honorifiques (courants) quand le locuteur souhaite ou se doit de montrer son respect vis-à-vis de son interlocuteur ou de la personne dont il est question dans la phrase. L'emploi d'un terme de modestie sert à montrer du respect à son interlocuteur, en adoptant une position d'humilité.

	Vocabulaire courant	Terme honorifique	Terme de modestie
Noms	말 이름 나이 집 생일 사람	말씀 성함 연세 댁 생신 분	
Pronoms	나는 내가 내		저는 제가 제
Verbes	있다 없다 먹다 주다 자다 말하다	계시다 안 계시다 잡수시다, 드시다 주시다 주무시다 말씀하시다	드리다
Particules	이, 가 은, 는 에게, 한테	께서 께서는 께	
Suffixe –님	선생 교수 부모	선생님 교수님 부모님	

예 줄리엥은 할아버지 댁에 옵니다.	Julien vient chez son grand-père.
교수님 생신이 언제예요?	C'est quand l'anniversaire du professeur ?
아버지께서 저녁을 드세요.	Mon père prend le dîner.
저는 교수님께 볼펜을 드렸어요.	J'ai donné un stylo au professeur.
성함이 어떻게 되세요?	Quel est votre nom, s'il vous plaît ?
연세가 어떻게 되세요?	Quel âge avez-vous, s'il vous plaît?

13-5 Infixe honorifique (으)시

En coréen, nous avons trois moyens pour exprimer le respect envers son interlocuteur ou envers la personne dont on parle (même si elle est absente).

(1) On exprime le respect envers son interlocuteur en utilisant les terminaisons finales 아요/어요 (5-3, 6-4 style informel), (스)ㅂ니다 (12-6 style formel).

(2) On exprime le respect envers son interlocuteur ou envers la personne dont on parle en utilisant les termes honorifiques (13-4).

(3) On exprime le respect envers son interlocuteur ou envers la personne dont on parle en ajoutant l'infixe honorifique (으)시 entre le radical du verbe et la terminaison.

Voyons ici la troisième et dernière forme de respect en utilisant l'infixe honorifique (으)시. (으)시 est placé entre le radical du verbe et la terminaison finale. Quand le radical du verbe se termine par une consonne, on ajoute 으시 et quand il se termine par une voyelle, on ajoute 시. Les expressions telles que 안녕하세요, 실례지만, 누구세요?, 잠깐만 기다리세요. contiennent l'infixe (으)시. On utilise (으)시 quand l'interlocuteur ou le sujet de la phrase doit être honorifié par le locuteur, en fonction de critères tels que : l'âge, le lien de parenté, le statut social, etc.

C = Consonne, V = Voyelle

	Infixe honorifique	Présent	Passé	Futur
Style informel	C + 으시 + 어요 V + 시 + 어요	C + 으세요 V + 세요	C + 으셨어요 V + 셨어요	C + 으실 거예요 V + 실 거예요
Style formel	C + 으시 + ㅂ니다 V + 시 + ㅂ니다	C + 으십니다 V + 십니다	C + 으셨습니다 V + 셨습니다	C + 으실 겁니다 V + 실 겁니다

(1) Verbes d'action

	Présent	Passé	Futur
읽다	읽으세요 읽으십니다	읽으셨어요 읽으셨습니다	읽으실 거예요 읽으실 겁니다
받다	받으세요 받으십니다	받으셨어요 받으셨습니다	받으실 거예요 받으실 겁니다
가다	가세요 가십니다	가셨어요 가셨습니다	가실 거예요 가실 겁니다
오다	오세요 오십니다	오셨어요 오셨습니다	오실 거예요 오실 겁니다
기다리다	기다리세요 기다리십니다	기다리셨어요 기다리셨습니다	기다리실 거예요 기다리실 겁니다
배우다	배우세요 배우십니다	배우셨어요 배우셨습니다	배우실 거예요 배우실 겁니다
좋아하다	좋아하세요 좋아하십니다	좋아하셨어요 좋아하셨습니다	좋아하실 거예요 좋아하실 겁니다
살다 (Voir 12.6.)	사세요 사십니다	사셨어요 사셨습니다	사실 거예요 사실 겁니다

(2) Verbes de description

피곤하다	피곤하세요 피곤하십니다	피곤하셨어요 피곤하셨습니다	피곤하실 거예요 피곤하실 겁니다
바쁘다	바쁘세요 바쁘십니다	바쁘셨어요 바쁘셨습니다	바쁘실 거예요 바쁘실 겁니다
친절하다	친절하세요 친절하십니다	친절하셨어요 친절하셨습니다	친절하실 거예요 친절하실 겁니다
유명하다	유명하세요 유명하십니다	유명하셨어요 유명하셨습니다	유명하실 거예요 유명하실 겁니다

(3) Copule

이다	C + 이세요 V + 세요 C + 이십니다 V + 십니다	C + 이셨어요 V + 셨어요 C + 이셨습니다 V + 셨습니다	C + 이실 거예요 V + 실 거예요 C + 이실 겁니다 V + 실 겁니다
아니다	아니세요 아니십니다	아니셨어요 아니셨습니다	아니실 거예요 아니실 겁니다

(4) Verbes d'existence

있다 → 계시다/있으시다	계세요 계십니다 있으세요 있으십니다	계셨어요 계셨습니다 있으셨어요 있으셨습니다	계실 거예요 계실 겁니다 있으실 거예요 있으실 겁니다
없다 → 안 계시다/없으시다	안 계세요 안 계십니다 없으세요 없으십니다	안 계셨어요 안 계셨습니다 없으셨어요 없으셨습니다	안 계실 거예요 안 계실 겁니다 없으실 거예요 없으실 겁니다

예 교수님께서 책을 읽으세요. Le professeur lit un livre.

아버지께서 녹차를 좋아하십니다. Mon père aime le thé vert.

어머니께서 지금 집에 안 계세요. Ma mère n'est pas à la maison.

한국어 선생님께서는 아주 친절하셨습니다. Le professeur de coréen était très gentil.

줄리엥 씨는 부모님께 선물을 드립니다. Julien donne un cadeau à ses parents.

13-6 물론이죠 Bien sûr

Pour marquer son accord avec ce qui est dit, on utilise 물론이죠.

예	가	한국어 사전 있어요?	Avez-vous un dictionnaire de coréen ?
	나	물론이죠.	Bien sûr.

13-7 어느 quel / lequel

어느, placé devant le nom déterminé, sert à demander de choisir entre plusieurs réponses possibles. 어느 correspond à « quel » ou « lequel, laquelle, lesquels, lesquelles » du français.

예	어느 해변이 좋아요?	Quelle plage serait bien ?
	어느 학생이 프랑스 사람이에요?	Quel étudiant est français (parmi vous) ?
	어느 계절을 좋아하세요?	Quelle saison aimez-vous ?

13-8 모두 / 다 tout / tous

모두 et 다 peuvent être utilisés comme adverbe ou pronom « tous » du français.

예	다(= 모두) 좋아요.	Tout est bon.
	모두 왔어요.	Tous sont arrivés.
	다 읽었어요?	Vous avez tout lu ?

13-9 –만 seulement

La particule auxiliaire 만, « seulement » en français, indique une restriction (ne ~ que). Elle peut être utilisée pour exprimer une restriction avec les particules telles que 이/가, 은/는, etc.

예 할아버지하고 할머니만 라로셸에 계세요.
Il n'y a que mon grand-père et ma grand-mère à La Rochelle.

물 한 잔만 주세요.
Donnez-moi juste un verre d'eau, s'il vous plaît.

13-10 Appellatifs de la famille

	Si vous êtes un garçon	Si vous êtes une fille
Grand-père	할아버지	
Grand-mère	할머니	
Père	아버지	
Mère	어머니	
Grand frère	형	오빠
Grande sœur	누나	언니
Petit frère	남동생	
Petite sœur	여동생	

예 줄리엥은 형이 한 명 그리고 누나가 한 명 있습니다.
Julien a un grand frère et une grande sœur.

모르간은 언니가 한 명 있어요. Morgane a une grande sœur.

민수 씨, 남동생이 있어요? Min-soo, vous avez un petit frère ?

단어 vocabulaire

-께	forme honorifique de 에게/한테
나는, 내가	je
남동생	petit frère
내	mon, ma, mes
드리다	donner (forme de modestie de 주다)
드시다	manger (forme honorifique de 먹다) = 잡수시다
-만	particule auxiliaire : seulement, Voir 13.9.
말	parole
말씀	parole (forme honorifique de 말)
말씀하시다	parler (forme honorifique de 말하다)
말하다	parler
모두	tout / tous = 다
생신	anniversaire (forme honorifique de 생일)
성함	nom (forme honorifique de 이름)
언니	grande sœur d'une fille
오빠	grand frère d'une fille
잡수시다	manger (forme honorifique de 먹다) = 드시다
제가	je (forme de modestie)
주무시다	dormir (forme honorifique de 자다)
주시다	donner (forme honorifique de 주다)

연습 1 Exercices 1 | 문법과 표현 Grammaire et Expressions

1 **〈보기〉와 같이 그림을 보고 문장을 만드세요.**

Construisez les phrases en se servant d'images comme dans l'exemple.

보기

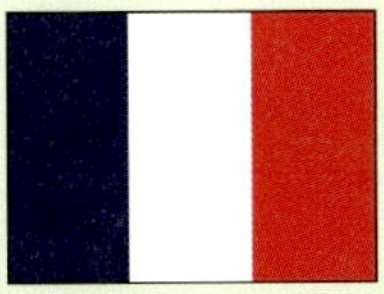

줄리엥 → 줄리엥은 프랑스에서 왔습니다.

(1)

김민수 → ______________________

(2)

요꼬 → ______________________

(3)

이자벨 → ______________________

(4)

브라운 → ______________________

(5)

아가트 → ______________________

(6)

모르간 → ______________________

2 **〈보기〉와 같이 높임체로 만드세요.** Construisez une phrase honorifique comme dans l'exemple.

보기 (교수님, 교실에 오다) → 교수님께서 교실에 오십니다.

(1) (할아버지, 거실에서 신문을 읽다) → ______________________

(2) (아버지, 녹차를 좋아하다) → ______________________

(3) (어머니, 안방에 있다) → ______________________

(4) (할머니, 점심을 먹다) → ______________________

(5) (선생님, 중국에 살다) → ______________________

(6) (할아버지, 방에서 자다) → ______________________

3 다음 표를 완성하세요. Complétez le tableau.

	Présent	Passé	Futur
읽다	읽으세요	(1)	읽으실 거예요
배우다	배우세요	(2)	(3)
살다	(4)	(5)	사실 거예요
바쁘다	(6)	바쁘셨어요	(7)
아니다	(8)	(9)	아니실 거예요
하다	하세요	(10)	(11)
기다리다	(12)	기다리셨어요	(13)

4 알맞은 단어를 사용하여 문장을 완성하세요.

Complétez les parenthèses avec les mots proposés qui conviennent.

에서 한테서 만 까지 에게 어느

(1) 여기에서 부산(　　　) 얼마나 걸려요?

(2) (　　　) 사전이 좋아요?

(3) 줄리엥은 프랑스(　　　) 왔습니다.

(4) 피에르(　　　) 이메일이 왔습니다.

(5) 사미라는 아가트(　　　) 전화했어요.

(6) 저는 카페에서 커피(　　　) 마셔요.

연습 2 Exercices 2

듣기와 말하기 *Écouter et Parler*

1 **다음을 듣고 (1)과 같이 자연스럽게 이어지는 문장에 표시하세요.** CD2 17

Écoutez et cochez la phrase adéquate qui suit comme dans l'exemple (1).

(1) ✔ 한 달 전에 왔어요.
② 내일 올 거예요.

(2) ① 하지만 프랑스어를 배워요.
② 그래서 매일 한국어를 공부해요.

(3) ① 아, 그래요? 저도 서울이에요.
② 네, 멋있네요.

(4) ① 프랑스에서 오셨어요.
② 프랑스에서 왔어요.

(5) ① 휴대전화로 전화했어요.
② 물론이죠.

(6) ① 파리에서 사세요.
② 집에서 사세요.

(7) ① 부모님하고 같이 살아요.
② 네 명이에요.

(8) ① 아니요, 여동생도 있어요.
② 네, 여동생도 있어요.

2 **다음을 듣고 질문에 자유롭게 답하세요.** Répondez librement aux questions. CD2 18

(1) ______________________

(2) ______________________

(3) ______________________

(4) ______________________

(5) ______________________

(6) ______________________

3 다음을 듣고 질문에 답하세요. Écoutez et répondez aux questions. CD2 19

(1) 마리 씨와 피에르 씨는 어디에 있어요?

____

(2) 피에르 씨 부모님은 어디에 사세요?

____

(3) 피에르 씨는 동생이 있어요?

____

(4) 피에르 씨 동생은 뭐 해요?

____

(5) 피에르 씨는 누나가 있어요?

____

(6) 피에르 씨 형은 어디에 살아요?

____

4 다음에 나오는 상황을 보고 대화를 해 보세요.

Jeu de rôles : préparez un dialogue selon la situation suivante.

Demandez à vos amis le nombre de membres dans leur famille, leur âge et leur lieu d'habitation. Préparez un dialogue à deux ou à trois.

Le respect aux personnes plus âgées

En Corée, les personnes plus âgées que vous doivent faire l'objet d'un respect issu de la tradition confucianiste. En effet, le confucianisme considéré comme un modèle d'harmonie sociale accorde une grande place aux marques de respect pour chaque catégorie sociale. Dans la tradition, le roi devait respect au Ciel, le peuple devait respect au roi, l'homme devait respect au peuple, la femme devait respect à l'homme, le frère devait respect au grand frère.

Même adaptées, ces règles sont encore observées aujourd'hui. Pour les personnes plus âgées que soi, il faudra user d'un langage spécifique appelée langage honorifique. A table, il faut attendre que le plus âgé donne le signal de débuter le repas ; l' enfant le moins âgé ne doit pas appeler le plus âgé par son prénom, mais par un appellatif spécifique. Le plus jeune ne doit pas boire face au plus âgé mais se tourner légèrement par respect. Au jour de l'an, les enfants et les petits enfants vont faire la révérence aux grands-parents. Les personnes décédées font l'objet d'un culte à certaines dates. Ce culte est présenté par l' enfant le plus âgé ou par un ordre déterminé entre les enfants (en fonction de la parenté, de l'âge et du sexe).

Activités

1 여러분의 부모님하고 같이 식사를 합니다. 한국의 젊은이가 자신의 부모님과 같이 식사할 때의 식탁 예절과 어떠한 점이 다른가요?
Quand vous êtes à table avec vos parents, quelle est la différence avec la culture coréenne ?

2 여러분은 일상생활에서 웃어른에 대한 공경을 어떻게 실천하나요?
Comment pratiquez-vous le respect aux personnes âgées dans la vie quotidienne ?

14과 레오 씨는 취미가 뭐예요?

대화 1 Dialogue 1

CD2 20

(레오는 교실에서 친구들과 이야기합니다.)

레오 민정 씨, 수영할 줄 알아요?

민정 아니요. 수영할 줄 몰라요.
그래서 요즘 수영을 배워요.
레오 씨는 수영할 줄 알아요?

레오 네, 조금 할 줄 알아요.

민정 레오 씨는 취미가 뭐예요?

레오 저는 운동을 좋아해요. 그래서 주말에 친구들하고 자주 운동해요.

민정 어떤 운동을 좋아하세요?

레오 스키하고 테니스를 좋아하고, 축구하고 농구도 할 줄 알아요.

민정 줄리엥 씨는 취미가 뭐예요?

줄리엥 저는 사진을 좋아해서 사진을 많이 찍어요.
모르간 씨는 보통 주말에 뭐 하세요?

모르간 저는 영화를 좋아해서 주말에 극장에 자주 가요.

민정 어떤 영화를 좋아하세요?

모르간 애정 영화랑 공포 영화를 좋아해요.

단어 vocabulaire

공포 영화 film d'horreur
농구 basketball
모르다 ne pas savoir, ignorer
미안하다 s'excuser
스키 ski, 스키(를) 타다 faire du ski
-아서/어서 Voir 14.3.
애정 영화 film romantique
어떤 quel/quelle sorte de, Voir 14.2.
-(으)ㄹ 수 있다 pouvoir + infinitif, Voir 14.4.
-(으)ㄹ 줄 알다 savoir + infinitif, Voir 14.1.
찍다 prendre, 사진을 찍다 prendre une photo
축구 football
취미 passe-temps, loisirs

대화 2 Dialogue 2

CD2 21

(찬호 씨는 마리 씨와 영화를 보고 싶습니다.)

찬호 마리 씨, 토요일 오후에 마리 씨랑 영화를 보고 싶어요. 같이 극장에 갈 수 있어요?

마리 미안해요. 토요일 오후에는 친구하고 약속이 있어요.

찬호 그러면 일요일 오후는 어때요?

마리 정말 미안해요. 일요일 저녁에는 친구들이 집에 와서 바쁠 거예요.

찬호 네…….

마리 그런데 찬호 씨, 다음 주 토요일은 괜찮아요.

찬호 그래요? 그럼, 다음 주 토요일에 만나요.

마리 좋아요. 어디서 만날래요?

찬호 학교 도서관 앞에서 만나요.

마리 좋아요. 그럼, 다음 주 토요일에 봐요. 안녕히 가세요.

찬호 안녕히 가세요.

발음 prononciation

CD2 22

같이 [가치]
괜찮아요 [괜차나요]
싶습니다 [십씀니다]
좋아해서 [조아해서]

읽기 Lire

CD2 23

레오의 취미는 운동입니다.
특히 테니스를 아주 좋아합니다.
레오는 주말에 친구들하고 테니스를 칩니다.
그리고 겨울에는 스키장에서 스키를 탑니다.

줄리엥의 취미는 사진입니다.
줄리엥은 매일 휴대전화로 사진을 찍습니다.
그리고 친구들에게 이메일로 사진을 보냅니다.

모르간과 상준은 영화를 아주 좋아합니다.
모르간은 애정 영화를 좋아하고
상준은 액션 영화를 좋아합니다.
두 사람은 영화를 좋아해서 극장에 자주 갑니다.

민정은 음악을 좋아합니다.
특히 재즈를 참 좋아합니다.

사미라는 가요를 좋아합니다.
사미라는 한국 가수들의 이름을 다 압니다.
민정과 사미라는 콘서트에 자주 갑니다.

단어 vocabulaire

가요	chanson coréenne, variétés coréennes
보내다	envoyer
스키장	station de ski
액션 영화	film d'action
재즈	jazz
치다	frapper, Voir 14.6.
콘서트	concert
특히	particulièrement

발음 prononciation

CD2 24

사진을 찍습니다 [사지늘 찍씀니다]
특히 [트키]

14-1 Radical du verbe d'action + (으)ㄹ 줄 알다/모르다

savoir / ne pas savoir + infinitif

Radical Voyelle + ㄹ 줄 알다/모르다
Radical Consonne + 을 줄 알다/모르다

La construction 'Radical du verbe d'action + (으)ㄹ 줄 알다/모르다' « savoir / ne pas savoir + infinitif », s'emploie pour exprimer la capacité ou l'incapacité de faire quelque chose. Cette construction fonctionne uniquement avec des verbes d'action. 운전할 줄 알다 « savoir conduire », 읽을 줄 알다 « savoir lire ».

예 가 민정 씨, 수영할 줄 알아요?	Min-jeong, vous savez nager ?
나 아니요, 수영할 줄 몰라요.	Non, je ne sais pas nager.
레오는 운전할 줄 알아요.	Léo sait conduire.
레오는 중국어를 읽을 줄 몰라요.	Léo ne sait pas lire le chinois.

*모르다 voir 17-1.

14-2 어떤 quel / quelle sorte de

Lorsque la question porte sur la propriété ou le caractère d'un objet ou d'une personne, on utilise 어떤 devant le nom : 어떤 책 « quel livre », 어떤 꽃 « quelle fleur », 어떤 나라 « quel pays ». 어떤 peut être traduit par « quel » ou « quelle sorte de » en français.

예 어떤 영화를 좋아하세요?	Vous aimez quel (genre de) film ?
어떤 남자를 좋아하세요?	Quel homme préférez-vous ?
어떤 음식이 맛있어요?	Quel plat est délicieux ?

14-3 Radical du verbe + 아서/어서 (1) (= 그래서) donc, alors

그래서 (donc, c'est pourquoi, en conséquence, de ce fait, de là) est un adverbe conjonctif qui sert à lier deux phrases dans un lien de cause à effet. La phrase qui précède 그래서 représente la cause et la phrase qui suit 그래서 explique la conséquence qui en résulte. (Voir 13-2.) Alors que 그래서 sert à relier les deux phrases, 아서/어서 est une terminaison connective qui relie des propositions en une seule phrase. Le choix entre 아서 et 어서 suit le même principe que 아요/어요. Le temps du verbe est marqué seulement dans la proposition principale exprimant l'effet.

Infinitif	–아요/어요	–아서/어서
좋다	좋아요	좋아서
오다	와요	와서
많다	많아요	많아서
만나다	만나요	만나서
재미있다	재미있어요	재미있어서
기다리다	기다려요	기다려서
좋아하다	좋아해요	좋아해서
어렵다	어려워요	어려워서
예쁘다	예뻐요	예뻐서

예 저는 사진을 좋아해서 사진을 많이 찍어요.
J'aime les photos, donc j'en prends beaucoup.

극장에 사람들이 많아서 피곤했어요.
Il y avait beaucoup de monde au cinéma, alors j'étais fatigué.

영어가 어려워서 매일 공부해요.
L' anglais est difficile, donc j'étudie l'anglais tous les jours.

14-4 Radical du verbe + (으)ㄹ 수 있다/없다 pouvoir / ne pas pouvoir + infinitif

Radical Voyelle + ㄹ 수 있다/없다
Radical Consonne + 을 수 있다/없다

La construction 'Radical du verbe + (으)ㄹ 수 있다/없다' « pouvoir / ne pas pouvoir + infinitif » s'emploie pour indiquer la possibilité ou l'impossibilité de faire quelque chose.

예 같이 극장에 갈 수 있어요? On peut aller au cinéma ensemble ?
내일 만날 수 없어요. Je ne peux pas vous rencontrer demain.
어제 바빠서 전화할 수 없었어요.
Je n' ai pas pu vous téléphoner car j'étais occupé hier.

14-5 안녕히 가세요 / 안녕히 계세요 Au revoir, littéralement « Partez / Restez en paix »

안녕히 가세요 et 안녕히 계세요 sont les deux manières de dire « au revoir » en coréen. On emploie l'une ou l'autre selon la situation. On dit 안녕히 가세요 « Partez en paix ! » à la personne qui quitte un lieu. On dit 안녕히 계세요 « Restez en paix ! » à la personne qui reste dans un lieu.

예 (Morgane quitte la maison de Min-jeong.)
모르간 안녕히 계세요, 민정 씨. Au revoir, Min-jeong.
민정 안녕히 가세요, 모르간 씨. Au revoir, Morgane.

14-6 테니스를 치다 jouer au tennis

On peut utiliser le verbe 하다 pour la plupart des sports : 조깅하다, 테니스하다, 수영하다, etc. On peut également utiliser le verbe 치다 « frapper » pour les sports qui se pratiquent avec une raquette : 테니스를 치다, 탁구를 치다, 배드민턴을 치다, 골프를 치다.

테니스하다 = 테니스를 치다 jouer au tennis
탁구하다 = 탁구를 치다 jouer au ping-pong
배드민턴하다 = 배드민턴을 치다 jouer au badminton
골프하다 = 골프를 치다 jouer au golf

예 내일 테니스 칠래요?
Si on allait faire du tennis demain ?
지난 토요일에 레오하고 배드민턴을 쳤어요.
J'ai fait du badminton avec Léo samedi dernier.

14-7 Loisirs

영화	애정 영화 film romantique, 액션 영화 film d'action, 만화 영화 dessin animé, 공포 영화 film d'horreur, 서부 영화 film western
음악	클래식 musique classique, 재즈 jazz, 팝송 pop song, 가요 chanson coréenne, 랩 rap
운동	축구 football, 테니스 tennis, 농구 basketball, 배구 volleyball, 핸드볼 handball, 골프 golf, 탁구 ping-pong, 배드민턴 badminton, 수영 natation
기타	여행 voyage, 독서 lecture, 인터넷 게임 jeux sur internet, 춤 danse, 등산 randonnée

예

가 어떤 영화를 좋아하세요? — Vous aimez quel (genre de) film ?
나 저는 액션 영화를 좋아해요. — J'aime le film d'action.

가 어떤 음악을 좋아하세요? — Vous aimez quelle (genre de) musique ?
나 가요를 좋아해요. — J'aime la chanson coréenne.

가 취미가 뭐예요? — Quels sont vos loisirs ?
나 등산이에요. — C'est la randonnée.

단어 vocabulaire

골프 golf
남자 homme
독서 lecture
등산 randonnée
등산하다 faire une randonnée
랩 rap
만화 bande dessinée, 만화 영화 dessin animé
배구 volleyball
배드민턴 badminton
서부 영화 film western
여행 voyage
인터넷 게임 jeux sur internet
춤 danse
클래식 musique classique
탁구 ping-pong
팝송 pop song
핸드볼 handball

연습 1 Exercises 1 — 문법과 표현 Grammaire et Expressions

1 **다음 문장을 '(으)ㄹ 줄 알다/모르다' 를 사용해서 〈보기〉와 같이 대화를 만드세요.**
Construisez le dialogue comme dans l'exemple en utilisant (으)ㄹ 줄 알다 /모르다.

> **보기** (마리 씨, 수영하다 – 아니요)
> → 가 마리 씨, 수영할 줄 알아요?
> 나 아니요, 몰라요.

(1) (민수 씨, 자전거를 타다 – 네)
→ 가 ______________________ 나 ______________________

(2) (마이클 씨, 일본어를 말하다 – 아니요)
→ 가 ______________________ 나 ______________________

(3) (이자벨 씨, 운전하다 – 아니요)
→ 가 ______________________ 나 ______________________

(4) (민정 씨, 탁구를 치다 – 네)
→ 가 ______________________ 나 ______________________

(5) (모르간 씨, 스키를 타다 – 네)
→ 가 ______________________ 나 ______________________

(6) (레오 씨, 화상 전화하다 – 아니요)
→ 가 ______________________ 나 ______________________

2 **〈보기〉와 같이 두 문장을 연결하세요.** Connectez les deux phrases comme dans l'exemple.

> **보기** 저는 태권도가 재미있어요. 그래서 태권도를 배워요.
> → 저는 태권도가 재미있어서 태권도를 배워요.

(1) 저는 영화를 참 좋아해요. 그래서 극장에 자주 가요.
→ ______________________

(2) 저는 텔레비전을 안 좋아해요. 그래서 책을 많이 읽어요.
→ ______________________

(3) 아가트의 휴대전화가 예뻐요. 그래서 저도 휴대전화를 사고 싶어요.

→ ______________________________

(4) 사미라는 가요를 좋아해요. 그래서 콘서트에 자주 가요.

→ ______________________________

(5) 저는 스키를 탈 줄 몰라요. 그래서 스키장에 안 갔어요.

→ ______________________________

(6) 저는 한국에 가고 싶어요. 그래서 한국어를 열심히 공부해요.

→ ______________________________

3 다음 문장을 '(으)ㄹ 수 있다/없다'를 사용해서 〈보기〉와 같이 대화를 만드세요.

Construisez le dialogue comme dans l'exemple en utilisant (으)ㄹ 수 있다/없다.

> 보기 (같이 극장에 가다 - 네)
> → 가 같이 극장에 갈 수 있어요? 나 네, 갈 수 있어요.

(1) (내일 같이 배드민턴을 치다 - 아니요)

→ 가 ______________ 나 ______________

(2) (다음 주에 등산하다 - 네)

→ 가 ______________ 나 ______________

(3) (같이 차 한 잔 마시다 - 네)

→ 가 ______________ 나 ______________

(4) (주말에 해변에 가다 - 아니요)

→ 가 ______________ 나 ______________

(5) (오전 6시에 일어나다 - 네)

→ 가 ______________ 나 ______________

(6) (수요일에 시내에서 쇼핑하다 - 아니요)

→ 가 ______________ 나 ______________

연습 2 Exercices 2

듣기와 말하기 Écouter et Parler

1 **다음을 듣고 (1)과 같이 자연스럽게 이어지는 문장에 표시하세요.** CD2 25

Écoutez et cochez la phrase adéquate qui suit comme dans l'exemple (1).

(1) ✔ 아니요, 운전할 줄 몰라요.
② 네, 운전할 줄 몰라요.

(2) ① 한국어 사전이에요.
② 테니스예요.

(3) ① 테니스가 어려워요.
② 매일 조깅해요.

(4) ① 아, 그래요? 저는 영화를 안 좋아해요.
② 저도 음악을 좋아해요.

(5) ① 안녕하세요?
② 안녕히 계세요.

(6) ① 저는 클래식을 좋아해요.
② 저도 영화를 좋아해요.

(7) ① 아니요, 내일은 시간이 많아요.
② 아니요, 내일은 바쁠 거예요.

(8) ① 공포 영화를 좋아해요.
② 재즈를 좋아해요.

2 **다음을 듣고 표를 완성하세요.** Écoutez et complétez le tableau. CD2 26

민수	음악	팝송
모르간		만화 영화
아가트		
민정		

3 **다음을 듣고 원고지에 써 보세요.** Dictée : écoutez bien et écrivez correctement. CD2 27

4 **다음에 나오는 상황을 보고 대화를 해 보세요.**

Jeu de rôles : préparez un dialogue selon la situation suivante.

Préparez un dialogue à deux ou à trois en parlant de vos loisirs.

문화와 사회 Culture et Société

Noraebang

Le noraebang est la forme coréenne du karaoké japonais. Il s'agit d'une pièce (bang) où l'on se retrouve pour chanter des chansons (norae). Les lieux, des cabines ou des pièces, sont réservés à l'avance pour une durée déterminée, trente minutes ou plusieurs heures et un nombre de personnes déterminées. Sur un écran défile le texte d'une chanson et le participant, micro en main, s' évertue à chanter sur la musique en fond sonore.

Le noraebang est une forme de loisir privilégié par toutes les catégories d' âge. On y va après un cours de l'université, après le travail, après le repas, entre amis, dans la famille. Dès l'arrivée au noraebang, on indique la durée choisie. Puis, à l'intérieur, une fois installé, on choisit les chansons et on enregistre les codes des morceaux qui défileront automatiquement, pour éviter de perdre du temps entre les chansons.

Activités

1 **노래방을 가 본 적이 있나요?**
Vous êtes déjà allé(e) au Noraebang ?

2 **친구들과 저녁 식사를 같이한 다음, 무엇을 하나요?**
Après le repas du soir entre amis, que faites-vous comme loisirs ?

15과 감기에 걸렸어요.

대화 1 Dialogue 1

CD2 28

(지금 모르간은 병원에 있습니다.)

의사 어디가 아프세요?

모르간 콧물이 나오고 기침이 많이 나요.

의사 목은 어때요?

모르간 목도 조금 아파요.

의사 열도 나세요?

모르간 아니요, 목이 아프지만 열은 안 나요. 그런데 머리가 조금 아파요. 아, 그리고 오늘 아침부터는 땀이 나고 추워요.

(의사 선생님은 모르간의 입 안을 보고 청진기로 진료를 합니다.)

의사 감기에 걸리셨네요. 오늘부터 금요일까지 약을 하루에 두 번 드세요. 그리고 물을 많이 드시고 집에서 푹 쉬어야 돼요.

모르간 선생님, 그런데 다음 주 목요일에 시험이 있어서 공부해야 돼요.

의사 그럼, 이번 주에는 조금만 공부하세요.

단어 vocabulaire

감기	rhume, 감기에 걸리다 être enrhumé
기침	toux, 기침이 나다 = 기침을 하다 tousser
땀	transpiration, 땀이 나다 transpirer
머리	tête
목	gorge / cou
번	fois, 하루에 두 번 deux fois par jour
뿌리는 약	médicament vaporisateur
뿌리다	vaporiser
아스피린	aspirine
아프다	avoir mal, Voir 15.1.
약	médicament
열	fièvre, 열이 나다 avoir de la fièvre
이번	cette fois, 이번 주 cette semaine
입	bouche
종류	sorte, type
진료	consultation, 진료를 받다 consulter un médecin, 진료를 하다 soigner des patients
처방전	ordonnance
청진기	stéthoscope
콧물	le nez qui coule, 콧물이 나(오)다 avoir le nez qui coule
푹	bien, profondément, 푹 쉬다 bien se reposer
하루	une journée, un jour
항생제	antibiotique

대화 2 Dialogue 2

CD2 29

(모르간은 병원에서 처방전을 받고 약을 사러 약국에 갔습니다.)

약사 약이 두 종류가 있어요.
이 약은 아침하고 저녁에, 하루에 두 번 드세요.
그리고 뿌리는 약은 목에 뿌리세요.

모르간 이 약이 항생제예요?

약사 아니요. 항생제는 아니에요.
보통 감기약이에요.

모르간 뿌리는 약은 하루에 몇 번 뿌려요?

약사 아침, 점심, 저녁 세 번 뿌리세요.

모르간 네. 그리고 아스피린도 좀 주세요.
모두 얼마예요?

약사 5,600원이에요.

모르간 여기 있어요. 안녕히 계세요.

약사 네, 안녕히 가세요.

발음 prononciation

CD2 30

걸리셨네요 [걸리션네요]
목도 [목또]
시험이 있어서 [시허미 이써서]
약국 [약꾹]
진료를 [질료를]
콧물이 [콘무리]

Latéralisation

Quand la consonne finale de la syllabe précédente « ㄴ » rencontre « ㄹ » qui est à la consonne initiale de la syllabe suivante ou quand la consonne finale de la syllabe précédente « ㄹ » rencontre « ㄴ » qui est à la consonne initiale de la syllabe suivante, la consonne « ㄴ » se prononce comme « ㄹ ».

예 진료 [질료] 벽난로 [벽날로]

읽기 Lire

CD2 31

어제 모르간은 한국어 수업이 있었습니다.
레오는 모르간을 기다렸지만 학교에 안 왔습니다.
그래서 모르간에게 전화했습니다.

"모르간 씨, 저 레오예요. 학교에 안 와요?"

"미안해요, 레오 씨. 감기에 걸려서 못 가요."

모르간은 기침이 나고 목이 많이 아팠습니다.
그래서 병원에 가서 진료를 받았습니다.

모르간은 집에 와서 금요일까지 푹 쉬었습니다.
집에서 물을 많이 마시고 하루에 약을 두 번 먹었습니다.
모르간은 금요일 저녁부터 기침이 안 나고 목이 안 아팠습니다.
그리고 콧물도 안 나왔습니다.
토요일 아침에 감기가 다 나았습니다.

다음 주에 경제학 시험이 있어서, 지금 모르간은 경제학을 공부합니다.
경제학이 재미있지만 조금 어렵습니다.
그래서 다음 주 월요일에 모르간은 레오랑 도서관에서 경제학을 같이 공부할 겁니다.

단어 vocabulaire

낫다	guérir
못	adverbe de négation, Voir 15.7.

발음 prononciation CD2 32

같이 [가치]
기다렸지만 [기다렫찌만]
못 가요 [몯 까요]
있었습니다 [이썯씀니다]

15-1 Nom de la partie du corps + 이/가 아프다 avoir mal à + partie du corps

Nom Consonne + 이 아프다

Nom Voyelle + 가 아프다

La construction 'Nom de la partie du corps + 이/가 아프다' « avoir mal à + partie du corps » s'emploie pour exprimer l'endroit où on a mal.

머리가 아프다 Avoir mal à la tête
배가 아프다 Avoir mal au ventre
다리가 아프다 Avoir mal aux jambes
목이 아프다 Avoir mal à la gorge

<Partie du corps>

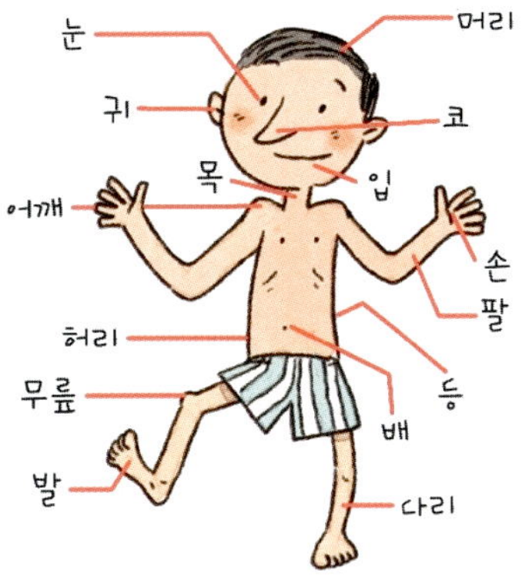

예 테니스를 많이 쳐서 다리가 아파요.
J'ai joué beaucoup au tennis, c'est pourquoi j'ai mal aux jambes.

오늘 아침부터 배가 아파요.
J'ai mal au ventre depuis ce matin.

경제학이 어려워서 머리가 아파요.
L' étude de l'économie est difficile, alors j'ai mal à la tête.

15-2 Expressions à utiliser quand on est malade

감기에 걸리다 être enrhumé
기침이 나다 = 기침을 하다 tousser
콧물이 나(오)다 avoir le nez qui coule
땀이 나다 transpirer
열이 나다 avoir de la fièvre
열을 재다 mesurer la température

예 감기에 걸려서 열이 나요.
Je suis enrhumé, alors j'ai de la fièvre.

감기에 걸려서 열이 나고 기침도 나요.
Je suis enrhumé, alors j'ai de la fièvre et je tousse aussi.

15-3 Radical du verbe + 지만 = 하지만, 그렇지만

mais, cependant, toutefois, néanmoins

하지만 et 그렇지만 (mais, cependant, toutefois, néanmoins) sont des adverbes conjonctifs qui servent à introduire une relation d'opposition entre la phrase qui précède et celle qui suit (voir 11-7.). Alors que 하지만 et 그렇지만 servent à relier les deux phrases, 지만 est une terminaison connective qui relie des propositions en une seule phrase.

예 목이 아프지만 열은 안 나요. = 목이 아파요. 그렇지만 열은 안나요.
J'ai mal à la gorge mais je n'ai pas de fièvre.

레오는 모르간을 기다렸지만 학교에 안 왔습니다.
= 레오는 모르간을 기다렸습니다. 하지만 모르간은 학교에 안 왔습니다.
Léo attendait Morgane mais elle n'est pas venue à l'université.

숙제가 많았지만 텔레비전을 봤어요.
= 숙제가 많았어요. 그렇지만, 텔레비전을 봤어요.
J'avais beaucoup de devoirs mais j'ai regardé la télévision.

겨울이지만 날씨가 따뜻합니다. = 겨울입니다. 그렇지만 날씨가 따뜻합니다.
Nous sommes en hiver mais il fait doux.

15-4 하루에 두 번 deux fois par jour

Dans 9-8, on a vu l'emploi de la particule 에 qui exprime l'unité pour le prix : 볼펜이 다섯 개에 천 원이에요. « Cinq stylos coûtent 1,000 wons ». Avec 하루 « un jour » et 두 번 « deux fois », 하루에 두 번 indique « deux fois par jour », 하루에 세 번 « trois fois par jour », 하루에 네 번 « quatre fois par jour ». Autres noms qui signifient plusieurs jours :

하루	이틀	사흘	나흘	닷새
un jour	deux jours	trois jours	quatre jours	cinq jours

예 이 약을 하루에 두 번 드세요.
Prenez ce médicament deux fois par jour.

상준 씨는 이틀에 한 번 조깅해요.
Sang-joon fait du jogging une fois tous les deux jours.

저는 동수에게 하루에 한 번 전화해요.
Je téléphone à Dong-soo une fois par jour.

15-5 Radical du verbe + 아/어야 되다(하다) devoir + infinitif

La construction 'Radical du verbe + 아/어야 되다(하다)' « devoir + infinitif » s'emploie pour exprimer l'obligation, le devoir ou la nécessité.

> 예 집에서 푹 쉬어야 돼요. Vous devez bien vous reposer à la maison.
>
> 다음 주 목요일에 시험이 있어서 공부해야 됩니다.
> Je dois étudier parce que j'ai un examen jeudi prochain.
>
> 2시까지 가야 해요. Il faut arriver jusqu'à 2 heures.

15-6 Radical du verbe d'action + (으)러 가다/오다 aller / venir pour + infinitif

Radical Consonne + 으러
Radical Voyelle/Radical Consonne ㄹ + 러

La construction 'Radical du verbe d'action + (으)러 가다/오다' sert à exprimer la réalisation d'un mouvement avec le verbe 가다 ou 오다. 먹으러 가다 « aller pour manger », 만나러 오다 « venir pour rencontrer », etc.

> 예 모르간은 약을 사러 약국에 갔습니다.
> Morgane est allée à la pharmacie pour acheter un médicament.
>
> 줄리엥이 음악을 들으러 왔습니다.
> Julien est venu pour écouter de la musique.

15-7 못 adverbe de négation indiquant l'impossibilité

못 est un adverbe de négation qui indique l'impossibilité. 못 se place devant les verbes. Quand on utilise 못 avec les verbes combinés avec 하다 (voir **9-4**.), 못 se place juste devant le verbe 하다 et on attache la particule du complément d'objet direct 을/를 après le nom : 운동하다 → 운동을 못 하다, 운전하다 → 운전을 못 하다, 전화하다 → 전화를 못 하다, 공부하다 → 공부를 못하다, etc. Voir **14-4**. (으)ㄹ 수 없다 (ne pas pouvoir + infinitif) qui s'emploie également pour indiquer l'impossibilité de faire quelque chose. On utilise plutôt 못 pour l'oral, (으)ㄹ 수 없다 pour l'écrit. '못 verbe' peut être aussi remplacé pour 'Radical du verbe + 지 못하다'.

> 예 감기에 걸려서 못 가요. = 감기에 걸려서 갈 수 없어요.
> Je ne peux pas y aller parce que je suis enrhumé.
>
> 내일 시험이 있어서 극장에 못 가요. = 내일 시험이 있어서 극장에 갈 수 없어요.
> Je ne peux pas aller au cinéma parce que j'ai un examen demain.
>
> 다리가 아파서 산책을 못 해요. = 다리가 아파서 산책하지 못해요.
> Je ne peux pas me promener parce que j'ai mal aux jambes.

15-8 Radical du verbe d'action + 아서/어서 (2) et

Dans 14-3, la proposition de 아서/어서 indique la cause et la proposition suivante indique la conséquence. 아서/어서 sert également à lier les propositions de façon chronologique quand le sujet de la phrase est identique.

예 모르간은 병원에 가서 진료를 받았습니다.
Morgane est allée au cabinet médical et elle a consulté le médecin

모르간은 집에 와서 금요일까지 푹 쉬었습니다.
Morgane est venue à la maison et s'est bien reposée jusqu'à vendredi.

카페에서 친구를 만나서 백화점에 갈 거예요.
Je vais rencontrer un ami dans un café et on ira au grand magasin ensemble.

15-9 Verbe irrégulier ㅅ

Quand la consonne ㅅ du radical est suivie d'une voyelle, le ㅅ tombe.

Infinitif	Présent	Passé	Futur
낫다 guérir	나 + 아요 → 나아요 낫습니다	나았어요 나았습니다	나을 거예요 나을 겁니다
붓다 verser	부 + 어요 → 부어요 붓습니다	부었어요 부었습니다	부을 거예요 부을 겁니다

Attention! Les verbes suivants sont des verbes réguliers.

Infinitif	Présent	Passé	Futur
씻다 se laver	씻어요 씻습니다	씻었어요 씻었습니다	씻을 거예요 씻을 겁니다
웃다 rire	웃어요 웃습니다	웃었어요 웃었습니다	웃을 거예요 웃을 겁니다
벗다 se déshabiller	벗어요 벗습니다	벗었어요 벗었습니다	벗을 거예요 벗을 겁니다

예 토요일 아침에 감기가 다 나았습니다. J'ai été guéri(e) du rhume samedi matin.

피에르는 병 안에 물을 부었습니다. Pierre a versé de l'eau dans la bouteille.

저는 아침 7시에 씻어요. Je me lave à 7 h du matin.

단어 vocabulaire

귀	oreille	무릎	genou	붓다	verser	웃다	rire
눈	œil, yeux	발	pied	손	main	코	nez
다리	jambe	배	ventre	숙제	devoir (d'école)	팔	bras
등	dos	벗다	se déshabiller	어깨	épaule	허리	hanche

연습 1 Exercices 1

문법과 표현 Grammaire et Expressions

1 **〈보기〉와 같이 그림을 보고 문장을 만드세요.**

Construisez les phrases en se servant des images comme dans l'exemple.

보기 

(운동을 많이 하다, 다리가 아프다)

→ 운동을 많이 해서 다리가 아파요.

(1) 

(감기에 걸리다, 목이 아프다)

→ ______________________

(2) 

(병원에 가다, 진료를 받다)

→ ______________________

(3) 

(집에 오다, 푹쉬다)

→ ______________________

(4) 

(텔레비전을 많이 보다, 눈이 아프다)

→ ______________________

2 **〈보기〉와 같이 '지만'을 사용해서 두 문장을 연결하세요.**

Connectez les deux phrases en utilisant 지만 comme dans l'exemple.

보기 레오는 모르간을 기다렸어요. 그렇지만 모르간은 안 왔어요.

→ 레오는 모르간을 기다렸지만 모르간은 안 왔어요.

(1) 이자벨은 시험이 있어요. 그렇지만 백화점에서 쇼핑해요.

→ ______________________________

(2) 아가트 씨는 서울에 살아요. 그렇지만 한국어를 잘 몰라요.

→ ______________________________

(3) 비가 왔어요. 그렇지만 우산이 없었어요.

→ ______________________________

(4) 겨울입니다. 하지만 날씨가 따뜻합니다.

→ ______________________________

(5) 감기에 걸렸습니다. 하지만 목은 안 아픕니다.

→ ______________________________

(6) 수영을 못 해요. 그렇지만 수영을 좋아해요.

→ ______________________________

3 〈보기〉와 같이 '(으)러 가다'를 사용해서 문장을 만드세요.

Construisez les phrases en utilisant (으)러 가다 comme dans l'exemple.

보기 (저, 약국, 약을 사다) → 저는 약국에 약을 사러 갔어요. / 갈 거예요.

(1) (소피, 공원, 산책을 하다)

→ ______________________________

(2) (동수, 편의점, 물을 사다)

→ ______________________________

(3) (줄리엣, 병원, 진료를 받다)

→ ______________________________

(4) (저, 백화점, 휴대전화를 구경하다)

→ ______________________________

(5) (모르간, 한국, 한국어를 배우다)

→ ______________________________

(6) (피에르, 시내, 마리를 만나다)

→ ______________________________

듣기와 말하기 Écouter et Parler

1 **다음을 듣고 괄호를 채우세요.** Écoutez et complétez les parenthèses. CD2 33

(1) 어제 많이 먹어서 배가 ( ).

(2) 찬호 씨는 ( ) 걸렸어요.

(3) 상준은 ( ) 테니스를 쳐요.

(4) 저는 2시까지 우체국에 ( ).

(5) 바빠서 쇼핑을 ( ) 했어요.

(6) 비가 ( ) 길이 많이 막혀요.

(7) 이 약은 ( )가 아니예요

(8) 어제 ( ) 갔어요?

2 **다음을 듣고 질문에 답하세요.** Écoutez et répondez aux questions. CD2 34

(1) 수진 씨가 왜 열이 나요?

____

(2) 수진 씨는 기침을 해요?

____

(3) 수진 씨는 목이 아파요?

____

(4) 수진 씨는 어떤 약을 먹었어요?

____

(5) 수진 씨는 의사 선생님께 진료를 받았어요?

____

3 **다음을 듣고 원고지에 써 보세요.** Dictée : écoutez bien et écrivez correctement. CD2 35

4 **그림을 보고 마리에게 무슨 일이 있는지 한국어로 말해 보세요.**

Parlez de ce qui arrive à Marie en coréen en recourant aux images proposées.

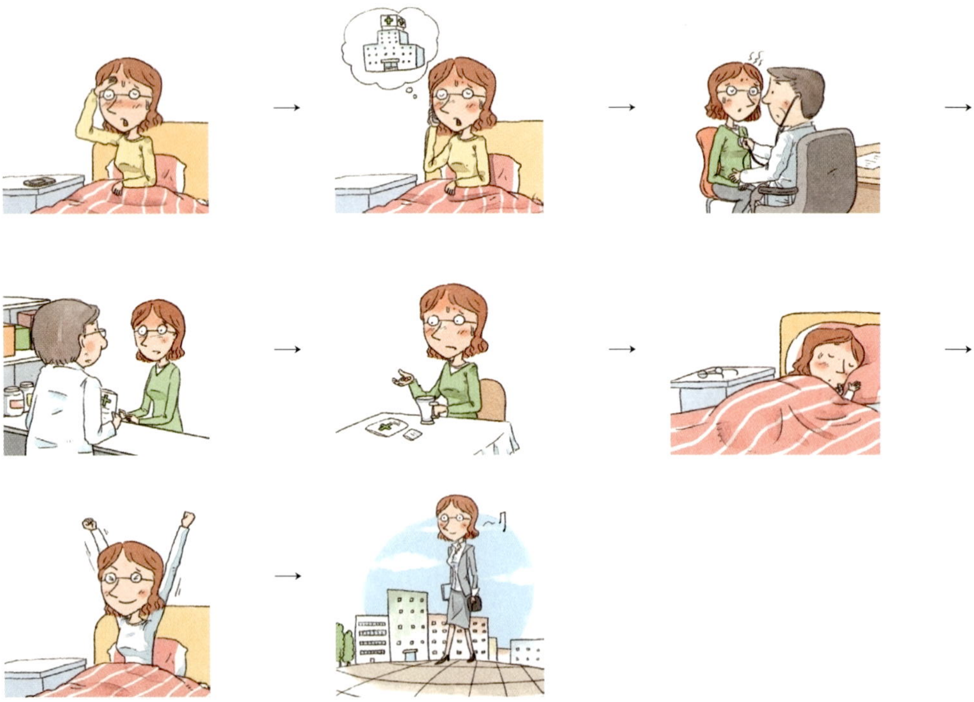

Médecine et marchés traditionnels

Dans la médecine traditionnelle orientale, les médicaments ont pour fonction de rétablir l'équilibre énergétique, particulièrement le Yin et le Yang.
L' énergie (le Ki) est divisée suivant 5 principes (appelés aussi 5 éléments) issus de la médecine traditionnelle chinoise : le bois, le feu, le métal, la terre et l'eau. Ces 5 principes intègrent aussi 5 saveurs, 5 couleurs, 5 émotions… Les médicaments vont avoir pour fonction de rétablir une bonne circulation de l'énergie dans le corps.

Ces médicaments à base de plantes, de racines, d'écorces, d'insam (ginseng) ou de corne de cerf sont vendus en pharmacie mais aussi sur des marchés traditionnels dans certains quartiers. Ainsi, à Séoul le quartier Gyeong-dong est occupé en bonne partie par le marché aux médicaments. Les rues entières, les étals et les nombreux magasins vendent ces produits aux odeurs aussi puissantes que surprenantes.

Activités

1 **음과 양에 대해서 친구들에게 설명해 보세요.**
Pourriez-vous décrire à vos amis le principe du Yin et du Yang ?

2 **한의학과 양의학의 차이가 무엇이라고 생각하세요?**
D'après vous, quelle est la différence entre la médecine occidentale et la médecine orientale ?

16과 요즘 빨간색 티셔츠가 유행이에요.

대화 1 Dialogue 1

CD2 36

(사미라는 옷가게에 가서 옷을 구경합니다.)

점원 어서 오세요. 뭐 찾으세요?

사미라 티셔츠를 사러 왔어요.

점원 이 티셔츠 어때요?

사미라 글쎄요. 그저 그래요.

점원 그럼 이건 어때요? 요즘 이 빨간색 티셔츠가 유행이에요. 한번 입어 보세요.

(사미라는 티셔츠를 입어 봤지만 컸습니다.)

사미라 티셔츠가 예쁘지만 저한테 좀 커요.

점원 그러면 하얀색 티셔츠를 한번 입어 보실래요? 사이즈가 작아서 맞을 거예요.

사미라 이건 조금 작네요.

점원 아니요, 작지 않아요. 손님께 잘 맞을 거예요.

단어 vocabulaire

가격	prix = 값
검은색	noir = 까만색
구두	chaussures
구두 가게	magasin de chaussures
그저 그래요	comme ci comme ça, Voir 16.2.
너무	trop
더	plus, Voir 16.7.
–보다	particule auxiliaire, Voir 16.7.
빨간색	rouge
사이즈	taille
신다	porter (les chaussures, les chaussettes)
옷가게	magasin de vêtements
유행이다	être à la mode
–(으)면	Voir 16.8.
입다	porter (les vêtements)
작다	être petit, Voir 16.5.
점원	vendeur (euse)
제일	le plus = 가장, Voir 16.7.
–지 않다	ne pas, Voir 16.6.
찾다	chercher
치마	jupe
티셔츠	T-shirt
파란색	bleu
–하고 어울리다	aller bien avec, Voir 16.5.
하얀색	blanc = 흰색

대화 2 Dialogue 2

CD2 37

(수진 씨와 마리 씨는 구두 가게에서 구두를 삽니다.)

수진 마리 씨, 이 검은색 구두 좀 보세요.

마리 어머, 참 예쁘네요.
그런데 비싸네요. 120,000원이에요.

수진 그럼, 이 파란색 구두는 어때요?

마리 이 구두도 예쁘네요.
가격도 안 비싸요.
그런데 제 빨간색 치마하고 어울리지 않아요.

수진 음…… 그럼 여기에 하얀색 구두도 있어요.

마리 이 하얀색 구두가 파란색 구두보다 더 예쁘네요.
제 치마하고도 잘 어울려요.

수진 가격도 안 비싸요. 60,000원이에요.

마리 이 구두를 사고 싶어요.
이 가게에서 검은색 구두가 제일 예쁘지만 너무 비싸요.

수진 마리 씨, 신발 사이즈가 얼마예요?

마리 저는 프랑스에서 38을 신어요.

수진 프랑스에서 38을 신으면 한국에서는 240이 맞을 거예요.

발음 prononciation

CD2 38

옷가게 [옫까게]
입어보세요 [이버보세요]
작네요 [장네요]
작지 않아요 [작찌 아나요]
찾으세요 [차즈세요]
컸습니다 [컸씀니다]
하얀색도 [하얀색또]

읽기 Lire

CD2 39

사미라는 오늘 옷을 사러 갔습니다.
옷가게에서 티셔츠하고 치마를 입어 봤습니다.
그런데 치마가 예쁘지 않아서 티셔츠만 샀습니다.
그 티셔츠가 요즘 유행이고 값도 쌌습니다.

사미라는 오늘 처음 한국에서 옷을 사 봤습니다.
사미라는 운동화도 샀습니다.
새 운동화를 신고, 내일 아침부터 조깅을 할 겁니다.

마리 씨는 수진 씨를 만나서 동대문을 구경했습니다.
동대문에는 옷가게와 구두 가게들이 많았습니다.
마리 씨는 구두 가게에서 하얀색 구두를 샀습니다.
하얀색 구두가 마리 씨 치마하고 잘 어울립니다.
마리 씨는 검은색 구두를 사고 싶었지만 비싸서 사지 않았습니다.
오늘 사미라하고 마리 씨는 기분이 아주 좋았습니다.

단어 vocabulaire

값	prix = 가격
기분	기분이 좋다 être de bonne humeur
동대문	Dongdaemun
새	nouveau, neuf
운동화	chaussures de sport, baskets
처음	pour la première fois

발음 prononciation

CD2 40

값도 [갑또]
사고 싶었지만 [사고 시펃찌만]

16-1 어서 오세요 Bienvenue

어서 오세요 est une salutation du vendeur ou du serveur pour accueillir un client, dans un magasin ou dans un café. Elle correspond au « Bienvenue » du français.

예 점원	어서 오세요. 뭐 찾으세요?	Bienvenue. Qu'est-ce que vous cherchez ?
손님	하얀색 티셔츠를 찾아요.	Je cherche un T-shirt blanc.

16-2 그저 그래요 Comme ci comme ça

그저 그래요 est une expression qui correspond à « Comme ci comme ça » ou à la forme populaire du français « C'est pas terrible ».

예 가	요즘 어떻게 지내요?	Comment allez-vous ces derniers jours ?
나	그저 그래요.	Comme ci comme ça.
가	이 청바지가 어때요?	Vous trouvez comment ce jean ?
나	그저 그래요.	C'est pas terrible.

16-3 Couleurs (색)

하얀색 (= 흰색)	Blanc
노란색	Jaune
회색	Gris
녹색	Vert
파란색	Bleu
분홍색	Rose
빨간색	Rouge
주황색	Orange
보라색	Violet
검은색 (= 까만색)	Noir

> 예 요즘 이 빨간색 티셔츠가 유행이에요.
> Ces derniers temps, ce T-shirt rouge est à la mode.
>
> 가　로라 씨, 어떤 색을 좋아해요?　Laura, vous aimez quelle couleur ?
>
> 나　저는 파란색을 좋아해요.　J'aime la couleur bleue.

16-4 Radical du verbe d'action + 아/어 보다 essayer de + infinitif

La construction 'Radical du verbe d'action + 아/어 보다' s'emploie pour exprimer l'essai ou l'expérience. Cela peut se traduire en français par « essayer de + infinitif » ou « avoir l'expérience de ».

> 예 한국 식당에 가 보세요.　Essayez d'aller au restaurant coréen.
>
> 이 청바지를 입어 보고 싶어요.　Je voudrais essayer(de porter) ce jean.
>
> 한국에 가 봤어요?　Vous êtes déjà allé en Corée ? (expérience)

16-5 Expressions pour les vêtements et les chaussures

옷 이름	Nom des vêtements
바지 	pantalon
청바지 	jean
반바지 	short, bermuda
치마 	jupe
남방 	chemise
티셔츠 	T-shirt
스웨터 	pull
점퍼 	blouson
코트 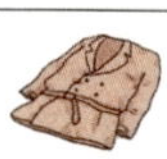	manteau

원피스 	robe
정장 	costume / tailleur
넥타이 	cravate
구두 	chaussures de ville
운동화 	chaussures de sport
양말 	chaussettes
조끼 	gilet
벨트 (허리띠) 	ceinture
장갑 	gants
목도리 	écharpe
모자 	chapeau

***크다** être grand **작다** être petit **맞다** être à sa taille.

예		
	이 바지가 저한테 커요.	Ce pantalon est grand pour moi.
	(저한테) 코트가 작아요.	Le manteau est petit pour moi.
	이 운동화가 마리한테 작아요.	Ces chaussures de sport sont petites pour Marie.
	(저한테) 남방이 맞아요.	La chemise est à ma taille.

- **On utilise de différents verbes en fonction des vêtements 신다, 끼다, 쓰다, 하다 ou 입다. Tous ces verbes se traduisent par « porter » en français.**

Vêtements	Verbes
구두, 운동화, 양말 (pour les pieds)	신다
장갑 (pour les mains)	끼다
모자	쓰다
넥타이, 벨트 (허리띠)	하다
Pour le reste des vêtements	입다

> 예 제레미는 까만색 모자를 썼어요. Jérémy a porté un chapeau noir.
>
> 교수님께서 녹색 넥타이를 하셨습니다. Le professeur a porté une cravate verte.
>
> 모르간은 노란색 티셔츠를 입고 흰색 구두를 신었습니다.
> Morgane a porté le T-shirt jaune et les chaussures blanches.
>
> 아가트는 겨울 코트를 입고 장갑을 꼈어요.
> Agathe a porté le manteau d'hiver et les gants.

- **NOM + 와/하고/이랑 어울리다 (aller bien avec le NOM)**
  이 청바지가 하얀색 티셔츠하고 어울려요. Ce jean va bien avec le T-shirt blanc.
  이 남방이 까만색 바지하고 잘 어울려요. Cette chemise va bien avec le pantalon noir.

- **사이즈가 얼마예요? (Quelle est votre taille ?)**
  신발 사이즈가 얼마예요? Quelle est votre pointure pour les chaussures ?
  바지 사이즈가 얼마예요? Quelle est votre taille pour le pantalon ?

16-6 Radical du verbe + 지 않다 négation

안 est un adverbe de négation permettant de mettre les verbes à la forme négative (voir 7-10.). La construction 'Radical du verbe + 지 않다' permet également de mettre les verbes à la forme négative. En général, la construction 'Radical du verbe + 지 않다' donne un sens plus formel que la forme négative 안 et elle s'utilise autant à l'écrit qu'à l'oral.

> 예 아니요, 안 작아요. = 아니요, 작지 않아요. Non, ce n'est pas petit.
>
> 오늘은 안 더워요. = 오늘은 덥지 않아요. Aujourd'hui il ne fait pas chaud.
>
> 파란색 구두가 빨간색 치마하고 안 어울려요.
> = 파란색 구두가 빨간색 치마하고 어울리지 않아요.
> Les chaussures bleues ne vont pas bien avec la jupe rouge.

16-7 Le comparatif et le superlatif

Pour le comparatif, on utilise la particule auxiliaire 보다, « que » en français, et l'adverbe 더 « plus » ou 덜 « moins ». On peut omettre souvent 더 mais jamais 덜 dans le comparatif. Pour ainsi dire « A est plus joli que B », on dit en coréen A가 B보다 (더) 예뻐요 ou B보다 A가 (더) 예뻐요. Pour dire « A est moins joli que B », on dit en coréen A가 B보다 덜 예뻐요 ou B보다 A가 덜 예뻐요. Pour le superlatif on utilise tout simplement les adverbes 제일 ou 가장.

Comparatif	A가 B보다 (더) 크다 = B보다 A가 (더) 크다	A est plus grand que B
	A가 B보다 덜 크다 = B보다 A가 덜 크다	A est moins grand que B
Superlatif	A가 제일 크다 = A가 가장 크다	A est le plus grand

예 줄리엥이 레오보다 (더) 커요. Julien est plus grand que Léo.
상준 씨가 찬호 씨보다 (더) 친절해요. Sang-joon est plus gentil que Chan-ho.
비빔밥이 불고기보다 덜 비싸요. Le bibimbap est moins cher que le bulgogi.
이 컴퓨터가 제일 비싸요. Cet ordinateur est le plus cher.
이 꽃이 가장 예뻐요. Cette fleur est la plus jolie.

16-8 Radical du verbe + (으)면 Si..., conditionnel

Radical Consonne + 으면
Radical Voyelle / Radical Consonne ㄹ + 면

'Radical du verbe + (으)면' sert à construire une proposition conditionnelle. (으)면 correspond à « si » en français. (으)면 peut se traduire en « quand » en fonction du contexte.

Consonne	많다 → 많으면 먹다 → 먹으면 받다 → 받으면
Voyelle / ㄹ	피곤하다 → 피곤하면 만나다 → 만나면 살다 → 살면 멀다 → 멀면

예 주말에 날씨가 좋으면 아가트 씨랑 산책할 거예요.
S'il fait beau ce week-end, je vais me promener avec Agathe.

피곤하시면 좀 쉬세요.
Si vous êtes fatigué, reposez-vous un peu.

프랑스에서 38을 신으면 한국에서는 240이 맞을 거예요.
Si vous faites du 38 en France pour les chaussures, le 240 sera votre pointure en Corée.

이자벨이 오면 시작할 거예요.
On va commencer quand Isabelle arrivera.

기차역에 도착하면 저한테 전화하세요.
Quand vous arrivez à la gare, téléphonez-moi s'il vous plaît.

▶ Tableau de correspondance des tailles entre l'Europe et la Corée

● 구두 사이즈 (Pointure des chaussures)

Europe	35	36	37	38	39	41	42	44	45	46
Corée	225	230	235	240	250	260	270	280	290	300

● 옷 사이즈 (Taille des vêtements)

Europe		34	36	38	40	42	44
Corée	fille	44	55	66	77	88	99
	garçon	XS (85)	S (90)	M (95)	L (100)	XL (105)	XXL (110)

단어 vocabulaire

가장 le plus = 제일, Voir 16.7.
기차역 gare
까만색 noir = 검은색
끼다 porter (les gants)
남방 chemise
넥타이 cravate
노란색 jaune
녹색 vert
니콜라 Nicolas
덜 moins, Voir 16.7.
로라 Laura
모자 chapeau / casquette
목도리 écharpe
바지 pantalon
반바지 short, bermuda
벨트 ceinture = 허리띠
보라색 violet
분홍색 rose
색 couleur
스웨터 pull
신발 chaussures
쓰다 porter (le chapeau, la casquette)
양말 chaussettes
원피스 robe
장갑 gants
점퍼 blouson
정장 costume / tailleur
조끼 gilet
주황색 orange (couleur)
코트 manteau
허리띠 ceinture = 벨트
회색 gris
흰색 blanc = 하얀색

1 〈보기〉와 같이 한국어로 색 명칭을 쓰세요.

Écrivez en coréen le nom de la couleur comme dans l'exemple.

보기  (파란색)

(1)  (   )

(2)  (   )

(3)  (   )

(4)  (   )

(5)  (   )

(6)  (   )

(7)  (   )

(8)  (   )

2 〈보기〉와 같이 비교급을 사용해서 문장을 만드세요.

Construisez la phrase en utilisant le comparatif comme dans l'exemple.

보기 (Pierre : 180cm, Julien : 170cm, 크다)

→ 피에르가 줄리엥보다 더 커요.

줄리엥이 피에르보다 덜 커요.

(1) (Isabelle : 165cm, Min-jeong : 170cm, 작다)

→ ______________________________

→ ______________________________

(2) (La poste : 1km, le restaurant universitaire : 2km, 멀다)

→ ______________________________

→ ______________________________

(3) (Le sac bleu : joli, le sac rouge : très joli, 예쁘다)

→ ______________________________

→ ______________________________

(4) (Le portable de Pierre : 300,000 wons, le portable de Jérémy : 200,000 wons, 비싸다)

→ ______________________________

→ ______________________________

(5) (Agathe : gentille, Marie : très gentille, 친절하다)

→ ______________________________

→ ______________________________

(6) (La chambre de Léo : chaude, la chambre de Julien : très chaude, 덥다)

→ ______________________________

→ ______________________________

3 〈보기〉와 같이 '(으)면'을 사용해서 문장을 만드세요.

Construisez la phrase en utilisant (으)면 comme dans l'exemple.

보기 (내일 날씨가 좋다, 같이 산책하다)
→ 내일 날씨가 좋으면 같이 산책할 거예요.

(1) (친구를 만나다, 카페에서 차를 마시다)

→ ______________________________

(2) (시험이 끝나다, 집에서 쉬다)

→ ______________________________

(3) (눈이 많이 오다, 극장에 못 가다)

→ ______________________________

(4) (오늘 운동을 많이 하다, 내일 피곤하다)

→ ______________________________

(5) (지하철을 타다, 편하다)

→ ______________________________

(6) (지금 차를 운전하다, 길이 막히다)

→ ______________________________

연습 2 Exercises 2

듣기와 말하기 Écouter et Parler

1 **다음을 듣고 해당하는 그림을 찾으세요.** Écoutez et choisissez l'image correspondante. CD2 41

①

②

③

④

⑤

⑥

(1) ______________ (2) ______________ (3) ______________

(4) ______________ (5) ______________ (6) ______________

2 **다음을 듣고 괄호를 채우세요.** Écoutez et complétez les parenthèses. CD2 42

(1) 회색 티셔츠보다 파란색 남방이 더 (   ).

(2) 제레미는 옷을 입고 구두를 (   ).

(3) 이 운동화가 (   ) 비싸네요.

(4) 제 옷 (   )는 40이에요.

(5) (   ) 바지가 잘 (   ).

(6) 노란색 목도리보다 (   ) 목도리가 (   ).

(7) 많이 자면 (   ) 않아요.

(8) 니콜라는 어제 (   )이 좋았어요.

3 **다음을 듣고 질문에 답하세요.** Écoutez et répondez aux questions. CD2 43

(1) 두 사람은 지금 어디에 있어요?

→ ______________________________

(2) 요즘 어떤 휴대전화가 유행이에요?

→ ______________________________

(3) 녹색 휴대전화로 뭐를 할 수 있어요?

→ ______________________________

(4) 빨간색 휴대전화는 어때요?

→ ______________________________

(5) 어떤 휴대전화 값이 제일 비싸요?

→ ______________________________

4 **아가트에게 무슨 일이 일어났어요? 그림을 보고 한국어로 말해 보세요.**

Que se passe-t-il pour Agathe ? Dites-le en coréen en recourant aux images proposées.

La Corée et la couleur

La Corée offre une débauche de couleurs. Les couleurs des fleurs et des feuilles des arbres en automne, les couleurs du hanbok, l'habit traditionnel, la couleur des habits du mariage traditionnel, la couleur des enseignes dans la rue transforment le pays en lanterne multicolore.

Les principales couleurs (au nombre de 5 suivant les 5 énergies) ont toutes leur symbolique : le blanc qui fut durant longtemps la couleur des vêtements du peuple signifie la vertu et l'intégrité.
Il signifie aussi le métal et indique l'ouest. A noter que le blanc cassé ou beige est réservé aux vêtements destinés à habiller les défunts. Ces vêtements sont vendus en magasins spécialisés. Le rouge est le symbole du feu et indique la direction du sud. Le bleu-vert est le symbole de l'est et du bois, le jaune est celui du centre et de la terre, le noir est celui du nord et de l'eau (l'eau profonde du lac). Ces couleurs s'appliquent aussi aux 5 saveurs de la cuisine coréenne.

Une symbolique plus riche est appliquée à la peinture traditionnelle coréenne.

Activités

1 **여러분 나라를 상징하는 색을 소개해 보세요.**
Présentez les couleurs symboliques de votre pays.

2 **좋아하는 색이 뭐예요? 이유가 뭐예요?**
Quelle est votre couleur préférée? Pour quelle raison ?

17과 면접시험을 보러 가요.

대화 1 Dialogue 1

CD2 44

(레오는 오늘 무역회사 면접시험이 있습니다. 레오는 회사의 위치를 몰라서 택시를 탑니다.)

기사 손님, 어디까지 가세요?

레오 삼성동요. 삼성동까지 얼마나 걸려요?

기사 글쎄요. 지금 길이 막혀서 30분쯤 걸릴 거예요.

레오 그래요? 저는 삼성동에 4시까지 가야 돼요. 면접시험을 보러 가요.

기사 알겠습니다.

(택시는 20분 후에 삼성동에 도착했습니다.
레오는 회사에 일찍 왔습니다.)

기사 삼성동에 도착했습니다.

레오 벌써요? 20분밖에 안 걸렸어요.

기사 다행히 길이 많이 안 막혔어요.

레오 감사합니다. 요금이 얼마예요?

기사 12,000원입니다.

단어 vocabulaire

-고 있다	Voir 17.7.
고등학교	lycée
관심	관심이 많다 s'intéresser beaucoup à, Voir 17.6.
기사	chauffeur
다니다	fréquenter, Voir 17.7.
다행히	heureusement
면접	entretien d'embauche, 면접 (시험)을 보다 passer un entretien d'embauche
면접관	personne qui pose des questions au moment d'un entretien d'embauche
밖에	Voir 17.5.
벌써	déjà
삼성동	Samseong-dong, nom du quartier de Séoul
연락하다	communiquer
외국어	langue étrangère
요금	tarif (du transport)
위치	endroit / emplacement
유럽	Europe
일찍	tôt
전공하다	se spécialiser
중학교	collège
출장	voyage d'affaires, 출장가다 aller en voyage d'affaires
후에	Voir 17.4.

대화 2 Dialogue 2

CD2 45

(지금 레오는 면접시험을 보고 있습니다.)

면접관 레오 씨는 왜 여기에서 일하고 싶어요?

레오 저는 무역에 관심이 많습니다.
그래서 대학교에서 무역과 한국어를 전공했습니다.

면접관 어떤 외국어를 말할 줄 알아요?

레오 프로방스대학교에서 한국어를 배웠습니다.
그리고 중학교와 고등학교를 영국에서
다녀서 영어를 잘하고 어머니께서 스페인
분이셔서 스페인어도 할 줄 압니다.

면접관 지금 한국에서는 뭐 하세요?

레오 잠실대학교 대학원에 다니고 있습니다.
그리고 한국어도 배우고 있습니다.

면접관 여기서 일하면 유럽에 출장을 많이 가야 돼요.
그리고 바쁜 일도 많고, 어려운 일도 많아요.

레오 제가 영국하고 프랑스에서 공부해서 유럽은 잘 압니다.
그리고 바쁘고 어려운 일도 열심히 할 겁니다.

면접관 알겠어요. 면접이 다 끝나고 회사에서 레오 씨께 연락할 겁니다.

레오 네, 잘 알겠습니다.

CD2 46

발음 prononciation

30분쯤 [삼십뿐쯤]
4시까지 [네시까지]
막혀서 [마켜서]
알겠습니다 [알겓씀니다]
연락 [열락]

읽기 Lire

CD2 47

레오는 오늘 삼성동에 있는 회사에 면접시험을 보러 갔습니다. 레오는 회사의 위치를 몰라서 택시를 탔습니다. 보통 서울에서는 길이 자주 막혀서 지하철이 가장 빠릅니다. 그런데 오늘은 길이 막히지 않아서 레오는 늦지 않았습니다.

레오가 면접시험을 보러 간 회사는 외국어를 잘 하고 유럽에 자주 출장갈 수 있는 직원을 찾고 있습니다. 레오는 프랑스어, 한국어, 영어, 스페인어를 말할 줄 압니다. 그리고 대학교에서 무역을 전공했습니다.

이 회사는 작지만 레오가 좋아하는 일들이 많았습니다. 레오는 유럽, 아프리카, 아시아, 미주, 남미에 출장가서 세계를 구경하고 싶습니다. 그리고 삼성동은 레오가 사는 집에서 가까워서 아침에 조금 늦게 일어날 수 있습니다. 레오는 이 회사에서 일하고 싶습니다. 면접이 다 끝난 후에 회사에서 레오에게 연락할 겁니다.

단어 vocabulaire

남미	Amérique du Sud
늦게	tard
늦다	être en retard
미주	continent américain
빠르다	être rapide
세계	monde
아시아	Asie
아프리카	Afrique
직원	employé d'une entreprise = 회사원

발음 prononciation

CD2 48

늦지 [느찌]

문법 & 표현 Grammaire et Expressions

17-1 Verbe irrégulier 르

Quand le radical d'un verbe se termine en 르, la voyelle ㅡ est remplacée par la consonne ㄹ devant une voyelle. Dans ce cas, le choix de 아요/어요 et de 았어요/었어요 dépend de la voyelle précédente. Par exemple,

모르다 → 모르 + 어요→ 모ㄹㄹ + 어요→ 모ㄹㄹ+ 아요 → 몰ㄹ + 아요 → 몰라요 « ne pas savoir (ne pas connaître) »

모르다 ne pas savoir / ne pas connaître	모ㄹㄹ + 아요	몰ㄹ + 아요	몰라요
	모ㄹㄹ + 았어요	몰ㄹ + 았어요	몰랐어요
	모르 + ㄹ거예요		모를 거예요
부르다 chanter / appeler	부ㄹㄹ + 어요	불ㄹ + 어요	불러요
	부ㄹㄹ + 었어요	불ㄹ + 었어요	불렀어요
	부르 + ㄹ거예요		부를 거예요
빠르다 être rapide	빠ㄹㄹ + 아요	빨ㄹ + 아요	빨라요
	빠ㄹㄹ + 았어요	빨ㄹ + 았어요	빨랐어요
	빠르 + ㄹ거예요		빠를 거예요

예

레오는 회사의 위치를 몰라요.	Léo ne sait pas où se trouve l'entreprise.
저는 몰랐어요.	Je ne savais pas.
어제 이자벨은 노래를 많이 불렀어요.	Hier Isabelle a beaucoup chanté.
비행기가 기차보다 더 빨라요.	L' avion est plus rapide que le train.

17-2 ㅡ요 respect, politesse

요, attaché à la fin du mot, est utilisé pour terminer une phrase marquant le respect à son interlocuteur.

예

가	몇 시에 출발합니까?	Vous partez à quelle heure ?
나	2시요.	À deux heures.
가	어디에 가고 싶습니까?	Où voulez-vous aller ?
나	한국요.	En Corée.
가	삼성동에 도착했습니다.	On est arrivé à Samsung-dong.
나	벌써요?	Déjà ?
가	누가 왔습니까?	Qui est venu ?
나	아가트요.	(C'est) Agathe.

17-3 알겠습니다 D'accord / Entendu

알겠습니다 est une expression au sens de « j'ai compris » pour exprimer son accord sur ce qui est dit par son interlocuteur. 알겠어요 est moins formel que 알겠습니다.

예 가	내일 3시에 여기에 와야 해요.	Demain, vous devez venir ici à 3 heures.
나	네, 알겠습니다.	Oui, entendu.

17-4 NOM temporel + 전에/후에 il y a / dans

Nom temporel + 전에/후에 est une expression du temps qui correspond à « il y a (avant) / dans (après) » du français. Ainsi 일주일 전에 « il y a (avant) une semaine », 일주일 후에 « dans (après) une semaine », 한 달 전에 « il y a (avant) un mois », 한 달 후에 « dans (après) un mois ».

예 택시는 20분 후에 도착했습니다.	Le taxi est arrivé 20 minutes après.
찬호 씨는 이틀 전에 출발했습니다.	Chan-ho est parti il y a deux jours.

17-5 NOM + 밖에 seulement, ne~que

La particule auxiliaire 밖에, employée toujours avec la négation (안, –지 않다, 없다...), exprime la restriction exclusive et signifie « seulement » ou « ne ~ que » en français.

예 20분밖에 안 걸렸어요.	On a mis seulement 20 minutes.
이 목도리가 만 원밖에 안 해요.	Cette écharpe ne coûte que 10,000 wons.
제레미밖에 안 왔어요.	Il y a seulement Jérémy qui est venu.

17-6 NOM + 에 관심이 있다/없다/많다

NOM + 에 관심이 있다 s'intéresser à NOM
NOM + 에 관심이 없다 ne pas s'intéresser à NOM
NOM + 에 관심이 많다 s'intéresser beaucoup à NOM

예 아가트는 유행에 관심이 없어요.	Agathe ne s'intéresse pas à la mode.
저는 무역에 관심이 많습니다.	Je m'intéresse beaucoup au commerce international.

17-7 Radical du verbe d'action + 고 있다 être en train de + infinitif

La construction 'Radical du verbe d'action + 고 있다', correspondant à « être en train de + infinitif » du français, sert à exprimer la continuation d'une action. Les verbes de description ne peuvent pas s'utiliser dans cette construction.

예 저는 한국어를 배우고 있습니다.
Je suis en train d'apprendre le coréen.

니콜라는 지금 영화를 보고 있습니다.
Nicolas est en train de regarder un film maintenant.

잠실대학교 대학원에 다니고 있습니다.
Je suis étudiant en master à l'université de Jamsil.

- 다니다 « **fréquenter** »

Le verbe 다니다, accompagné de la particule de lieu 에, s'utilise avec le nom de lieu où on va régulièrement (école, entreprise, etc.)

유치원에 다니다 aller à l'école maternelle
초등학교에 다니다 aller à l'école élémentaire
중학교에 다니다 aller au collège
고등학교에 다니다 aller au lycée
A 대학교에 다니다 aller à l'université A → être étudiant(e) de l'université de A
A 대학교 대학원에 다니다 aller en master de l'université A
→ être étudiant(e) en master de l'université A
A 회사에 다니다 être employé de l'entreprise A
서울백화점에 다니다 être employé de 'Séoul grand magasin'

예 동수의 남동생은 잠실고등학교에 다녀요.
Le petit frère de Dong-soo va au lycée Jamsil.

저는 라로셸대학교에 다녀요.
Je suis étudiant de l'Université de La Rochelle.

17-8 Construction correspondant au pronom relatif du français

La construction 'Radical du verbe + (으)ㄴ/는 + NOM' correspond à la proposition relative du français. Ici (으)ㄴ/는 attachée au radical du verbe est une terminaison transformative. Ainsi, 서울에 사는 마리 « Marie qui habite à Séoul », 마리가 읽는 책 « le livre que Marie lit », 마리가 운전하는 차 « la voiture que Marie conduit », 작은 가방 « le sac qui est petit », 친절한 모르간 « Morgane qui est gentille ». Étant donné qu'il n'existe pas de pronoms relatifs en coréen, cette construction 'Radical du verbe + (으)ㄴ/는 + NOM' remplace la proposition relative du français. Voyons d'autres cas en fonction du type et du temps du verbe.

	Verbes d'action	Verbes de description	Verbes d'existence (있다/없다)	Copule (이다/아니다)
Présent	-는	-(으)ㄴ	있는/없는	-인/아닌
Passé	-(으)ㄴ			
Futur (supposition)	-(으)ㄹ	-(으)ㄹ	있을/없을	-일/아닐
Passé (souvenir*)	-던	-던	있던/없던	-이던/아니던

예 어려운 일도 많아요.
Il y a aussi beaucoup de travail difficile (qui est difficile).

이 회사는 유럽에 출장갈 수 있는 직원을 찾고 있습니다.
Cette entreprise est en train de chercher un(e) employé(e) qui peut aller en voyage d'affaires en Europe.

저는 학교에 가는 줄리엥을 만났습니다.
J'ai rencontré Julien qui allait à l'université.

어제 본 영화가 한국 영화입니다.
Le film que j'ai vu hier est un film coréen.

내일 만날 친구는 영국 사람입니다.
L' ami que je rencontrerai demain est anglais.

교실에 예쁜 꽃이 있습니다.
Une fleur qui est jolie (= Une jolie fleur) est dans la salle de classe.

어제 매운 비빔밥을 먹었어요.
J'ai mangé hier un bibimbap qui était piquant (= épicé).

저기에 있는 사람이 이자벨입니다.
La personne qui est là-bas est Isabelle.

* 던 indique un fait exprimé à l'imparfait du français : souvenir d'une action répétée ou habituelle, souvenir d'un état ou d'une situation achevés.

중국에서 만나던 친구는 미국 사람입니다. L'ami que je rencontrais en Chine est américain.

한국에서 살던 레오가 미국에 있습니다. Léo qui habitait en Corée, est aux Etats-Unis.

단어 vocabulaire

노래 chanson, 노래를 부르다 chanter une chanson
부르다 chanter / appeler
유치원 école maternelle
전에 Voir 17.4.
출발하다 partir

1 **알맞은 단어를 사용해서 대화를 완성하세요.** Complétez le dialogue avec les mots convenables.

전에 | 후에 | 밖에

(1) 가 언제 한국어를 시작했어요?
나 두 달 ( ) 시작했어요.

(2) 가 버스가 몇 시에 출발해요?
나 30분 ( ) 출발해요.

(3) 가 언제 시간이 있어요?
나 세 시간 ( ) 있어요.

(4) 가 지하철로 얼마나 걸려요?
나 15분 ( ) 안 걸려요.

(5) 가 언제 미진 씨를 만났어요?
나 이틀 ( ) 만났어요.

(6) 가 한국 친구가 많아요?
나 조금 ( ) 없어요.

2 **다음 보기와 같이 문장을 바꾸세요.** Transformez la phrase comme dans l'exemple.

보기 이 옷은 비싸요.
→ 저는 (**비싼**) 옷이 있어요.

(1) 제 애인은 아주 예뻐요.
→ 저는 ( ) 애인이 있어요.

(2) 한국 영화가 재미있어요.
→ ( ) 한국 영화를 봤어요.

(3) 오늘 날씨가 추워요.
→ ( ) 날씨에 조깅해요.

(4) 제 친구가 의사예요.

→ 저는 의사(   ) 친구가 있어요.

(5) 프랑스에서 레오를 자주 만났어요.

→ 레오는 프랑스에서 자주 만나(   ) 친구예요.

(6) 찬호는 대학교 친구이고 친절했어요.

→ 찬호는 친절했(   ) 대학교 친구예요.

3 **다음 〈보기〉와 같이 문장을 바꾸세요.** Transformez la phrase comme dans l'exemple.

> **보기** (삼성동에 가다, 버스가 많다)
> → 삼성동에 가는 버스가 많아요.

(1) (공원에서 자전거를 타다, 학생이 많다)

→ ____

(2) (한국어를 잘하다, 영국 친구가 서울에 오다)

→ ____

(3) (모르간이 옷을 입었다, 옷이 예쁘다)

→ ____

(4) (수진 씨가 운전하다, 차가 멋있다)

→ ____

(5) (어제 레오가 영화를 봤다, 영화가 액션 영화이다)

→ ____

(6) (피에르가 선물을 받았다, 선물이 컴퓨터이다)

→ ____

연습 2 Exercises 2

듣기와 말하기 Écouter et Parler

1 **다음을 듣고 괄호를 채우세요.** Écoutez et complétez les parenthèses. CD2 49

(1) 줄리엥은 노래를 잘 (   ).

(2) 떼제베가 아주 (   ).

(3) 경제학 수업은 일주일 (   ) 시작할 겁니다.

(4) 모르간은 서예에 (   ) 많습니다.

(5) 어느 회사에 (   )?

(6) 손님이 한 명 (   ) 없습니다.

(7) 제레미 남동생은 (   )이에요.

(8) 저는 (   ) 일어나고 늦게 잡니다.

2 **다음을 듣고 (1)과 같이 자연스럽게 이어지는 문장에 표시하세요.** CD2 50
Écoutez et cochez la phrase adéquate qui suit comme dans l'exemple (1).

(1) ✓ 20분쯤 걸려요.
② 일찍 갈 거예요.

(2) ① 30분이에요.
② 20,000원이에요.

(3) ① 외국어요.
② 사전이 있어요.

(4) ① 그저 그래요.
② 알겠습니다.

(5) ① 극장에 있어요.
② 면접시험이 있어요.

(6) ① 그저 그래요.
② 물론이죠.

(7) ① 비행기가 빨라요.
② 한 시에 와요.

(8) ① 일주일 전에 다 읽었어요.
② 일주일 후에 다 읽을 거예요.

3 다음을 듣고 질문에 답하세요. Écoutez et répondez aux questions. CD2 51

(1) 손님은 지금 어디에 있어요?

____

(2) 손님은 몇 시까지 도착해야 돼요?

____

(3) 왜요?

____

(4) 잠실까지 몇 분 걸렸어요?

____

(5) 택시 요금이 얼마예요?

____

4 다음에 나오는 상황을 보고 대화를 해 보세요.

Jeu de rôles : préparez un dialogue selon la situation suivante.

Préparez un dialogue sur l'entretien d'embauche : l'un est candidat et les deux autres sont les directeurs d'une entreprise et posent les questions.

Entretien, rencontre et registre linguistique

Lors d'une première rencontre, vous pouvez être surpris par le fait que les Coréens peuvent vous demander sans aucune gêne votre âge et éventuellement si vous êtes marié(e). N'y voyez ni curiosité ni impolitesse, mais lors d'une première rencontre, il est important de déterminer le registre linguistique qui sera utilisé entre les locuteurs et donc de déterminer le niveau de politesse de la langue.

Avec le confucianisme, l'idée du respect prend une grande place dans la vie coréenne, et se reflète dans la langue coréenne.

En fait, quand les Coréens communiquent, le sujet parlant choisit automatiquement le registre linguistique adapté à son interlocuteur, tel que l'âge, le statut social, etc.

Activités

1 **한국 친구와 처음 만나는 자리에서 그 한국 친구가 나이를 물어본 적이 있어요? 있다면, 그때 기분이 어땠어요?**
Est-ce que vous avez vécu un contexte dans lequel un Coréen ou une Coréenne vous demandait l'âge dès la première rencontre ? Si oui, qu'est-ce que vous avez ressenti ?

2 **일상생활에서 누군가를 처음 만날 때 보통 무엇을 물어요?**
D'une manière générale, à la première rencontre dans la vie quotidienne, quelles questions posez-vous à votre interlocuteur ?

18과 명절에는 한복을 입은 사람들이 많아요.

대화 1 Dialogue 1

CD2 52

(모르간과 상준은 거리에서 이야기하고 있습니다. 모르간은 한복에 관심이 많습니다.)

모르간 거리에 한복을 입은 사람들이 많아요. 오늘 무슨 날이에요?

상준 모르간 씨, 오늘이 추석이에요.

모르간 추석요?

상준 네, 추석은 제일 큰 명절이에요.
명절에는 한복을 입은 사람들이 많아요.

모르간 한국 사람들은 추석 때 뭐 해요?

상준 조상님께 차례를 지내고 송편을 준비해요.

모르간 한복이 정말 예쁘네요.
저도 한복을 사고 싶은데 어디에서 살 수 있어요?

상준 동대문시장에 가면 싸고 좋은 한복을 살 수 있어요.

모르간 그럼, 한국 사람들은 보통 추석 날에만 한복을 입어요?

상준 아니요, 설날에도 많이 입어요.

모르간 설날이 뭐예요?

상준 음력 1월 1일인데 한국의 큰 명절이에요.
설날에는 어른께 세배를 드리고 떡국을 먹어요.

단어 vocabulaire

날	jour, 생일날 jour d'anniversaire
돌	premier anniversaire d'un enfant
돌잔치	fête du premier anniversaire
돌잡이	Doljabi (petit jeu traditionnel au moment de la fête du premier anniversaire d'un enfant)
때	moment, Voir 18.3.
떡국	soupe coréenne de pâte de riz
명절	fête traditionnelle
설(날)	Nouvel An lunaire, (souvent appelé en France 'Nouvel An chinois')
세배	prosternation pour souhaiter une bonne année
송편	Songpyeon (gâteau de riz)
시장	marché
아이	enfant
어른	personnes âgées, adulte
우리	Voir 18.7.

대화 2 Dialogue 2

CD2 53

상준 모르간 씨, 이번 주 토요일에 뭐 할 거예요?

모르간 글쎄요. 집에서 책을 읽을까 해요.

상준 이번 주 토요일에 우리 조카 돌잔치가 있는데 오실래요?

모르간 돌잔치요? 돌잔치가 뭐예요?

상준 돌은 첫 번째 생일이에요.
한국에서는 돌 때 큰 잔치를 해요.
돌잔치 때 아이하고 아이 부모님이
예쁜 한복을 입어요.

모르간 어머, 정말이에요? 그럼 돌잔치에 갈게요.
한국에서는 보통 돌잔치 때 뭐 해요?

상준 돌잔치 때 가족과 친구들을 초대해서 같이 음식을 먹고 돌잡이도 해요.

모르간 돌잡이가 뭐예요?

상준 토요일에 오셔서 직접 보세요.

모르간 상준 씨 조카 선물을 사고 싶은데 무슨 선물이 좋아요?

상준 선물을요?

모르간 네. 내일 선물 사러 같이 갈래요?

단어 vocabulaire

-(으)ㄴ데/는데	Voir 18.5.
-(으)ㄹ게요	Voir 18.8.
-(으)ㄹ까하다	Voir 18.6.
음력	calendrier lunaire
조상님	ancêtre
조카	neveu (nièce)
준비하다	préparer
직접	directement
차례	차례를 지내다 célébrer un culte aux ancêtres
첫 번째	premier(ère)
추석	Chuseok (fête des récoltes)
한복	Hanbok (vêtement traditionnel coréen)

오늘은 추석입니다. 거리에 한복을 입은 사람들이 많습니다.
추석에는 가족과 친척들이 함께 만나서 조상님께 차례를 지냅니다.
추석날은 음력 8월 15일입니다.
설날도 한국의 큰 명절입니다.
설날은 음력 1월 1일인데 한국 사람들은 어른께 세배를 드리고 떡국을 먹습니다.
설날에도 한복을 입습니다.

모르간은 한국의 전통 옷인 한복에 관심이 많습니다.
한복이 곱고 예뻐서 모르간은 여자 한복을 하나 살까 합니다.

이번 주 토요일에 모르간은 돌잔치에 갈 겁니다.
돌은 첫 번째 생일잔치인데 한국에서는 가족, 친척, 친구들을 초대해서 큰 잔치를 합니다. 돌잔치 때에도 아이와 부모님은 한복을 입습니다.
모르간은 돌잔치에 가서 돌잡이를 볼 겁니다.
돌잡이 때 아이는 상 위에 있는 물건을 손으로 잡을 겁니다.
상 위에는 쌀, 돈, 실, 공책, 연필이 있을 겁니다.

단어 vocabulaire

곱다	être élégant(e)	**쌀**	riz
돈	argent	**여자**	femme
물건	objet, marchandise	**잡다**	prendre, saisir
상	table coréenne traditionnelle	**전통**	tradition
실	fil		

18-1 무슨 quel

Lorsque la question porte sur un fait ou un objet que l'on ne connaît pas, on utilise 무슨 devant le nom : 무슨 날 « quel jour », 무슨 영화 « quel film », etc. 무슨, qui ne peut pas s'utiliser pour les personnes comme 어떤 (voir 14-2.), peut être traduit par « quel » en français.

예
- 무슨 일이에요? — Qu'est-ce qui se passe ?
- 무슨 영화를 좋아하세요? — Vous aimez quel (genre de) film ?

가 오늘 무슨 요일이에요? — Quel jour de la semaine sommes-nous aujourd'hui ?
나 수요일이에요. — Nous sommes mercredi.

18-2 그저께(그제), 어제, 오늘, 내일, 모레

그저께 (= 그제)	어제	오늘	내일	모레
avant-hier	hier	aujourd'hui	demain	après-demain

예
가 어제 부모님 댁에 갔어요? — Vous êtes allé chez vos parents hier ?
나 아니요, 그저께 갔어요. — Non, j'y suis allé avant-hier.

모레 제레미가 올 거예요. — Jérémy viendra après-demain.

18-3 NOM + 때 / Radical du verbe + (으)ㄹ + 때 au moment de, quand

La construction 'NOM + 때' et 'Radical du verbe + (으)ㄹ + 때' s'utilisent pour exprimer le temps d'un événement ou d'une activité. 때 « moment » peut être précédé par le 'nom' ou par le 'radical du verbe + (으)ㄹ' : 방학 때 « au moment des vacances », 고등학교 때 « au moment du lycée → quand j'étais lycéen », 노래할 때 « quand je chante », 운전할 때 « quand je conduis », etc. Quelques noms ne sont pas combinés avec 때 mais avec 에 : 아침 때 (faux) → 아침에, 주말 때 (faux) → 주말에, 3월 때 (faux) → 3월에, 수요일 때 (faux) → 수요일에.

예
한국 사람들은 추석 때 뭐 해요?
Que font les Coréens le jour de Chuseok (fête des récoltes) ?

마리 씨는 운전할 때 음악을 들어요. — Marie écoute de la musique quand elle conduit.

여름방학 때 뭐 할 거예요? — Que ferez-vous pendant les vacances d'été ?

18-4 Quelques expressions utiles pour les deux grandes fêtes traditionnelles : Chuseok (추석), Nouvel an lunaire (설날)

명절 « fête traditionnelle »
추석 « Chuseok » (= fête des récoltes)
설날 « Nouvel An lunaire » (souvent appelé 'Nouvel An chinois' en France)
차례 « cérémonie de culte aux ancêtres »
(조상님께) 차례를 지내다 « célébrer un culte aux ancêtres »
세배 « prosternation pour souhaiter une bonne année »
(어른께) 세배를 드리다 « se prosterner (devant les personnes âgées) pour souhaiter une bonne année »
송편 « gâteau de riz » (que les Coréens préparent pour Chuseok)
떡국 « soupe coréenne de pâte de riz »
음력 « calendrier lunaire »
한복 Hanbok (vêtement traditionnel coréen)

18-5 Radical du verbe + (으)ㄴ데/는데 informations complémentaires

La terminaison connective (으)ㄴ데/는데 sert à expliquer la situation relative pour introduire la proposition suivante. La proposition qui précède (으)ㄴ데/는데 peut indiquer les informations complémentaires (la cause, l'opposition, la condition, etc.) de la proposition suivante (= principale) en fonction du contexte.

Verbe d'existence, Verbe d'action	radical + 는데	있는데 없는데 하는데 만나는데 사는데 기다리는데
Verbe de description	radical + (으)ㄴ데	좋은데 비싼데 어려운데 피곤한데
Copule	radical + ㄴ데	의사인데 의사가 아닌데 회사원인데 회사원이 아닌데

예 한복을 사고 싶은데 너무 비싸요.
Je voudrais acheter un Hanbok (vêtement traditionnel coréen) mais c'est trop cher.

집에 있는데 로라한테서 전화가 왔어요.
Tandis que j' étais à la maison, Laura m' a téléphoné.

극장에 가고 싶은데 돈이 없어요.
Je voudrais aller au cinéma mais je n'ai pas d'argent.

연필을 사는데 친구를 만났어요.
J'ai rencontré un ami lorsque j'étais en train d'acheter un crayon.

오늘 일요일인데 출근하세요?
Aujourd'hui c'est dimanche, vous allez quand même au bureau ?

날씨가 좋은데 같이 산책할래요?
Il fait beau, si on allait se promener ensemble ?

약을 먹는데 감기가 안 나요.
Je prends un médicament mais je suis encore enrhumé.

비가 오는데 운동해요?
Vous faites du sport malgré la pluie ?

18-6 Radical du verbe d'action + (으)ㄹ까 하다 probabilité

Radical Voyelle + ㄹ까 하다
Radical Consonne + 을까 하다
Radical Consonne ㄹ + 까 하다

La construction 'Radical du verbe d'action + (으)ㄹ까 하다' sert à exprimer la probabilité ou le projet qui auront lieu dans le futur.

예 집에서 책을 읽을까 해요.
Je vais peut-être lire un livre à la maison.

이번 주말에는 집에서 쉴까 합니다.
Ce week-end je vais peut-être me reposer à la maison.

18-7 우리 nous

우리 peut être traduit en « nous » (pronom de la première personne du pluriel) ou « notre, nos » (adjectif possessif pluriel) du français. Quand 우리 s'utilise comme adjectif possessif, il peut remplacer également la première personne du singulier au sens de « mon, ma, mes » en fonction du contexte.

예 우리는 프랑스 사람입니다. Nous sommes Français.

이번 주 토요일에 우리 조카 돌잔치가 있어요.
Il y aura une fête du premier anniversaire de mon neveu ce samedi.

우리 누나를 만나고 싶어요? Voulez-vous rencontrer ma grande sœur ?

우리 부모님께서는 서울에 사십니다. Mes parents habitent à Séoul.

18-8 Radical du verbe d'action + (으)ㄹ게요 intention, promesse

Radical Voyelle + ㄹ게요
Radical Consonne + 을게요
Radical Consonne ㄹ + 게요

La construction 'Radical du verbe d'action + (으)ㄹ게요' sert à exprimer l'intention, la (presque) promesse du locuteur pour réaliser l'activité du verbe.

예 그럼, 돌잔치에 갈게요.
Alors, je vais aller à la fête du premier anniversaire. (C'est presque promis.)

이 책을 읽을게요
J'ai l'intention de lire ce livre.

내일 아침에 일찍 일어날게요.
Je vais me lever tôt demain matin. (C'est presque promis.)

- **Récapitulatif de –고 싶다, –(으)ㄹ까 하다, –(으)ㄹ래요, –(으)ㄹ게요**

–고 싶다	Pour exprimer une envie ou un désir, voir 12-2.
–(으)ㄹ까 하다	Pour exprimer la probabilité, voir 18-6.
–(으)ㄹ래요	Pour exprimer le souhait (à la forme déclarative) (A la forme interrogative, ceci sert à proposer quelque chose, voir 12-4.)
–(으)ㄹ게요	Pour exprimer la (presque) promesse

예 아가트를 만나고 싶어요. Je voudrais voir Agathe. (envie)

아가트를 만날까 해요. Je vais peut-être voir Agathe. (probabilité)

아가트를 만날래요. Je souhaite voir Agathe. (souhait)

아가트를 만날게요. Je vais voir Agathe. C'est (presque) promis. (presque promesse)

단어 vocabulaire

그저께 (= 그제) avant-hier **모레** après-demain **출근하다** aller au travail, aller au bureau

연습 1 Exercices 1

문법과 표현 Grammaire et Expressions

1 **괄호 안에 알맞은 단어를 넣으세요.** Mettez les mots qui conviennent entre parenthèses.

때 추석 세배 돌잔치 모레 한복

(1) 그저께 – 어제 – 오늘 – 내일 – (   )

(2) 모르간은 학교에 갈 (   ) 버스를 탑니다.

(3) 설날에 부모님께 (   )를 드립니다.

(4) (   )에 한국 사람들은 송편을 먹습니다.

(5) 오늘 동수 씨 조카가 한 살입니다. 그래서 (   )를 합니다.

(6) 한국의 전통 옷이 (   )입니다.

2 **〈보기〉와 같이 '(으)ㄴ/는데'를 이용해서 두 문장을 연결하세요.**
Connectez les deux phrases en utilisant (으)ㄴ/는데 comme dans l'exemple.

보기 비가 와요. 그런데 우산이 없어요.
→ 비가 오는데 우산이 없어요.

(1) 여행하고 싶어요. 그런데 시간이 없어요.
→ ______________________________

(2) 내일 시험이 있어요. 그런데 영화를 보고 싶어요.
→ ______________________________

(3) 오늘 일요일이에요. 그런데 학교에 가요?
→ ______________________________

(4) 한복을 사고 싶어요. 그런데 너무 비싸요.
→ ______________________________

(5) 오늘 저녁 친구와 약속이 있었어요. 그런데 못 갔어요.
→ ______________________________

(6) 신발을 신어 봤어요. 그런데 너무 컸어요.
→ ______________________________

(7) 부산에 가 봤어요. 그런데 정말 좋았어요.

→ ______________________________

(8) 어제 비빔밥을 먹었어요. 그런데 너무 맛있었어요.

→ ______________________________

3 〈보기〉와 같이 '(으)ㄹ까 하다', '(으)ㄹ게요'를 이용해서 문장을 만드세요.

Construisez des phrases en utilisant (으)ㄹ까 하다, (으)ㄹ게요 comme dans l'exemple.

보기 금요일에 테니스를 치다
→ 금요일에 테니스를 칠까 해요.
→ 금요일에 테니스를 칠게요.

(1) 생일잔치에 민정 씨를 초대하다

→ ______________________________

→ ______________________________

(2) 모레 한복을 입다

→ ______________________________

→ ______________________________

(3) 세일하는 휴대전화를 사다

→ ______________________________

→ ______________________________

(4) 노란색 티셔츠와 까만색 바지를 입다

→ ______________________________

→ ______________________________

(5) 전철 역까지 택시를 타다

→ ______________________________

→ ______________________________

(6) 내년에 호주를 여행하다

→ ______________________________

→ ______________________________

연습 2 Exercises 2 듣기와 말하기 Écouter et Parler

1 **다음을 듣고 알맞은 순서대로 그림을 배열하세요.** CD2 55

Écoutez et mettez les images selon l'ordre.

①

②

③

④

⑤

⑥

(　　　) – (　　　) – (　　　) – (　　　) – (　　　) – (　　　)

2 **다음을 듣고 괄호를 채우세요.** Écoutez et complétez les parenthèses. CD2 56

(1) (　　　　) 어디에 갔어요?

(2) 학교에 (　　　　) 뭐를 타고 가세요?

(3) 설날은 (　　　　) 1월 1일입니다.

(4) 다음 주에 친구를 (　　　　　).

(5) 내일 (　　　　　).

(6) 아이는 돌잡이 때 연필을 (　　　　　).

(7) (　　　　) 부모님께서는 서울에 사세요.

3 **다음을 듣고 질문에 답하세요.** Écoutez et répondez aux questions. CD2 57

(1) 마리는 지난주에 어디에 갔어요?

____

(2) 동수 씨는 어디서 한복을 샀어요?

____

(3) 동수 씨의 한복이 많이 비싸요?

____

(4) 한국에서 가장 큰 명절이 뭐예요?

____

4 **친구들과 함께 다음 질문에 대답해 보세요.** Répondez à l'oral aux questions suivantes avec vos amis.

(1) 아침에 일어나서 뭐 해요?

(2) 보통 친구를 만나서 뭐 해요?

(3) 언제 부모님께 전화해요?

(4) 생일 날에 뭐 해요?

(5) 어떤 색을 좋아해요? 왜요?

(6) 보통 어디서 한국어를 공부해요?

(7) 왜 한국어를 공부해요?

문화와 사회 Culture et Société

La fête d'anniversaire

Les Coréens utilisent le terme emprunté à l'anglais pour désigner la fête dans la vie courante : « party ». Mais ils utilisent le terme coréen de janch'i pour nommer les fêtes d'anniversaires : le premier anniversaire de bébé, « dol » le soixantième anniversaire, « hoegap » (très important en Corée), puis le 70e anniversaire, « gohi » considéré autrefois comme un signe de longévité exceptionnelle.

Pour le janch'i du premier anniversaire, il existe un rituel particulier : on dépose sur une table devant le bébé des objets, tels que : un crayon (autrefois un pinceau), de l'argent, des fils de coton. Le bébé est amené à choisir l'un des objets déposés devant lui. Les Coréens croient que le futur du bébé est déterminé par le choix qu'il fera. Le crayon laissera penser qu'il fera de bonnes études ; l'argent qu'il va devenir riche et les fils de coton, qu'il aura une grande longévité.

En cadeau, ce bébé recevra de la part des invités, vêtements, jouets, bagues et bracelets en or.

Activités

1 여러분 나라의 전통에 따르면 몇 번째 생일 때 가장 큰 잔치를 하나요? 설명해 보세요.
A quel âge faites-vous la plus grande fête d'anniversaire d'après la tradition ? Commentez.

2 여러분 나라의 생일잔치에서 특이할 만한 것이 있으면 말해 보세요.
Y a-t-il une ou des caractéristiques distinctives d'une fête d'anniversaire dans votre pays ? Si oui, expliquez-la ou expliquez-les.

19과 우리 언제 부산으로 출발할까요?

대화 1 Dialogue 1

CD2 58

(여름방학 때 상준은 친구들을 부산에 초대했습니다. 그래서 레오, 모르간, 사미라는 상준하고 부산으로 여행을 갈 겁니다.)

상준 우리 언제 부산으로 출발할까요?

레오 7월 2일쯤이 어때요? 왜냐하면
6월 27일에 시험이 다 끝나요.

모르간 네. 7월 2일이 좋겠어요.
사미라 씨는 어때요?

사미라 저도 좋아요.

상준 그럼, 7월 2일에 출발해요. 기차표는 누가 예약할 거예요?

모르간 제가 예약하겠어요.

상준 우선 부산에 도착하면 부산에 사시는 제 할머니 댁에 갈 거예요.

사미라 할머니 댁에는 방이 많아요?

상준 네. 거기는 주택인데 방도 많고 정원도 넓어요.
바비큐 파티를 할 수도 있고 바닷가도 아주 가까워요.
그리고 제가 할아버지 차를 빌려서 운전할 거예요.

레오 와, 방학이 굉장히 재미있겠어요.

단어 vocabulaire

강원도	Gangwon-do (le nom de la région)	**동시에**	en même temps, à la fois
경포대	Gyeongpodae (le nom de la plage)	**동해**	mer de l'est
계곡	vallée	**바다**	mer
계획	projet, plan	**바비큐**	barbecue
굉장히	très	**백담사**	Baekdamsa (le nom du temple)
기차표	billet de train	**보내다**	Voir 19.5.
낙산	Naksan (le nom de la plage)	**부산**	Busan (le nom de la ville)
덕분에	grâce à, Voir 19.7.	**빌리다**	emprunter / louer

대화 2 Dialogue 2

CD2 59

(찬호, 피에르, 마리는 같이 휴가 계획을 세웁니다. 세 사람은 강원도에서 일주일을 함께 보낼 겁니다.)

찬호 그럼, 제가 차를 운전할게요.

피에르 제가 숙소를 예약했어요. 7월 25일부터 31일까지 콘도를 예약했어요.

마리 강원도에 가면 어디를 구경할 수 있어요?

찬호 강원도에는 설악산이 유명해요. 거기에 가면 등산을 할 수 있고 백담사와 계곡을 구경할 수 있어요.

마리 그럼, 바다는 안 가요?

찬호 아니요. 바다에도 갈 거예요. 설악산에서 동해까지 차로 30분밖에 안 걸려요. 강원도에 가면 산과 바다를 동시에 볼 수 있어요.

피에르 동해에는 해수욕장이 많이 있어요?

찬호 물론이죠. 속초, 낙산, 경포대…… 해수욕장들이 굉장히 많아요. 그리고 아침에 일찍 일어나면 일출도 구경할 수 있어요.

마리 와, 찬호 씨 덕분에 이번 휴가를 즐겁게 보내겠네요.

단어 vocabulaire

- **산** montagne
- **설악산** Seoraksan (le nom de la montagne)
- **세우다** 계획을 세우다 faire un plan, dresser un projet
- **속초** Sokcho (le nom de la ville et de la plage)
- **숙소** logement
- **예약하다** réserver
- **왜냐하면** parce que, car
- **우선** d'abord
- **-(으)ㄹ까요?** Voir 19.2.
- **일출** lever du soleil
- **정원** jardin
- **주택** maison
- **즐겁게** joyeusement, Voir 19.8.
- **콘도** appartement (à louer pour les vacances)
- **파티** fête
- **해수욕장** plage
- **휴가** vacances, congé

읽기 Lire

CD2 60

상준은 친구들과 부산으로 여행을 갑니다. 부산은 상준의 고향이고 할머니께서 부산에서 사십니다. 상준과 상준의 친구들은 할머니 댁에서 머무를 겁니다. 할머니께서는 주택에 사시는데 정원이 아주 넓습니다. 상준과 친구들은 정원에서 바비큐 파티도 할 수 있고 할머니 댁 근처에 있는 바닷가에서 수영도 할 겁니다. 그리고 상준은 할아버지 차를 빌려서 운전할 겁니다.

찬호는 내일 친구들과 함께 강원도로 놀러 갑니다. 어제 찬호는 월급하고 휴가 보너스를 받았습니다. 그저께는 카센터에서 차도 정비하고 고쳤습니다. 찬호는 속초에서 태어나서 강원도를 잘 압니다. 강원도가 찬호의 고향입니다. 찬호는 종종 강원도로 놀러 가는데 휴가 기간에는 사람들이 많습니다. 지금 찬호, 피에르, 마리, 세 사람은 동네 수퍼에서 장을 보고 있습니다. 세 사람은 비누, 휴지, 치약, 칫솔, 물, 음료수, 커피, 모기향을 사지만 지도는 사지 않습니다. 왜냐하면 찬호 차에 네비게이션이 있습니다. 휴가 준비는 정말 즐겁습니다.

단어 vocabulaire

고치다	réparer	**장**	장(을) 보다 faire des achats
기간	période, 휴가 기간 période des vacances	**정비하다**	réviser (le véhicule)
네비게이션	GPS	**종종**	de temps en temps
놀다	s'amuser, jouer	**준비**	préparation
동네	quartier	**즐겁다**	être joyeux
머무르다	rester	**지도**	carte
모기향	anti-moustique	**치약**	dentifrice
보너스	prime	**칫솔**	brosse à dents
비누	savon	**카센터**	garage (professionnel)
수퍼	supermarché	**태어나다**	naître
월급	salaire	**휴지**	papier hygiénique
음료수	boisson		

문법 & 표현 Grammaire et Expressions

19-1 NOM + (으)로 particule qui indique la direction

La particule (으)로, qui est utilisée pour les moyens de transport dans 10-4, s'utilise également pour indiquer la direction avec les verbes qui indiquent le mouvement.

예 상준은 부산으로 여행을 갈 겁니다. (direction)
Sang-joon partira en voyage pour Busan.

우리 부모님께서는 프랑스로 출발하셨습니다. (direction)
Mes parents sont partis pour la France.

저는 기차로 서울에 갔습니다. (moyen de transport)
Je suis allé à Séoul en train.

이자벨은 자전거로 도서관에 갑니다. (moyen de transport)
Isabelle va à la bibliothèque en vélo.

19-2 Radical du verbe + (으)ㄹ까요? avis, permission

La construction 'Radical du verbe + (으)ㄹ까요?' sert à demander l'avis ou la permission de son interlocuteur en proposant quelque chose.

Radical Voyelle + ㄹ까요?
Radical Consonne + 을까요?
Radical Consonne ㄹ + 까요?

예 우리 언제 프랑스로 출발할까요?	Quand est-ce qu'on part pour la France ?
우리 공원에서 산책할까요?	Nous allons nous promener au parc ?
같이 커피를 마실까요?	On prend le café ensemble ?
부산에서 살까요?	On va vivre à Busan ?

19-3 왜냐하면 parce que, car

왜냐하면, « parce que » ou « car » du français, est un adverbe qui sert à expliquer la raison pour la proposition précédente.

예 7월 2일쯤이 어때요? 왜냐하면 6월 27일에 시험이 다 끝나요.
Aux environs du 2 juillet, qu'en pensez-vous ? Parce qu'on finit tous les examens le 27 juin.

백화점에 사람들이 많아요. 왜냐하면 오늘은 토요일이에요.
Il y a beaucoup de monde au grand magasin car aujourd'hui nous sommes samedi.

아가트는 파란색 티셔츠를 삽니다. 왜냐하면 파란색 티셔츠가 청바지하고 잘 어울립니다.
Agathe achète un T-shirt bleu car il va bien avec le jean.

19-4 –겠 infixe

L'infixe 겠, placé entre le radical du verbe et la terminaison finale, s'utilise pour marquer la supposition du locuteur. 겠 sert également à construire le futur qui remplace (으)ㄹ 거예요/(으)ㄹ겁니다 ; dans ce cas, le sujet est toujours à la première personne. Le futur avec 겠 exprime une forte intention ou volonté.

예 7월 2일이 좋겠어요. (supposition)
Je crois que c'est bien le 2 juillet.

방학이 굉장히 재미있겠어요. (supposition)
Les vacances doivent être très intéressantes.

날씨가 흐려요. 비가 오겠어요. (supposition)
Le temps est nuageux. Il devrait bientôt pleuvoir.

제가 내일 4시에 오겠어요. (futur)
Je viendrai demain à 4 heures.

다음 주에 이메일을 쓰겠어요. (futur)
J' écrirai un e-mail la semaine prochaine.

19-5 Nom du temps + 을/를 보내다 passer le temps

En général, le verbe 보내다 veut dire « envoyer » dans la plupart des cas, par exemple, 이메일을 보내다 « envoyer un e-mail ». Quand ce verbe a une construction 'NOM du temps + 을/를 보내다', 보내다 signifie « passer le temps » : 두 시간을 보내다 « passer deux heures », 하루를 보내다 « passer une journée », 한 달을 보내다 « passer un mois », 일 년을 보내다 « passer un an ».

예 세 사람은 강원도에서 일주일을 함께 보낼 겁니다.
Les trois personnes passeront une semaine à Gangwon-do.

방학을 어디에서 보낼 거예요?
Où passerez-vous les vacances ?

어제 우리는 카페에서 세 시간을 보냈어요.
Hier nous avons passé 3 heures au café.

19-6 네/아니요 réponse à la question négative

En coréen, les réponses 네/아니요 se rapportent au contenu de la question ; si le contenu de la question est vrai (= si on est d'accord avec le contenu de la question) on dit 네, si le contenu de la question est faux (= si on n' est pas d'accord avec le contenu de la question) on dit 아니요.

가 마리는 프랑스 사람이에요? Marie est Française ?
나 네, 마리는 프랑스 사람이에요. Oui, Marie est Française.

가 마리는 프랑스 사람이 아니에요? Marie n'est pas Française ?
나 아니요, 마리는 프랑스 사람이에요. Si, Marie est Française.

가 민정은 프랑스 사람이에요? Min-jeong est Française ?
나 아니요, 민정은 프랑스 사람이 아니에요. Non, elle n' est pas Française.

가 민정은 프랑스 사람이 아니에요? Min-jeong n'est pas Française ?
나 네, 민정은 프랑스 사람이 아니에요. Non, Min-jeong n' est pas Française.

예
가	바다는 안 가요?	On ne va pas à la mer ?
나	아니요, 바다도 갈 거예요.	Si, on va également aller à la mer.
가	비가 안 와요?	Il ne pleut pas ?
나	아니요, 비가 와요.	Si, il pleut.

19-7 덕분에 / 때문에 grâce à / à cause de

덕분에 correspond à « grâce à » et 때문에 correspond à « à cause de » du français.

예 찬호 씨 덕분에 이번 휴가가 즐거워요.	Les vacances sont joyeuses grâce à Chan-ho.
친구 덕분에 레오를 만났어요.	J'ai rencontré Léo grâce à un ami.
비 때문에 늦었어요.	Je suis en retard à cause de la pluie.
피에르는 일 때문에 피곤합니다.	Pierre est fatigué à cause du travail.

19-8 -게 forme adverbiale

Quand on rattache le suffixe 게 au radical du verbe de description, ce verbe se transforme en adverbe : 크다 → 크게, 예쁘다 → 예쁘게, 친절하다 → 친절하게, 좋다 → 좋게, 재미있다 → 재미있게, 맛있다 → 맛있게, 어렵다 → 어렵게, 쉽다 → 쉽게, 싸다 → 싸게, 비싸다 → 비싸게, 즐겁다 → 즐겁게.

예 이번 휴가를 즐겁게 보내겠어요.
Je crois qu'on va passer les vacances joyeusement.

이자벨은 예쁘게 옷을 입어요.
Isabelle s'habille joliment.

레오는 컴퓨터를 비싸게 샀어요.
Léo a payé cher l'ordinateur.

단어 vocabulaire

때문에 à cause de, Voir 19.7.

연습 1 Exercices 1 문법과 표현 Grammaire et Expressions

1 질문에 따라 '네' 또는 '아니요' 로 대답하세요. Complétez avec 네 ou 아니요 selon la question.

(1) 가 민정은 잠실대학교 학생이 아니에요?
나 (   ), 잠실대학교 학생이에요.

(2) 가 줄리엥은 영국 사람이 아니에요?
나 (   ), 영국 사람이 아니에요.

(3) 가 아침에 일찍 안 일어나세요?
나 (   ) 아침에 일찍 일어나요.

(4) 가 이 컴퓨터가 비싸지 않아요?
나 (   ) 비싸지 않아요.

(5) 가 오늘 날씨가 안 더워요?
나 (   ) 아주 더워요.

(6) 가 내일 바쁘지 않아요?
나 (   ) 바쁘지 않아요.

2 다음 문장을 〈보기〉처럼 바꾸세요. Transformez la phrase comme dans l'exemple.

보기 동수는 영화를 봤어요. 영화가 재미있었어요.
→ 동수는 영화를 재미있게 봤어요.

(1) 마리는 원피스를 입었어요. 원피스가 예뻤어요.
→ ______________________________

(2) 우리는 점심을 먹었어요. 점심이 맛있었어요.
→ ______________________________

(3) 아버지께서는 텔레비전을 사셨어요. 텔레비전이 쌌어요.
→ ______________________________

(4) 저는 한국에서 휴가를 보냈어요. 휴가가 즐거웠어요.
→ ______________________________

3 알맞은 단어로 괄호를 채우세요. Complétez les parenthèses avec les mots convenables.

그러면	그리고	그런데	왜냐하면	그래서

(1) 지난 주말에 친구한테 전화했어요. (　　　　　　) 이메일도 보냈어요.

(2) 머리가 너무 아팠어요. (　　　　　　) 친구를 못 만났어요.

(3) 오늘 극장에 못 가요. (　　　　　　) 내일 영어 시험이 있어요.

(4) 티셔츠를 입어 봤어요. (　　　　　　) 너무 컸어요.

(5) 가　내일은 시간이 없어요.
　　나　(　　　　　　) 모레는 어때요?

(6) 오늘은 아침을 못 먹었어요. (　　　　　　) 늦게 일어났어요.

4 다음 문장을 '-(으)ㄹ까요?'를 사용해서 〈보기〉와 같이 문장을 바꾸세요.

Transformez la phrase en utilisant -(으)ㄹ까요? comme dans l'exemple.

보기　오후에 시내에 가요. → 오후에 시내에 갈까요?

(1) 같이 도서관에서 공부해요.
→ ______________________

(2) 주말에 수진 씨를 만나요.
→ ______________________

(3) 카페에서 커피를 마셔요.
→ ______________________

(4) 찬호 씨 차를 운전하다.
→ ______________________

(5) 아침 10시에 오다.
→ ______________________

(6) 백화점에서 학용품을 사다.
→ ______________________

연습 2 Exercises 2

듣기와 말하기 Écouter et Parler

1 **다음을 듣고 주제어를 찾으세요.** Écoutez et trouvez le mot qui indique le thème. CD2 61

휴가	고향	운동	음악

(1) ______________________

(2) ______________________

(3) ______________________

(4) ______________________

2 **다음을 듣고 괄호를 채우세요.** Écoutez et complétez les parenthèses. CD2 62

(1) 오늘 날씨가 추워서 눈이 (   ).

(2) (   ) 내일이 모르간의 생일이에요.

(3) 비 (   ) 길이 많이 막혀요.

(4) 점원은 (   ) 말했습니다.

(5) 마리는 동네 (   )에서 (   )을 보고 있습니다.

(6) 마리는 (   ), 치약, (   ), 휴지를 샀습니다.

(7) 교수님 (   ) 한국어를 쉽게 배웠습니다.

(8) 같이 콘서트에 (   )?

3 **다음을 듣고 질문에 답하세요.** Écoutez et répondez aux questions. CD2 63

(1) 아가트 씨는 언제부터 휴가예요?

____

(2) 찬호 씨는 휴가 때 어디로 갈 거예요?

____

(3) 찬호 씨는 휴가 때 뭐 할 거예요?

____

(4) 찬호 씨는 왜 기차로 갈 거예요?

____

(5) 아가트 씨는 휴가 기간에 어디로 갈 거예요?

____

4 **다음에 나오는 상황을 보고 대화를 해 보세요.**

Jeu de rôles : préparez un dialogue selon la situation suivante.

> Demandez à vos amis ce qu'ils ont fait pendant les vacances de l'année dernière.
> Vous demandez également le mode de transport, la durée, etc.

Les festivals

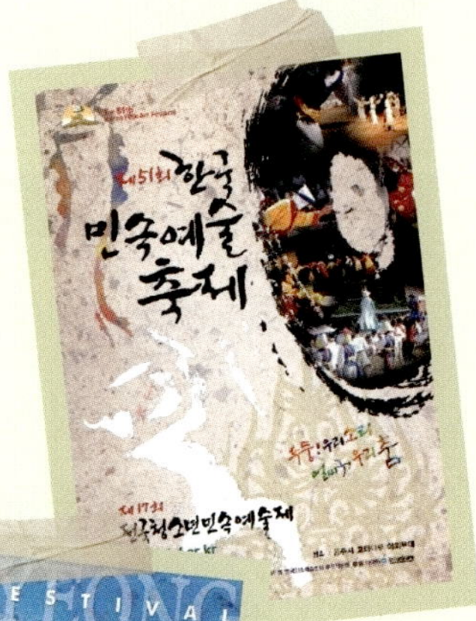

Chaque mois en Corée, et en toute saison, des festivals sont organisés un peu partout dans le pays. Les thèmes de ces festivals sont très variés. Ils dépendent souvent de la tradition locale ou d'une particularité culturelle ou encore d'une expérience acquise avec le temps. Il existe ainsi des festivals du cinéma comme celui de Chungmuro à Séoul ou celui de Busan, connu dans le monde entier ; le festival de la danse des masques d'Andong ; le festival du tissu de Hansan ; le festival des herbes médicinales de Daegu ; le festival du ginseng de Geumsan. On trouve les festivals les plus divers comme le festival des papillons, de la musique traditionnelle, de la calligraphie, des arts martiaux, des gâteaux de riz, du kimchi, des champignons, etc.

En Corée, le printemps et l'automne sont les saisons privilégiées pour les festivals. A noter que ces festivals attirent une foule très nombreuse à chaque fois.

Activités

1 **여러분 나라의 가장 대표적인 축제 두 가지 혹은 세 가지를 소개해 보세요.**
Pourriez-vous présenter deux ou trois festivals représentatifs de votre pays ?

2 **축제에 참여해 본 적이 있으면 그에 대해 친구에게 말해 보세요.**
Avez-vous déjà assisté à un festival ? Si oui, racontez-le à votre ami.

20과 이사하는 게 안 힘들었어요?

대화 1 Dialogue 1

CD2 64

(수진 씨는 지난 주말에 이사했습니다. 그래서 오늘 저녁 친구들을 새 집에 초대해서 집들이를 했습니다.)

찬호 수진 씨, 집이 참 예쁘네요. 이사하는 게 안 힘들었어요?

수진 네, 안 힘들었어요. 왜냐하면 포장 이사를 했어요.

마리 수진 씨, 먼저 집보다 더 커 보여요.

수진 네, 이 집이 조금 더 커요.

마리 교통은 어때요?

수진 교통이 아주 편해요. 먼저 집에서는 회사 가는 게 힘들었지만, 여기에서는 회사까지 가는 버스가 많아요. 그리고 전철 역도 걸어서 5분밖에 안 걸려요.

마리 관리비는 한 달에 얼마예요?

수진 이 아파트는 한 달에 30만 원쯤 나와요.

찬호 관리비가 조금 비싸네요.

수진 네. 하지만 지하에 주차장도 있고 상가도 있어요. 지하상가에 책방하고 식당하고 편의점이 있어요. 그리고 근처에 우체국과 은행도 있어서 편해요. 그런데 찬호 씨는 오늘 피곤해 보여요.

찬호 오늘 아침에 일찍 일어나서 조깅을 했더니 조금 피곤해요.

단어 vocabulaire

과장님	directeur (d'un service)
관리비	charges (d'un immeuble)
교통	circulation, 교통이 편하다 Il y a plusieurs choix de transports publics.
나오다	coûter / sortir
똑똑하다	être intelligent(e)
뚱뚱하다	être gros(se)
먼저	avant, 먼저 번에 la fois d'avant
먼지	poussière
부서	service (d'une entreprise)
빨래하다	faire la lessive
새로	nouvellement
설거지하다	faire la vaisselle
성격	caractère
스트레스	stress, 스트레스를 받다 être stressé

대화 2 Dialogue 2

CD2 65

마리 수진 씨, 요즘 이사 때문에 바빴겠어요.

수진 네. 이사 후에 먼지가 많아서 매일 청소하고 빨래하고 설거지했어요. 찬호 씨는 요즘 회사가 어때요?

찬호 지난주부터 새로 과장님이 오셨는데 힘들어요.

마리 어머, 왜요?

찬호 과장님이 똑똑하신데 성격이…….

수진 혹시 새로 오신 과장님이 키가 작고 뚱뚱하신 분 아니에요?

찬호 네, 맞아요. 어떻게 알았어요?

수진 지난번에 엘리베이터에서 우연히 봤어요. 그런데 과장님께서 친절해 보였어요.

찬호 보통 때는 친절하고 성격이 좋으세요. 그런데 과장님께서 스트레스를 많이 받으시는 날에는 모두가 조심해야 돼요. 수진 씨는 요즘 어때요?

수진 우리 부서에서는 요즘 일이 많아서 아주 바빠요. 그리고 지금까지는 회식도 두 달에 한 번 했었는데, 다음 달부터는 한 달에 한 번 하기로 했어요.

단어 vocabulaire

엘리베이터	ascenseur
이사하다	déménager
조심하다	faire attention
주차장	parking
지하상가	galerie marchande au sous-sol
집들이	crémaillère
책방	librairie = 서점
키	taille, grandeur
포장 이사	déménagement avec services emballage et désemballage compris
혹시	par hasard
회식	repas entre collègues de bureau (après le travail)
힘들다	être dur, être difficile

읽기

오늘 찬호 씨와 마리 씨는 수진 씨의 집들이에 갔습니다. 수진 씨는 지난 주말에 이사했는데 수진 씨 집은 20층 빌딩에 있습니다. 수진 씨는 이 빌딩의 15층에 삽니다. 찬호 씨와 마리 씨는 수진 씨에게 가루비누와 샴푸를 선물했습니다. 한국에서는 보통 집들이 날에 세제, 샴푸, 비누, 초, 휴지 등을 선물합니다. 새로 이사 온 아파트는 교통이 아주 편합니다. 근처에 버스도 많고 지하철도 있습니다. 그리고 빌딩 지하에는 지하상가도 있습니다.

찬호 씨와 수진 씨는 회사 일에 대해 이야기했습니다. 찬호 씨 부서에 새로 과장님이 오셨는데 키가 작고 뚱뚱하신 분입니다. 새로 오신 과장님은 보통 때는 친절하고 성격이 좋으시지만 스트레스를 많이 받는 날에는 모두가 조심합니다. 수진 씨 부서는 요즘 아주 바쁩니다. 그리고 다음 달부터 수진 씨 부서에서는 회식을 한 달에 한 번 하기로 했습니다.

단어 vocabulaire

가루비누	lessive en poudre	**세제**	produit de lavage
-기로 하다	Voir 20.5.	**-아/어 보이다**	Il semble que, Voir 20.2.
-는 게	Voir 20.1.	**-에 대해**	à propos de, sur, Voir 20.7.
등	et cetera, Voir 20.6.	**이사**	déménagement
빌딩	building	**지난번에**	la dernière fois
샴푸	shampoing	**지하**	sous-sol
선물하다	faire un cadeau	**초**	bougie

20-1 Radical du verbe d'action + 는 것 Le fait de + infinitif

La construction 'Radical du verbe d'action + 는 것' sert à donner à la proposition la propriété nominale. Ainsi la partie du 'Radical du verbe d'action + 는 것' peut s'utiliser comme le sujet, le complément d'objet direct ou le prédicat. Les particules 이, 은, 을, 도… sont attachées après 것. On utilise souvent les forme abrégées à l'oral quand les particules sont attachées après 것.

Forme originale	Forme abrégée
–는 것이	–는 게
–는 것은	–는 건
–는 것을	–는 걸
–는 것	–는 거

영화를 보는 것이/게 재미있다 Voir un film est intéressant
영화를 보는 것을/걸 좋아하다 Aimer voir un film
버스를 타는 것은/건 피곤하다 Le fait de prendre le bus est fatigant
버스를 타는 것이/게 빠르다 Le fait de prendre le bus est rapide

예
- 이사하는 게 안 힘들었어요. Déménager n' était pas difficile.
- 이자벨은 극장에 가는 걸 좋아해요. Isabelle aime aller au cinéma.
- 한국어를 공부하는 건 참 재미있어요. Étudier le coréen est vraiment intéressant.
- 민정은 음악 듣는 걸 좋아해요. Min-jeong aime écouter de la musique.
- 줄리엥이 좋아하는 건 테니스를 치는 거예요. Ce que Julien aime est jouer au tennis.

20-2 Radical du verbe de description + 아/어 보이다 Il semble que

La construction 'Radical du verbe de description + 아/어 보이다' correspond aux constructrions « il semble que », « on dirait que » du français.

예
- 이 집이 먼저 집보다 더 커 보여요. Il semble que cette maison est plus grande que la maison d'avant.
- 찬호 씨는 오늘 피곤해 보여요. Chan-ho a l'air fatigué aujourd'hui.
- 이 가방이 비싸 보여요. On dirait que ce sac est cher.
- 교수님께서는 바빠 보여요. Le professeur a l'air d'être occupé.

20-3 Radical du verbe d'action + 았/었더니 parque que, car

La construction 'Radical du verbe d'action + 았/었더니' s'utilise quand le locuteur (1ère personne) rappelle l'expérience du passé. Elle sert à établir une relation de cause à résultat. La proposition de 았/었더니 est la cause ou la raison et la proposition suivante est le résultat qui en découle.

예 오늘 아침에 일찍 일어나서 조깅했더니 조금 피곤해요.
Je suis un peu fatigué parce que j'ai fait du jogging ce matin tôt.

텔레비전을 많이 봤더니 눈이 아파요.
J'ai mal aux yeux parce que j'ai beaucoup regardé la télévision.

우리가 한국어를 열심히 배웠더니 지금은 한국어를 잘 해요.
Maintenant nous parlons bien coréen car nous avons appris le coréen sérieusement.

20-4 Expressions pour décrire la personne

	키가 크다 키가 보통이다 키가 작다	Être grand Être de taille moyenne Être petit
	머리가 길다 머리가 짧다 머리가 금발이다 머리가 갈색이다 머리가 까만색이다 머리가 회색이다	Avoir les cheveux longs Avoir les cheveux courts Être blond Avoir les cheveux bruns Avoir les cheveux noirs Avoir les cheveux gris
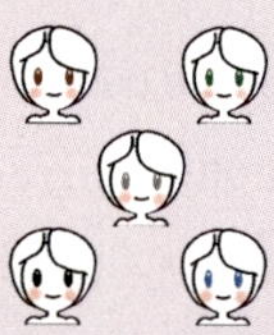	눈이 갈색이다 눈이 녹색이다 눈이 회색이다 눈이 까만색이다 눈이 파란색이다	Avoir les yeux bruns Avoir les yeux verts Avoir les yeux gris Avoir les yeux noirs Avoir les yeux bleus
	뚱뚱하다 보통이다 날씬하다	Être gros Être normal Être mince

	예쁘다 (pour fille) 잘생겼다 (pour garçon) 못생겼다 (pour garçon et fille)	Être belle Être beau Être laid
	성격이 좋다 성격이 안 좋다 성격이 고약하다	Avoir un bon caractère Avoir un mauvais caractère Être méchant
	친절하다 불친절하다	Être gentil Ne pas être gentil
	똑똑하다 똑똑하지 않다	Être intelligent Ne pas être intelligent

예 줄리엥은 키가 커요. Julien est grand.
아가트는 금발이에요. Agathe est blonde.
이자벨은 머리가 길어요. Isabelle a les cheveux longs.
레오는 눈이 파란색입니다. Léo a les yeux bleus.
찬호 씨는 잘생겼어요. Chan-ho est beau.
과장님께서 친절하고 성격이 좋으세요. Le directeur est gentil et il a un bon caractère.
찬호 씨는 굉장히 똑똑합니다. Chan-ho est très intelligent.

20-5 Radical du verbe d'action + 기로 하다 décider de + infinitif

La construction 'Radical du verbe d'action + 기로 하다', qui a un sens de futur, sert à exprimer la décision ou la ferme volonté du sujet.

예 회식을 한 달에 한 번 하기로 했어요.
On a décidé d'organiser un repas entre collègues de bureau une fois par mois.

내일 민정 씨가 집에 오기로 했어요.
Il est décidé que Min-jeong vient à la maison demain.

20-6 등 et cetera

등 s'emploie dans le sens « et cetera » du français pour énumérer des choses.

> 예 백화점에 청바지, 치마, 외투, 셔츠 등이 있습니다.
> Il y a le jean, la jupe, le manteau, la chemise, etc. au grand magasin.
>
> 우리는 프랑스, 영국, 스페인 등을 구경할 겁니다.
> On va visiter la France, l'Angleterre, l'Espagne, etc.

20-7 NOM + 에 대해 이야기하다 (말하다) parler de NOM

La construction 'NOM + 에 대해 이야기하다 (말하다)' correspond à « parler de quelque chose / de quelqu'un » en français.

> 예 우리는 지금 과장님에 대해 말하고 있어요.
> Nous sommes en train de parler de notre directeur maintenant.
>
> 어제 휴가에 대해 이야기했어요.
> Hier on a parlé de nos vacances.

단어 vocabulaire

갈색	brun (couleur)
고약하다	être méchant(e)
금발	cheveux blonds, 금발이다 être blond(e)
길다	être long(ue)
날씬하다	être mince
보통이다	être de taille moyenne, être normal
불친절하다	ne pas être gentil(le)
짧다	être court(e)

연습 1 Exercices 1

문법과 표현 Grammaire et Expressions

1 〈보기〉와 같이 문장을 만들어 보세요.

Qu'est-ce qu'ils aiment ? Construisez la phrase comme dans l'exemple.

보기

(아가트) → 아가트는 스키를 타는 걸 좋아해요.

(1)

(제레미)

→ ____________________

(2)

(이자벨)

→ ____________________

(3)

(마리)

→ ____________________

(4)

(모르간)

→ ____________________

(5)

(상준)

→ ____________________

(6)

(모르간)

→ ____________________

(7)

(레오)

→ ____________________

(8)

(사미라)

→ ____________________

2 〈보기〉와 같이 '었/았더니'를 사용해서 문장을 만들어 보세요.

Construisez la phrase en utilisant 었/았더니 comme dans l'exemple.

보기 (텔레비전을 많이 보다, 눈이 아프다)

→ 텔레비전을 많이 봤더니 눈이 아파요.

(1) (공부를 많이 하다, 머리가 아프다)

→ ____________________

(2) (테니스를 많이 치다, 피곤하다)

→ ______________________________

(3) (점심을 안 먹다, 배가 고프다)

→ ______________________________

(4) (버스를 타다, 길이 많이 막히다)

→ ______________________________

(5) (공원에서 산책을 하다, 기분이 좋다)

→ ______________________________

(6) (약을 먹다, 감기가 낫다)

→ ______________________________

3 다음 인물을 〈보기〉와 같이 묘사해 보세요.

Décrivez le physique de la personne suivante comme dans l'exemple.

보기

이 남자는 키가 보통이고 뚱뚱합니다. 머리가 짧고 갈색입니다.

(1)  ______________________________

(2)  ______________________________

(3)  ______________________________

(4)  ______________________________

연습 2 Exercises 2

듣기와 말하기 Écouter et Parler

1 **다음을 듣고 주제어를 찾으세요.** Écoutez et trouvez le mot qui indique le thème. CD2 67

면접	취미	생일	설날

(1) ______________________

(2) ______________________

(3) ______________________

(4) ______________________

2 **다음을 듣고 괄호를 채우세요.** Écoutez et complétez les parenthèses. CD2 68

(1) ( ) 것은 안 힘듭니다.

(2) 한국어를 ( ) 즐겁습니다.

(3) 시험이 어려워 ( ).

(4) 요꼬는 예쁘지만 ( ).

(5) 민정 씨는 ( ) 키가 커요.

(6) 책상 위에 연필, 볼펜, 공책, 책, 사전 ( ) 있습니다.

(7) 레오와 줄리엥은 컴퓨터에 ( ) 이야기하고 있습니다.

(8) 오늘 ( )를 많이 받았어요.

3 **다음을 듣고 참인지 거짓인지 말하세요.** CD2 69

Écoutez et dites si les affirmations suivantes sont vraies ou fausses.

(1) 요꼬 씨는 날씬합니다. VRAI – FAUX

(2) 요꼬 씨는 머리가 갈색입니다. VRAI – FAUX

(3) 요꼬 씨는 정장을 자주 입습니다. VRAI – FAUX

(4) 이자벨 씨는 키가 보통이고 뚱뚱합니다. VRAI – FAUX

(5) 이자벨 씨는 눈이 파란색이고 성격이 좋습니다. VRAI – FAUX

(6) 이자벨 씨는 똑똑합니다. VRAI - FAUX

(7) 동수 씨는 키가 크고 뚱뚱합니다. VRAI - FAUX

(8) 동수 씨의 눈은 까만색입니다. VRAI - FAUX

(9) 동수 씨는 못생겼지만 친절합니다. VRAI - FAUX

(10) 찬호 씨는 키가 크고 잘생겼습니다. VRAI - FAUX

(11) 찬호 씨의 눈은 까만색이고 성격이 좋습니다. VRAI - FAUX

(12) 찬호 씨는 똑똑합니다. VRAI - FAUX

4 다음에 나오는 상황을 보고 대화를 해 보세요.

Jeu de rôles : préparez un dialogue selon la situation suivante.

Choisissez un personnage connu (acteur, chanteur, présentateur, etc.) et décrivez son physique et son caractère. Préparez le dialogue à deux.

문화와 사회 Culture et Société

Le mythe de Dan'gun

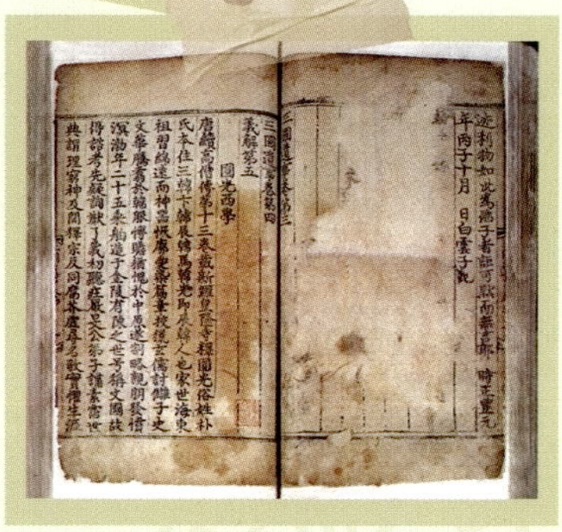

Les Coréens aiment à dire qu'ils descendent tous d'un seul créateur, fondateur mythique du pays de la Corée. Cette fondation a même une date, 2333 avant J.-C. Un jour, Hwanung, fils du roi du Ciel qui gouvernait les hommes et les choses, voulut descendre sur terre pour vivre parmi les humains. Son père accorda la permission et accompagné d'une armée de 3000 sujets, descendit sur terre. Il s'établit sur un des versants de la montagne Taebaek et fonda son royaume, nomma des ministres qui commandaient aux nuages, au vent et à la pluie. Un jour, il rencontra une ourse et un tigre qui souhaitaient prendre forme humaine. Emu, il voulut exaucer leur souhait mais en leur donnant auparavant une épreuve à accomplir : rester cent jours dans une caverne obscure en mangeant seulement de l'ail et de l'armoise. Les animaux s'exécutèrent mais le tigre perdit vite patience, tandis que l'ourse parvint au terme de l'épreuve. Elle fut alors transformée en une magnifique jeune fille, Ungnyeo qui se mit aussitôt en recherche d'un mari. Hwanung l'épousa et de cette union naquit Dangun qui devint roi de la péninsule connue sous le nom de royaume de Gojoseon. Son règne dura 1500 ans, puis il abdiqua et devint un dieu de la montagne. Les Coréens puisent dans ce mythe, qualifié de fondateur, leur grande force morale.

Activités

1 **여러분 나라의 건국 신화가 있나요? 있다면 그 신화를 소개해 보세요.**
Avez-vous un mythe fondateur de votre pays ? Si oui, présentez-le.

2 **여러분이 알고 있는 신화나 전설을 이야기해 보세요.**
Racontez un mythe ou une légende d'un pays.

부록

Annexe

정답 Corrigés

1과 | Alphabet coréen « Hangeul »

연습 2 듣기와 말하기 Exercices 2 Écouter et Parler

1 (1) ㅣ (2) ㅏ (3) ㅗ (4) ㅓ (5) ㅜ
(6) ㅔ (7) ㅐ

2 (1) ㅘ (2) ㅛ (3) ㅙ (4) ㅑ (5) ㅠ
(6) ㅝ (7) ㅢ

3 (1) ㄱ (2) ㅅ (3) ㅈ (4) ㄹ (5) ㄴ
(6) ㅠ (7) ㅍ (8) ㅈ (9) ㅌ

4 (1) ㄱ (2) ㅠ (3) ㅌ (4) ㄷ (5) ㅃ
(6) ㅍ (7) ㅆ (8) ㅅ (9) ㅉ (10) ㅈ

5 (1) ㅎ (2) ㅍ (3) ㅂ (4) ㅊ (5) ㅅ
(6) ㄹ (7) ㅉ

2과 | Syllabes : construction et règles de prononciation

연습 1 문법과 표현 Exercices 1 Grammaire et Expressions

2 (1) 사전 (2) 수영장 (3) 공원 (4) 책
(5) 우유 (6) 프랑스 (7) 테니스 (8) 교수님

연습 2 듣기와 말하기 Exercices 2 Écouter et Parler

1 (1) 가 (2) 너 (3) 녀 (4) 교
(5) 괘 (6) 뉘 (7) 계 (8) 네

2 (1) 군 (2) 물 (3) 잔 (4) 당
(5) 위 (6) 뒤 (7) 황 (8) 촉

3 (1) ⑦ (2) ② (3) ① (4) ⑥
(5) ③ (6) ⑤ (7) ④

4 (1) ① (2) ⑦ (3) ③ (4) ②
(5) ⑥ (6) ⑤ (7) ④

5 (1) 가수 (2) 교수님 (3) 도서관 (4) 배우
(5) 사전 (6) 아파트 (7) 우체국 (8) 컴퓨터

6 (1) 꽃 (2) 버스 (3) 서울 (4) 시계
(5) 수영장 (6) 커피 (7) 텔레비전 (8) 파리
(9) 한글 (10) 햄버거

7 (1) 안녕하세요? (2) 감사합니다. / 고맙습니다.
(3) 천만에요. (4) 죄송합니다. / 미안합니다.
(5) 괜찮아요. / 괜찮습니다. (6) 실례합니다.

3과 | 저는 모르간이에요.

연습 1 문법과 표현 Exercices 1 Grammaire et Expressions

1 (1) 은 (2) 는 (3) 은 (4) 는
(5) 는 (6) 는

2 (1) 이에요 (2) 예요 (3) 예요 (4) 이에요
(5) 예요 (6) 이에요

3 (1) 저는 레오예요. 벨기에 사람이에요.
(2) 피에르는 프랑스 사람이에요. 요리사예요.
(3) 저는 상준이에요. 대학생이에요.
(4) 찬호는 한국 사람이에요. 회사원이에요.
(5) 아가트는 가수예요. 캐나다 사람이에요.
(6) 마리는 선생님이에요. 프랑스 사람이에요.

4 (1) 피에르는 프랑스 사람이에요. 요리사예요.
(2) 찬호는 한국 사람이에요. 회사원이에요.
(3) 레오는 벨기에 사람이에요. 대학원생이에요.
(4) 사미라는 모로코 사람이에요. 대학생이에요.
(5) 제레미는 스위스 사람이에요. 배우예요.
(6) 아가트는 캐나다 사람이에요. 가수예요.

연습 2 듣기와 말하기 Exercices 2 Écouter et Parler

1 (1) ③ (2) ② (3) ① (4) ⑥
(5) ④ (6) ⑤

2 (1) ③ (2) ② (3) ① (4) ④

3 (1) 선생님 (2) 한국 사람, 회사원
(3) 레오, 대학원생 (4) 이자벨, 프랑스 사람
(5) 캐나다 사람, 가수

4 (1) vrai (2) faux (3) faux (4) faux
(5) vrai (6) faux

5 생략

4과 | 이분이 누구예요?

연습 1 문법과 표현 Exercices 1 Grammaire et Expressions

1 (1) 네 (2) 아니요 (3) 아니요 (4) 아니요
(5) 네 (6) 아니요

2 (1) 프랑스 (2) 스페인어 (3) 중국 사람 (4) 영국
(5) 일본 사람 (6) 프랑스어 / 불어

3 (1) 상준도 한국 사람이에요.
(2) 모르간도 대학생이에요.
(3) 이자벨도 미국 사람이 아니에요.
(4) 피에르 씨도 프랑스 사람이에요.

(5) 레오도 화가가 아니에요.
(6) 모르간 씨도 소설가가 아니에요.

4 (1) 씨, 네 (2) 씨, 아니요 (3) 도, 네, 도
(4) 씨, 아니요 (5) 씨, 아니요, 씨 (6) 씨, 아니요, 씨

연습 2 듣기와 말하기 Exercices 2 Écouter et Parler

1 (1) ④ (2) ② (3) ① (4) ③

2 (1) 대학생 (2) 미국 (3) 화가 (4) 배우
(5) 소설가

3 (1) faux (2) vrai (3) vrai (4) faux
(5) faux

4 (1) 가 이분이 누구예요?
나 아가트 씨예요. 가수예요.
(2) 가 이분이 누구예요?
나 이동수 씨예요. 의사예요.
(3) 가 이분이 누구예요?
나 이자벨 씨예요. 기자예요.
(4) 가 이분이 누구예요?
나 모르간 씨예요. 대학생이에요.
(5) 가 이분이 누구예요?
나 김찬호 씨예요. 회사원이에요.
(6) 가 이분이 누구예요?
나 마리 씨예요. 선생님이에요.

5 (1) 가 이게 뭐예요?
나 사과예요.
(2) 가 이게 뭐예요?
나 버스예요.
(3) 가 이게 뭐예요?
나 바게트예요.
(4) 가 이게 뭐예요?
나 꽃이에요.
(5) 가 이게 뭐예요?
나 휴대전화예요.
(6) 가 이게 뭐예요?
나 책상이에요.

5과 | 오늘 시간이 있어요?

연습 1 문법과 표현 Exercices 1 Grammaire et Expressions

1 (1) 한국어 수업이 없어요. (2) 한국 친구가 있어요.
(3) 사과가 없어요. (4) 프랑스어 사전이 있어요.
(5) 컴퓨터가 없어요. (6) 텔레비전이 없어요.

2 (1) 학생이 많아요. (2) 아파트가 넓어요.
(3) 한국어가 재미있어요. (4) 도서관이 좋아요.
(5) 한국 음식이 맛있어요. (6) 줄리엥은 영어 수업이 없어요.

3 (1) 하고, 가 (2) 하고, 가 (3) 하고, 가 (4) 하고, 이
(5) 하고, 가 (6) 하고, 이

4 (1) 사미라의 친구 (2) 레오의 기숙사
(3) 피에르의 사전 (4) 의사의 아파트
(5) 한국의 휴대전화 (6) 교수님의 차

연습 2 듣기와 말하기 Exercices 2 Écouter et Parler

1 (1) vrai (2) vrai (3) faux (4) faux
(5) faux (6) vrai

2 (1) 맛있어요 (2) 좋아요 (3) 하고 (4) 도
(5) 전공 (6) 그리고

3 (1) 대학교가 참 넓어요.
(2) 학교 식당의 음식이 맛있어요.
(3) 도서관이 괜찮아요. 컴퓨터가 많아요.
(4) 기숙사가 좋아요. 프랑스 학생이 많아요.

4 (1) 가 학교 식당이 어때요?
나 학교 식당이 좋아요. 음식이 맛있어요.
(2) 가 기숙사가 어때요?
나 기숙사가 좋아요. 넓어요.
(3) 가 한국어 수업이 어때요?
나 한국어 수업이 좋아요. 재미있어요.
(4) 가 영어 교수님이 어때요?
나 영어 교수님이 좋아요. 영어 교수님이 재미있어요.

5 생략

6과 | 요즘 뭐 해요?

연습 1 문법과 표현 Exercices 1 Grammaire et Expressions

1 (1) 를 (2) 을 (3) 을 (4) 를
(5) 을 (6) 를

2 (1) 찬호 씨는 컴퓨터를 사요.
(2) 모르간은 레오 씨를 기다려요.
(3) 민정 씨, 지금 뭐 해요?
(4) 저는 요즘 한국어를 배워요.
(5) 사미라는 오늘 영어를 공부해요.
(6) 제레미가 와요.

3 (1) 기다려요 (2) 먹어요 (3) 있어요 (4) 아니에요
(5) 배워요 (6) 재미있어요

4 (1) 찻집에서 인삼차를 마셔요.
(2) 인사동에서 거리를 구경해요.
(3) 기숙사에서 텔레비전을 봐요.
(4) 편의점에서 물을 사요.
(5) 학원에서 일본어를 배워요.
(6) 우체국에서 아르바이트를 해요.

연습 2 듣기와 말하기 Exercices 2 Écouter et Parler

1 (1) ③ (2) ④ (3) ① (4) ②

2 (1) 유자차를 (2) 좋아해요 (3) 지금 (4) 이름이
(5) 마셔요

3 (1) 아니요, 모르간 씨는 커피를 좋아해요.
(2) 아니요, 모르간 씨는 요즘 태권도를 배워요.
(3) 모르간 씨는 학교 식당에서 아르바이트를 해요.
(4) 한국 생활이 아주 재미있어요.

4 (1) 오렌지 주스를 마셔요. (2) 인삼차를 마셔요.
(3) 커피를 마셔요. (4) 우유를 마셔요.
(5) 유자차를 마셔요. (6) 콜라를 마셔요.
(7) 녹차를 마셔요. (8) 카푸치노를 마셔요.

5 생략

7과 | 지금 어디에 가요?

연습 1 문법과 표현 Exercices 1 Grammaire et Expressions

1 (1) 가 이자벨이 수영장에 있어요?
나 네, 수영장에 있어요.
(2) 가 사진이 방에 있어요?
나 네, 방에 있어요.
(3) 가 한국어 책이 도서관에 있어요?
나 아니요, 도서관에 없어요.
(4) 가 아가트하고 제레미가 공원에 있어요?
나 아니요, 공원에 없어요.
(5) 가 상준 씨가 시내에 있어요?
나 네, 시내에 있어요.
(6) 가 피에르가 편의점에 있어요?
나 아니요, 편의점에 없어요.

2 (1) 에 (2) 에서 (3) 에서 (4) 에
(5) 에 (6) 에서

3 (1) 이 : 여기, 그 : 그 (시계), 저 : 저 (친구)
(2) 이것 : 이건, 그것 : 그게, 저것 : 저걸

4 (1) 한글이 쉬워요. (2) 비빔밥이 매워요.
(3) 꽃이 아름다워요. (4) 불고기가 유명해요.
(5) 비빔밥이 맛있어요. (6) 영어가 어려워요.

연습 2 듣기와 말하기 Exercices 2 Écouter et Parler

1 (1) ③ (2) ④ (3) ① (4) ②

2 (1) 제레미는 시내에 가요.
(2) 아니요, 가방을 사요.
(3) 모르간을 우연히 만나요.
(4) 제레미하고 모르간은 영화를 봐요.
(5) 영화가 재미있어요.
(6) 아니요, 극장에 가끔 가요.

3

	상	준		씨	는		공	원	에		가	요	.
공	원	에	서		민	정		씨	를		기	다	려
요	.	공	원	에		나	무	하	고		꽃	이	
많	아	요	.	공	원	이		참		아	름	다	워
요	.	저	기		민	정		씨	가		와	요	.
상	준		씨	는		민	정		씨	를		만	나
요	.	상	준		씨	하	고		민	정		씨	는
함	께		극	장	에		가	요	.				

4 생략

8과 | 지금 몇 시예요?

연습 1 문법과 표현 Exercices 1 Grammaire et Expressions

1 (1) 아홉 시 삼십 분이에요. / 아홉 시 반이에요.
(2) 열한 시 사십오 분이에요.
(3) 세 시 삼십오 분이에요.
(4) 여덟 시 오십 분이에요.
(5) 네 시 십오 분이에요.
(6) 열두 시 이십 분이에요.

2 (1) 가 몇 시에 일어나요?
나 아침 일곱 시 반에 일어나요.
(2) 가 몇 시에 학교에 도착해요?
나 아침 열 시 이십 분에 도착해요.
(3) 가 몇 시에 책을 읽어요?
나 저녁 아홉 시 십 분에 읽어요.
(4) 가 몇 시에 영화가 시작해요?
나 오후 여섯 시 이십이 분에 시작해요.
(5) 가 몇 시에 자요?
나 밤 열한 시에 자요.
(6) 가 몇 시에 인터넷을 해요?
나 오후 세 시 오십 분에 해요.

3 (1) 오늘은 3월 1일이에요.
(2) 오늘은 12월 25일이에요.
(3) 오늘은 6월 6일이에요.
(4) 오늘은 10월 17일이에요.
(5) 오늘은 1월 31일이에요.
(6) 오늘은 8월 14일이에요.

연습 2 듣기와 말하기 Exercices 2 Écouter et Parler

1 (1) ③ (2) ② (3) ① (4) ⑤ (5) ④

2 수 : 서예-저녁 7시, 목 : 친구-저녁 8시,
토 : 영화-오후 3시, 일 : 생일잔치-오후 1시

3

	마	리	는		매	일		오	후	에		일	해
요	.	두		시	부	터		여	섯		시	까	지
일	해	요	.	저	녁		여	섯		시		반	에
집	에		와	요	.	그	리	고		저	녁	을	
먹	어	요	.	마	리	는		밤		열		시	쯤
에		씻	어	요	.	그	리	고		잡	지	를	
읽	어	요	.	마	리	는		밤		열	한		시
에		자	요	.									

4 (1) 오후 세 시 십오 분이에요.
(2) 오후 다섯 시 반이에요. / 오후 다섯 시 삼십 분이에요.
(3) 저녁 아홉 시 오십오 분이에요.
(4) 아침 여섯 시 사십이 분이에요.
(5) 아침 열 시 십칠 분이에요.
(6) 오후 한 시 오십이 분이에요.
(7) 오후 열두 시예요.
(8) 저녁 일곱 시 반이에요. / 저녁 일곱 시 삼십 분이에요.

5 생략

9과 | 여보세요?

연습 1 문법과 표현 Exercices 1 Grammaire et Expressions

1 (1) 여보세요 (2) 댁이에요 (3) 누구세요
(4) 잠깐만 기다리세요

2 (1) 공부해요 (2) 축하해요 (3) 친절해요
(4) 쇼핑해요 (5) 구경해요 (6) 피곤해요

3 (1) 스물두 살이에요.
(2) 일곱 개 있어요.
(3) 세 권 있어요.
(4) 다섯 잔 있어요.
(5) 열두 명 있어요.
(6) 두 대 있어요.

4 (1) 가 볼펜이 얼마예요?
나 네 개에 천오백 원이에요.
(2) 가 공책이 얼마예요?
나 세 권에 삼천팔백 원이에요.
(3) 가 청바지가 얼마예요?
나 한 벌에 이만 사천 원이에요.
(4) 가 컴퓨터가 얼마예요?
나 한 대에 팔십만 원이에요.
(5) 가 커피가 얼마예요?
나 한 잔에 삼천 원이에요.
(6) 가 물이 얼마예요?
나 한 병에 칠백 원이에요.

연습 2 듣기와 말하기 Exercices 2 Écouter et Parler

1 (2) 17 (3) 89 (4) 22 (5) 46
(6) 1180 (7) 79 (8) 56 (9) 34700
(10) 55600 (11) 120000 (12) 450000 (13) 1000000
(14) 1570000

2 모르간 씨 집 : 02-9823-4925
잠실대학교 : 02-4892-2433
수영장 : 051-4928-9002
편의점 : 02-2219-7165
레오 : 010-8351-0027

3

3 층	카페	(커피)	3,000원
2 층	(식당)	비빔밥	4,000원
1 층	편의점	볼펜	(500원)

4 (1) 가 전화번호가 몇 번이에요?
나 공일공 구구팔사에 이구오팔이에요.
(2) 가 전화번호가 몇 번이에요?
나 공이 사구팔칠에 이구삼삼이에요.
(3) 가 전화번호가 몇 번이에요?
나 공일공 구사칠이에 오구사구예요.
(4) 가 전화번호가 몇 번이에요?
나 공이 이일이공에 사팔칠이예요.
(5) 가 전화번호가 몇 번이에요?
나 공삼일 구팔사에 이구사공이에요.
(6) 가 전화번호가 몇 번이에요?
나 공삼일 칠구구에 이구삼삼이에요.
(7) 가 전화번호가 몇 번이에요?
나 공일공 삼삼육칠에 공공이오예요.

5 생략

10과 | 지난 주말에 뭐 했어요?

연습 1 문법과 표현 Exercices 1 Grammaire et Expressions

1 (1) 마리는 교실에 없었어요.
(2) 학교 식당에서 점심을 먹었어요.
(3) 동수는 독일어를 배웠어요.
(4) 저는 카페에서 카푸치노를 마셨어요.
(5) 모르간은 백화점에서 쇼핑했어요.
(6) 저는 모르간을 만났어요.

2 (1) 피에르는 모르간에게 전화해요.
(2) 시내에 길이 많이 막혀요.
(3) 아가트는 주말에 연극을 봐요.
(4) 저는 버스를 타요.
(5) 시험이 어려워요.
(6) 은행까지 걸어서 15분 걸려요.

3 (1) 저는 지하철로 우체국에 갔어요.
(2) 저는 택시로 집에 갔어요.
(3) 저는 기차로 부산에 갔어요.
(4) 저는 비행기로 도쿄에 갔어요.
(5) 저는 자전거로 식당에 갔어요.
(6) 저는 걸어서 백화점에 갔어요.

4 (1) 들어요 (2) 받아요 / 받았어요 (3) 닫아요
(4) 걸었어요 (5) 쉬었어요 (6) 타요

연습 2 듣기와 말하기 Exercices 2 Écouter et Parler

1 (2) 극장, 영화를 봤어요.
(3) 집, 숙제를 했어요.
(4) 제레미, 아가트에게 전화했어요.
(5) 공원, 자전거를 탔어요.

2 (1) 지난 토요일에 마리 씨가 수진 씨를 만났어요.
(2) 백화점까지 버스를 탔어요.
(3) 백화점까지 15분 걸렸어요.
(4) 마리 씨는 백화점에서 청바지하고 가방을 샀어요.
(5) 마리 씨와 수진 씨는 프랑스 식당에서 저녁을 먹었어요.
(6) 마리 씨는 저녁 9시에 집에 왔어요.

3

	이	자	벨	은		은	행	에		버	스	로	
갔	어	요	.	집	에	서		은	행	까	지		1
5	분		걸	렸	어	요	.	길	이		많	이	
막	혔	어	요	.	은	행	에		사	람	들	이	
많	았	어	요	.	이	사	벨	은		4	시		반
까	지		기	다	렸	어	요	.	이	자	벨	은	
피	곤	했	어	요	.								

4 예 모르간은 아침 7시에 일어나요. 8시에 아침을 먹어요. 그리고 학교까지 버스를 타요. 모르간은 학교에서 수업을 들어요. 모르간은 친구하고 카페에서 커피를 마셔요. 그리고 도서관에서 공부해요. 모르간은 집에서 컴퓨터를 해요. 그리고 밤 11시에 자요.

5 생략

11과 | 내일 뭐 할 거예요?

연습 1 문법과 표현 Exercices 1 Grammaire et Expressions

1 (1) 상준은 목요일에 집에 있을 거예요.
(2) 저는 한국에서 살 거예요.
(3) 수업이 오후 4시에 끝날 거예요.
(4) 이자벨은 금요일에 바쁠 거예요.
(5) 모르간은 친구를 기다릴 거예요.
(6) 아가트는 집에 친구를 초대할 거예요.

2 (1) 누구에게 (2) 누가 (3) 누구
(4) 누구하고 (5) 누구를

3 (1) 침대가 책상 옆에 있어요.
(2) 스탠드가 책상 위에 있어요.
(3) 휴지통이 책상 옆에 있어요.
(4) 의자는 책상 앞에 있어요.
(5) 책상은 침대 옆에 있어요.
(6) 가방은 방 가운데에 있어요.

연습 2 듣기와 말하기 Exercices 2 Écouter et Parler

1 (1) 봤어요 (2) 만날 거예요 (3) 옆에
(4) 왼쪽에 (5) 탈 거예요 (6) 바쁠 거예요
(7) 위에 (8) 하지만

2 (1) ① (2) ① (3) ② (4) ②
(5) ① (6) ①

3 (1) 내일은 제레미 생일이에요.
(2) 네, 생일 선물을 샀어요.
(3) 상준은 제레미에게 한국어 사전을 줄 거예요.
(4) 제레미는 서초동에 살아요.
(5) 지하철로 제레미 집에 갈 거예요.
(6) (지하철로) 30분 걸려요.

4 예 편의점 옆에 카페가 있어요. 편의점 뒤에 극장이 있어요. 편의점 오른쪽에 우체국이 있어요. 우체국 뒤에 식당이 있어요.……

5 생략

12과 | 파리 날씨가 어때요?

연습 1 문법과 표현 Exercices 1 Grammaire et Expressions

1 (1) 눈이 와요. (2) 바람이 불어요.
(3) 날씨가 좋아요. (4) 날씨가 흐려요.
(5) 날씨가 더워요. (6) 날씨가 추워요.

2 (1) 한국을 여행하고 싶어요.
(2) 창문을 닫고 싶어요.
(3) 선물을 받고 싶어요.
(4) 수영하고 싶어요.
(5) 아가트를 보고 싶어요.
(6) 밥을 먹고 싶어요.

3 (1) 저는 학교에서 한국어를 배웁니다.
(2) 모르간은 기숙사에서 잡지를 읽습니다.
(3) 레오 씨는 한국 음식을 좋아합니까?
(4) 버스로 얼마나 걸립니까?
(5) 오늘은 며칠입니까?
(6) 피에르는 아주 바쁩니다.

연습 2 듣기와 말하기 Exercices 2 Écouter et Parler

1 (1) ① (2) ② (3) ② (4) ①
(5) ① (6) ② (7) ② (8) ②

2 (1) 따뜻합니다 (2) 여름 (3) 바람
(4) 결혼식 (5) 산책할래요 (6) 여행하고
(7) 한테 (8) 한국문화원

3 생략

4 예 편의점 옆에 카페가 있습니다. 편의점 뒤에 극장이 있습니다. 편의점 오른쪽에 우체국이 있습니다. 우체국 뒤에 식당이 있습니다....

5 생략

13과 | 줄리엥 씨 가족은 모두 라로셸에 사세요?

연습 1 문법과 표현 Exercices 1 Grammaire et Expressions

1 (1) 김민수는 한국에서 왔습니다.
(2) 요꼬는 일본에서 왔습니다.
(3) 이자벨은 파리에서 왔습니다.
(4) 브라운은 런던에서 왔습니다.
(5) 아가트는 백화점에서 왔습니다.
(6) 모르간은 우체국에서 왔습니다.

2 (1) 할아버지께서 거실에서 신문을 읽으십니다.
(2) 아버지께서 녹차를 좋아하십니다.
(3) 어머니께서 안방에 계십니다.
(4) 할머니께서 점심을 잡수십니다. / 드십니다.
(5) 선생님께서 중국에 사십니다.
(6) 할아버지께서 방에서 주무십니다.

3 (1) 읽으셨어요
(2) 배우셨어요
(3) 배우실 거예요
(4) 사세요
(5) 사셨어요
(6) 바쁘세요
(7) 바쁘실 거예요
(8) 아니세요
(9) 아니셨어요
(10) 하셨어요
(11) 하실 거예요
(12) 기다리세요
(13) 기다리실 거예요

4 (1) 까지 (2) 어느 (3) 에서 (4) 한테서
(5) 에게 (6) 만

연습 2 듣기와 말하기 Exercices 2 Écouter et Parler

1 (1) ① (2) ② (3) ① (4) ②
(5) ② (6) ① (7) ② (8) ①

2 생략

3 (1) 마리와 피에르는 니스에 있어요.
(2) 피에르 씨 부모님은 니스에 사세요.
(3) 네, 여동생이 한 명 있어요.
(4) 피에르 씨 동생은 대학교 일 학년이에요.
(5) 아니요, 누나가 없어요. 형이 한 명 있어요.
(6) 피에르 씨 형은 파리에 살아요.

4 생략

14과 | 레오 씨는 취미가 뭐예요?

연습 1 문법과 표현 Exercices 1 Grammaire et Expressions

1 (1) 가 민수 씨, 자전거를 탈 줄 알아요?
나 네, 알아요.
(2) 가 마이클 씨, 일본어를 말할 줄 알아요?
나 아니요, 몰라요.
(3) 가 이자벨 씨 운전할 줄 알아요?
나 아니요, 몰라요.
(4) 가 민정 씨 탁구를 칠 줄 알아요?
나 네, 알아요.
(5) 가 모르간 씨, 스키를 탈 줄 알아요?
나 네, 알아요.
(6) 가 레오 씨, 화상 전화할 줄 알아요?
나 아니요, 몰라요.

2 (1) 저는 영화를 참 좋아해서 극장에 자주 가요.
(2) 저는 텔레비전을 안 좋아해서 책을 많이 읽어요.
(3) 아가트의 휴대전화가 예뻐서 저도 휴대전화를 사고 싶어요.
(4) 사미라는 가요를 좋아해서 콘서트에 자주 가요.
(5) 저는 스키를 탈 줄 몰라서 스키장에 안 갔어요.
(6) 저는 한국에 가고 싶어서 한국어를 열심히 공부해요.

3 (1) 가 내일 같이 배드민턴을 칠 수 있어요?
나 아니요, 칠 수 없어요.
(2) 가 다음 주에 등산할 수 있어요?
나 네, 등산할 수 있어요.
(3) 가 같이 차 한 잔 마실 수 있어요?
나 네, 마실 수 있어요.
(4) 가 주말에 해변에 갈 수 있어요?
나 아니요, 갈 수 없어요.
(5) 가 오전 6시에 일어날 수 있어요?
나 네, 일어날 수 있어요.
(6) 가 수요일에 시내에서 쇼핑할 수 있어요?
나 아니요, 쇼핑할 수 없어요.

연습 2 듣기와 말하기 Exercices 2 Écouter et Parler

1 (1) ① (2) ② (3) ② (4) ①
(5) ② (6) ① (7) ② (8) ②

2 모르간 : 영화
아가트 : 영화, 공포 영화
민정 : 운동, 배드민턴

3

	마	리	의		취	미	는		음	악	입	니	다
.	특	히		팝	송	을		아	주		좋	아	해
서		콘	서	트	에		자	주		갑	니	다	.
지	난		토	요	일	에	도		친	구	하	고	
콘	서	트	에		갔	습	니	다	.	피	에	르	는
여	행	과		등	산	을		좋	아	합	니	다	.
그	런	데		피	에	르	는		시	간	이		없
어	서		여	행	을		자	주		갈		수	
없	습	니	다	.	이	자	벨	의		취	미	는	
운	동	입	니	다	.	매	일		아	침	에		배
드	민	턴	을		칩	니	다	.					

4 생략

15과 | 감기에 걸렸어요.

연습 1 문법과 표현 Exercises 1 Grammaire et Expressions

1 (1) 감기에 걸려서 목이 아파요.
(2) 병원에 가서 진료를 받아요.
(3) 집에 와서 푹 쉬어요.
(4) 텔레비전을 많이 봐서 눈이 아파요.

2 (1) 이자벨은 시험이 있지만 백화점에서 쇼핑해요.
(2) 아가트 씨는 서울에 살지만 한국어를 잘 몰라요.
(3) 비가 왔지만 우산이 없었어요.
(4) 겨울이지만 날씨가 따뜻합니다.
(5) 감기에 걸렸지만 목은 안 아픕니다.
(6) 수영을 못 하지만 수영을 좋아해요.

3 (1) 소피는 공원에 산책을 하러 갔어요. / 갈 거예요.
(2) 동수는 편의점에 물을 사러 갔어요. / 갈 거예요.
(3) 줄리엥은 병원에 진료를 받으러 갔어요. / 갈 거예요.
(4) 저는 백화점에 휴대전화를 구경하러 갔어요. / 갈 거예요.
(5) 모르간은 한국에 한국어를 배우러 갔어요. / 갈 거예요.
(6) 피에르는 시내에 마리를 만나러 갔어요. / 갈 거예요.

연습 2 듣기와 말하기 Exercises 2 Écouter et Parler

1 (1) 아파요 (2) 감기에 (3) 이틀에 한 번
(4) 가야 돼요 (5) 못 (6) 와서 (7) 항생제
(8) 병원에

2 (1) 감기에 걸려서 열이 나요.
(2) 아니요, 오늘부터 기침을 안 해요.
(3) 네, 수진 씨는 목이 아파요.
(4) 수진 씨는 아스피린을 먹었어요.
(5) 아니요, 진료를 안 받았어요.

3

	할	머	니	께	서	는		보	통		아	침	
7	시	에		공	원	에	서		산	책	하	십	니
다	.	그	런	데		오	늘	은		감	기	에	
걸	려	서		집	에		계	셨	습	니	다	.	목
이		아	프	고		기	침	을		하	십	니	다
.	오	후	에		병	원	에		가	셔	서		의
사		선	생	님	께		진	료	를		받	을	
겁	니	다	.										

4 예 마리는 머리가 아팠습니다. 그래서, 병원에 전화했습니다. 마리는 병원에 가서 진료를 받았습니다. 마리는 약국에서 약을 샀습니다. 마리는 약을 먹고 집에서 쉬었습니다. 많이 잤습니다. 감기가 다 나았습니다. 마리는 지금 회사에 갑니다.

16과 | 요즘 빨간색 티셔츠가 유행이에요.

연습 1 문법과 표현 Exercises 1 Grammaire et Expressions

1 (1) 검은색 (2) 노란색 (3) 보라색 (4) 빨간색
(5) 녹색 (6) 주황색 (7) 회색 (8) 분홍색

2 (1) 이자벨이 민정보다 더 작아요.
민정이 이자벨보다 덜 작아요.
(2) 학교 식당이 우체국보다 더 멀어요.
우체국이 학교 식당보다 덜 멀어요.
(3) 빨간색 가방이 파란색 가방보다 더 예뻐요.
파란색 가방이 빨간색 가방보다 덜 예뻐요.
(4) 피에르의 휴대전화가 제레미의 휴대전화보다 더 비싸요.
제레미의 휴대전화가 피에르의 휴대전화보다 덜 비싸요.
(5) 마리가 아가트보다 더 친절해요.
아가트가 마리보다 덜 친절해요.
(6) 줄리엥의 방이 레오의 방보다 더 더워요.
레오의 방이 줄리엥의 방보다 덜 더워요.

3 (1) 친구를 만나면 카페에서 차를 마실 거예요.
(2) 시험이 끝나면 집에서 쉴 거예요.
(3) 눈이 많이 오면 극장에 못 갈 거예요.
(4) 오늘 운동을 많이 하면 내일 피곤할 거예요.
(5) 지하철을 타면 편할 거예요.
(6) 지금 차를 운전하면 길이 막힐 거예요.

연습 2 듣기와 말하기 Exercises 2 Écouter et Parler

1 (1) ③ (2) ⑤ (3) ① (4) ⑥
(5) ② (6) ④

2 (1) 어울려요 (2) 신었어요 (3) 제일 (4) 사이즈
(5) 까만색, 맞아요 (6) 빨간색, 작아요
(7) 피곤하지 (8) 기분

3 (1) 두 사람은 지금 휴대전화 가게에 있어요.
(2) 요즘 녹색 휴대전화가 유행이에요.
(3) 녹색 휴대전화로 음악도 듣고, 텔레비전도 보고, 인터넷도 할 수 있어요.
(4) 빨간색 휴대전화는 사진만 찍을 수 있어서 더 싸요.
(5) 파란색 휴대전화가 제일 비싸요.

4 예 아가트는 친구를 만났어요. 친구하고 옷가게에 갔어요. 아가트는 코트를 사고 싶었지만 코트가 컸어요. 아가트는 치마를 샀어요. 그리고 아가트는 친구하고 구두가게에 갔어요. 구두가게에서 구두를 샀어요. 아가트는 버스로 집에 왔어요.

17과 | 면접시험을 보러 가요.

연습 1 문법과 표현 Exercices 1 Grammaire et Expressions

1 (1) 전에 (2) 후에 (3) 후에 (4) 밖에
(5) 전에 (6) 밖에

2 (1) 예쁜 (2) 재미있는 (3) 추운 (4) 인
(5) 던 (6) 던

3 (1) 공원에서 자전거를 타는 학생이 많아요.
(2) 한국어를 잘하는 영국 친구가 서울에 와요.
(3) 모르간이 입은 옷이 예뻐요.
(4) 수진 씨가 운전하는 차가 멋있어요.
(5) 어제 레오가 본 영화가 액션 영화예요.
(6) 피에르가 받은 선물이 컴퓨터예요.

연습 2 듣기와 말하기 Exercices 2 Écouter et Parler

1 (1) 불러요 (2) 빨라요 (3) 후에 (4) 관심이
(5) 다녀요 (6) 밖에 (7) 초등학생 (8) 일찍

2 (1) ① (2) ② (3) ① (4) ②
(5) ① (6) ② (7) ① (8) ①

3 (1) 택시 안에 있어요.
(2) 손님은 2시까지 도착해야 돼요.
(3) 한국어 시험이 있어요.
(4) 10분 걸렸어요.
(5) 7,000원이에요.

4 생략

18과 | 명절에는 한복을 입은 사람들이 많아요.

연습 1 문법과 표현 Exercices 1 Grammaire et Expressions

1 (1) 모레 (2) 때 (3) 세배 (4) 추석
(5) 돌잔치 (6) 한복

2 (1) 여행하고 싶은데 시간이 없어요.
(2) 내일 시험이 있는데 영화를 보고 싶어요.
(3) 오늘 일요일인데 학교에 가요?
(4) 한복을 사고 싶은데 너무 비싸요.
(5) 오늘 저녁 친구와 약속이 있었는데 못 갔어요.
(6) 신발을 신어 봤는데 너무 컸어요.
(7) 부산에 가 봤는데 정말 좋았어요.
(8) 어제 비빔밥을 먹었는데 너무 맛있었어요.

3 (1) 생일잔치에 민정 씨를 초대할까 해요.
생일잔치에 민정 씨를 초대할게요.
(2) 모레 한복을 입을까 해요.
모레 한복을 입을게요.
(3) 세일하는 휴대전화를 살까 해요.
세일하는 휴대전화를 살게요.
(4) 노란색 티셔츠와 까만색 바지를 입을까 해요.
노란색 티셔츠와 까만색 바지를 입을게요.
(5) 전철 역까지 택시를 탈까 해요.
전철 역까지 택시를 탈게요.
(6) 내년에 호주를 여행할까 해요.
내년에 호주를 여행할게요.

연습 2 듣기와 말하기 Exercices 2 Écouter et Parler

1 ⑥-①-③-⑤-②-④

2 (1) 그저께 (2) 갈 때 (3) 음력 (4) 만날까 해요
(5) 시작할게요 (6) 잡았어요 (7) 우리

3 (1) 동수 씨 결혼식에 갔어요.
(2) 동대문시장에서 한복을 샀어요.
(3) 아니요, 안 비싸요.
(4) 설하고 추석이에요.

4 생략

19과 | 우리 언제 부산으로 출발할까요?

연습 1 문법과 표현 Exercices 1 Grammaire et Expressions

1 (1) 아니요 (2) 네 (3) 아니요 (4) 네
(5) 아니요 (6) 네

2 (1) 마리는 원피스를 예쁘게 입었어요.
(2) 우리는 점심을 맛있게 먹었어요.
(3) 아버지께서는 텔레비전을 싸게 사셨어요.
(4) 저는 한국에서 휴가를 즐겁게 보냈어요.

3 (1) 그리고 (2) 그래서 (3) 왜냐하면 (4) 그런데
(5) 그러면 (6) 왜냐하면

4 (1) 같이 도서관에서 공부할까요?
(2) 주말에 수진 씨를 만날까요?
(3) 카페에서 커피를 마실까요?
(4) 찬호 씨 차를 운전할까요?
(5) 아침 10시에 올까요?
(6) 백화점에서 학용품을 살까요?

연습 2 듣기와 말하기 Exercices 2 Écouter et Parler

1 (1) 운동 (2) 휴가 (3) 음악 (4) 고향

2 (1) 오겠어요 (2) 왜냐하면 (3) 때문에 (4) 친절하게
(5) 수퍼, 장 (6) 비누, 칫솔 (7) 덕분에
(8) 갈까요

3 (1) 아가트 씨는 8월 2일부터 휴가예요.
(2) 찬호 씨는 고향에 갈 거예요.
(3) 부모님을 만나고 고향 친구들도 만날 거예요.
(4) 휴가 기간에는 기차가 더 빠르고 편해서 기차로 갈 거예요.
(5) 일본에 갈 거예요.

4 생략

20과 | 이사하는 게 안 힘들었어요?

연습 1 문법과 표현 Exercices 1 Grammaire et Expressions

1 (1) 제레미는 노래하는 걸 좋아해요.
(2) 이자벨은 텔레비전 보는 걸 좋아해요.
(3) 마리는 음악을 듣는 걸 좋아해요.
(4) 모르간은 전화하는 걸 좋아해요.
(5) 상준은 조깅하는 걸 좋아해요.
(6) 모르간은 한복을 입는 걸 좋아해요.
(7) 레오는 사진을 찍는 걸 좋아해요.
(8) 사미라는 백화점에 가는 걸 좋아해요.

2 (1) 공부를 많이 했더니 머리가 아파요.
(2) 테니스를 많이 쳤더니 피곤해요.
(3) 점심을 안 먹었더니 배가 고파요.
(4) 버스를 탔더니 길이 많이 막혀요.
(5) 공원에서 산책을 했더니 기분이 좋아요.
(6) 약을 먹었더니 감기가 나았어요.

3 (1) 이 남자는 키가 크고 날씬합니다. 머리가 깁니다.
(2) 이 여자는 키가 작고 날씬합니다. 머리가 금발입니다.
(3) 이 여자는 키가 보통이고 뚱뚱합니다. 머리가 까만색입니다.
(4) 이 남자는 키가 크고 머리가 갈색입니다.

연습 2 듣기와 말하기 Exercices 2 Écouter et Parler

1 (1) 생일 (2) 취미 (3) 설날 (4) 면접

2 (1) 등산하는 (2) 공부하는 건
(3) 보여요 (4) 불친절해요
(5) 날씬하고 (6) 등이
(7) 대해 (8) 스트레스

3 (1) vrai (2) faux (3) vrai (4) faux
(5) vrai (6) faux (7) faux (8) faux
(9) vrai (10) vrai (11) faux (12) vrai

4 생략

듣기대본 Textes du CD

1과 | Alphabet coréen « Hangeul »

연습 2 듣기와 말하기 Exercices 2 Écouter et Parler

1 (1) ㅣ (2) ㅏ (3) ㅗ (4) ㅓ (5) ㅜ
(6) ㅔ (7) ㅐ

2 (1) ㅘ (2) ㅛ (3) ㅙ (4) ㅑ (5) ㅠ
(6) ㅝ (7) ㅢ

3 (1) ㄱ (2) ㅅ (3) ㅈ (4) ㄹ (5) ㄴ
(6) ㄲ (7) ㅍ (8) ㅈ (9) ㅌ

4 (1) ㄱ (2) ㄲ (3) ㅌ (4) ㄷ (5) ㅃ
(6) ㅍ (7) ㅆ (8) ㅅ (9) ㅉ (10) ㅈ

5 (1) ㅎ (2) ㅍ (3) ㅂ (4) ㅊ (5) ㅅ
(6) ㄹ (7) ㅉ

2과 | Syllabes : construction et règles de prononciation

연습 2 듣기와 말하기 Exercices 2 Écouter et Parler

1 (1) 가 (2) 너 (3) 녀 (4) 교
(5) 괘 (6) 뉘 (7) 계 (8) 네

2 (1) 군 (2) 물 (3) 잔 (4) 당
(5) 위 (6) 뒤 (7) 황 (8) 촉

3 (1) 개 (2) 캐나다 (3) 햄버거 (4) 기자
(5) 바나나 (6) 서울 (7) 나무

4 (1) 배우 (2) 돼지 (3) 버스 (4) 시계
(5) 차 (6) 파리 (7) 한글

5 (1) 가수 (2) 교수님 (3) 도서관 (4) 배우
(5) 사전 (6) 아파트 (7) 우체국 (8) 컴퓨터

6 (1) 꽃 (2) 버스 (3) 서울 (4) 시계
(5) 수영장 (6) 커피 (7) 텔레비전 (8) 파리
(9) 한글 (10) 햄버거

3과 | 저는 모르간이에요.

연습 2 듣기와 말하기 Exercices 2 Écouter et Parler

1 (1) 요리사 (2) 화가 (3) 가수 (4) 기자
(5) 회사원 (6) 교수님

2 (1) 마리는 선생님이에요.
(2) 모르간은 대학생이에요.
(3) 저는 프랑스 사람이에요.
(4) 찬호는 회사원이에요.

3 (1) 안녕하세요? 저는 마리예요. 프랑스 사람이에요. 저는 선생님이에요.
(2) 저는 찬호예요. 한국 사람이에요. 회사원이에요.
(3) 안녕하세요? 저는 레오예요 .벨기에 사람이에요. 대학원생이에요.
(4) 저는 이자벨이에요. 저는 기자예요. 프랑스 사람이에요.
(5) 저는 아가트예요. 가수예요. 저는 캐나다 사람이에요.

4 안녕하세요? 저는 사미라예요. 모로코 사람이에요. 대학생이에요. 피에르는 프랑스 사람이에요. 요리사예요. 제레미는 스위스 사람이에요. 배우예요.

4과 | 이분이 누구예요?

연습 2 듣기와 말하기 Exercices 2 Écouter et Parler

1 (1) 마리는 영국 사람이 아니에요. 프랑스 사람이에요.
(2) 상준은 중국 사람이 아니에요. 한국 사람이에요.
(3) 제레미는 가수가 아니에요. 배우예요.
(4) 동수는 영화감독이 아니에요. 의사예요.

2 (1) 김민정 씨는 대학생이에요.
(2) 모르간 씨는 미국 사람이 아니에요.
(3) 저는 화가예요.
(4) 전도연 씨는 한국 배우예요.
(5) 김영하 씨는 한국 소설가예요.

3 이자벨 씨는 미국 사람이 아니에요. 프랑스 사람이에요. 이자벨 씨는 기자예요. 의사가 아니에요. 찬호 씨는 한국 사람이에요. 일본 사람이 아니에요. 찬호 씨는 회사원이에요. 소설가가 아니에요.

5과 | 오늘 시간이 있어요?

연습 2 듣기와 말하기 Exercices 2 Écouter et Parler

1 민정 씨는 오늘 시간이 없어요. 영어 수업하고 한국어 수업이 많아요.
한국어 수업이 재미있어요. 민정 씨는 내일도 시간이 없어요.
모르간 씨는 오늘 시간이 있어요. 오늘 수업이 없어요.
모르간 씨는 내일도 시간이 많아요.

2 (1) 햄버거가 참 맛있어요. (2) 제 기숙사가 아주 좋아요.
(3) 책하고 잡지가 많아요. (4) 한국어 사전도 많아요.
(5) 이자벨의 전공이 중국어예요.
(6) 그리고 외국 학생이 많아요.

3 가 대학교가 어때요?
나 대학교가 참 넓어요. 그리고 학교 식당의 음식이 맛있어요.

가 도서관은 어때요?
나 도서관도 괜찮아요. 컴퓨터가 많아요.

가 기숙사는 어때요?
나 기숙사도 좋아요. 프랑스 학생이 많아요.

6과 | 요즘 뭐 해요?

연습 2 듣기와 말하기 Exercices 2 Écouter et Parler

1 (1) 가 손님, 주문하시겠어요?
나 네, 전 콜라 주세요.

(2) 가 요즘 뭐 해요?
나 저는 운전을 배워요.

(3) 가 지금 뭐 해요?
나 버스를 기다려요.

(4) 가 모르간 씨, 뭐 해요?
나 휴대전화를 구경해요.

2 (1) 네, 저는 유자차를 주세요.
(2) 민정 씨는 서예를 좋아해요.
(3) 지금 영국 친구를 기다려요.
(4) 이름이 뭐예요?
(5) 레오는 찻집에서 인삼차를 마셔요.

3 **남자** 모르간 씨는 커피를 좋아해요?
모르간 네, 저는 커피를 자주 마셔요.
남자 요즘 뭐 해요?
모르간 요즘 태권도를 배워요. 그리고 학교 식당에서 아르바이트도 해요.
남자 한국 생활은 어때요?
모르간 아주 재미있어요.

7과 | 지금 어디에 가요?

연습 2 듣기와 말하기 Exercices 2 Écouter et Parler

1 (1) 마리는 지금 우체국에 가요.
(2) 상준 씨는 수영장에 있어요.
(3) 한국 음식이 아주 매워요.
(4) 프랑스어가 안 어려워요.

2 제레미는 오늘 시내에 가요. 백화점에서 가방을 사요. 시내에서 모르간을 우연히 만나요. 제레미하고 모르간은 함께 극장에 가요. 극장에서 영화를 봐요. 영화가 재미있어요. 모르간은 극장에 가끔 가요.

3 상준 씨는 공원에 가요. 공원에서 민정 씨를 기다려요. 공원에 나무하고 꽃이 많아요. 공원이 참 아름다워요. 저기 민정 씨가 와요. 상준 씨는 민정 씨를 만나요. 상준 씨하고 민정 씨는 함께 극장에 가요.

8과 | 지금 몇 시예요?

연습 2 듣기와 말하기 Exercices 2 Écouter et Parler

1 (1) 줄리엣은 지금 점심을 먹어요.

(2) 가 어디에 가요?
나 편의점에 가요.

(3) 가 보통 저녁에 뭐 해요?
나 텔레비전을 봐요.

(4) 가 언제 한국어 수업이 있어요?
나 이따가 세 시에 있어요.

(5) 가 언제 운동해요?
나 저는 매일 아침에 운동해요.

2 (1) 가 오늘 서예를 배워요?
나 네, 배워요. 수요일에도 배워요.
가 서예가 몇 시에 끝나요?
나 저녁 7시에 끝나요.

(2) 가 언제 영화를 봐요?
나 토요일에 봐요.
가 영화가 몇 시에 시작해요?
나 오후 3시에 시작해요.

(3) 가 언제 생일잔치를 해요?
나 13일 일요일에 해요. 오후 1시에 시작해요.

(4) 가 10일에 뭐 해요?
나 친구를 만나요.
가 몇 시에 만나요?
나 저녁 8시에 만나요.

3 마리는 매일 오후에 일해요. 두 시부터 여섯 시까지 일해요. 저녁 여섯 시 반에 집에 와요. 그리고 저녁을 먹어요. 마리는 밤 열시쯤에 씻어요. 그리고 잡지를 읽어요. 마리는 밤 열한 시에 자요.

9과 | 여보세요?

연습 2 듣기와 말하기 Exercices 2 Écouter et Parler

1 (1) 삼천구백팔십팔 (2) 열일곱
(3) 여든아홉 (4) 스물둘
(5) 마흔여섯 (6) 천백팔십
(7) 칠십구 (8) 오십육
(9) 삼만 사천칠백 (10) 오만 오천육백
(11) 십이만 (12) 사십오만
(13) 백만 (14) 백오십칠만

2 상준 씨 휴대전화 번호는 010 5672에 3098이에요.
모르간 씨 집 전화번호는 02 9823에 4925예요.
잠실대학교 전화번호는 02 4892에 2433이에요.
수영장 전화번호는 051 4928에 9002예요.
편의점 전화번호는 02 2219에 7165예요.
레오 휴대전화 번호는 010 8351에 0027이에요.

3 **남자** 식당이 몇 층에 있어요?
여자 2층에 있어요.
남자 식당에서 비빔밥이 얼마예요?
여자 4,000원이에요.
남자 카페도 2층에 있어요?
여자 아니요, 카페는 3층에 있어요.
카페에서 커피가 3,000원이에요.
남자 편의점은 몇 층에 있어요?
여자 1층에 있어요.
남자 편의점에서 볼펜이 얼마예요?
여자 한 개에 500원이에요.

10과 | 지난 주말에 뭐 했어요?

연습 2 듣기와 말하기 Exercices 2 Écouter et Parler

1 (1) 아가트는 도서관에서 책을 읽었어요.
(2) 요꼬는 극장에서 영화를 봤어요.
(3) 동수는 집에서 텔레비전을 봤어요. 그리고 숙제를 했어요.
(4) 제레미는 카페에서 커피를 마셨어요. 그리고 아가트에게 전화했어요.
(5) 상준은 공원에서 조깅을 했어요. 그리고 자전거를 탔어요.

2 마리 씨는 지난 토요일에 시내에서 수진 씨를 만났어요. 그리고 수진 씨랑 백화점에 갔어요. 백화점까지 버스를 탔어요. 거기까지 15분 걸렸어요. 마리 씨는 청바지하고 가방을 샀어요. 수진 씨는 책 두 권과 사전 한 권을 샀어요. 그리고 마리 씨와 수진 씨는 프랑스 식당에서 같이 저녁을 먹었어요. 마리 씨는 저녁 9시에 집에 왔어요.

3 이자벨은 은행에 버스로 갔어요. 집에서 은행까지 15분 걸렸어요. 길이 많이 막혔어요. 은행에 사람들이 많았어요. 이자벨은 4시 반까지 기다렸어요. 이자벨은 피곤했어요.

11과 | 내일 뭐 할 거예요?

연습 2 듣기와 말하기 Exercices 2 Écouter et Parler

1 (1) 줄리엥은 지난 금요일에 역사 시험을 봤어요.
(2) 토요일에 마리 씨를 만날 거예요.
(3) 도서관이 우체국 옆에 있어요.
(4) 약국은 우체국 왼쪽에 있어요.
(5) 레오는 버스를 탈 거예요.
(6) 2월에는 바쁠 거예요.
(7) 책상 위에 연필이 있어요.
(8) 저는 영화를 좋아해요. 하지만 연극을 안 좋아해요.

2 (1) 저는 아침 8시에 일어났어요.
(2) 내일 도서관에 갈 거예요.
(3) 지금 몇 시예요?
(4) 오늘 바빠요?
(5) 마리는 어제 누구를 만났어요?
(6) 내일은 수업이 많아요.

3 **여자** 상준 씨, 내일 뭐 할 거예요?
상준 내일 제레미 집에 갈 거예요.
여자 왜요?
상준 내일이 제레미 생일이에요.
여자 생일 선물을 샀어요?
상준 네. 한국어 사전을 줄 거예요.
여자 제레미가 어디에 살아요?
상준 제레미는 서초동에 살아요.
여자 서초동에 어떻게 갈 거예요?
상준 지하철을 탈 거예요. 지하철로 30분 걸려요.

12과 | 파리 날씨가 어때요?

연습 2 듣기와 말하기 Exercices 2 Écouter et Parler

1 (1) 오늘은 월요일이에요?
(2) 이따가 만날래요?
(3) 지금 백화점에서 세일해요.
(4) 여름에 날씨가 더워요.
(5) 오늘 날씨가 어때요?
(6) 누구한테서 이메일을 받았어요?
(7) 내일 뭐 할거예요?
(8) 오늘 추워요?

2 (1) 봄에 날씨가 좋고 따뜻합니다.
(2) 여름에 날씨가 덥습니다.
(3) 가을에 바람이 많이 붑니다.
(4) 누나 결혼식이 잘 끝났어요.
(5) 민정 씨, 같이 산책할래요?
(6) 한국을 여행하고 싶어요.
(7) 레오는 사미라한테 선물을 주었어요.
(8) 한국문화원이 어디에 있어요?

3 (1) 오늘 날씨가 어때요?
(2) 5월에는 날씨가 어때요?
(3) 어디를 여행하고 싶어요?
(4) 한국어가 쉬워요?
(5) 누구한테 이메일을 자주 써요?

13과 줄리엥 씨 가족은 모두 라로셸에 사세요?

연습 2 듣기와 말하기 Exercices 2 Écouter et Parler

1 (1) 언제 한국에 왔어요?
(2) 한국어가 조금 어려워요.
(3) 제 고향이 서울이에요.
(4) 어디에서 오셨어요?
(5) 휴대전화 있어요?
(6) 부모님께서 어디에서 사세요?
(7) 가족이 몇 명이에요?
(8) 남동생만 있어요?

2 (1) 이름이 뭐예요?
(2) 몇 살이에요?
(3) 고향이 어디예요?
(4) 지금 어디에서 살아요?
(5) 애인이 있어요?
(6) 가족이 몇 명이에요?

3 마리 피에르 씨, 경치가 정말 멋있어요. 니스에 자주 오세요?
피에르 네, 제 고향이 니스예요.
마리 어머, 정말이에요? 그럼 가족이 모두 니스에 살아요?
피에르 부모님께서만 니스에 계세요. 할아버지하고 할머니께서는 액상프로방스에 사세요.
마리 네... 동생이 있어요?
피에르 네, 여동생이 한 명 있어요. 그리고, 형도 한 명 있어요.
마리 형은 어디에 살아요?
피에르 형은 파리에 살아요.
마리 동생도 파리에 살아요?
피에르 아니요. 동생은 라로셸에 살아요. 지금 대학교 일학년이에요.

14과 레오 씨는 취미가 뭐예요?

연습 2 듣기와 말하기 Exercices 2 Écouter et Parler

1 (1) 민수 씨, 운전할 줄 알아요?
(2) 취미가 뭐예요?
(3) 저는 운동을 좋아해서
(4) 저는 애정 영화를 좋아해요.
(5) 안녕히 가세요.
(6) 저는 가요를 좋아합니다.
(7) 내일 만날 수 있어요?
(8) 어떤 음악을 좋아하세요?

2 민수의 취미는 음악입니다. 민수는 팝송을 좋아합니다. 아가트하고 모르간은 영화를 좋아합니다. 아가트는 공포 영화를 좋아하고 모르간은 만화 영화를 좋아합니다. 두 사람은 극장에 자주 갑니다. 민정은 운동을 좋아합니다. 배드민턴을 매일 칩니다.

3 마리의 취미는 음악입니다. 특히 팝송을 아주 좋아해서 콘서트에 자주 갑니다. 지난 토요일에도 친구하고 콘서트에 갔습니다. 피에르는 여행과 등산을 좋아합니다. 그런데 피에르는 시간이 없어서 여행을 자주 갈 수 없습니다. 이자벨의 취미는 운동입니다. 매일 아침에 배드민턴을 칩니다.

15과 감기에 걸렸어요.

연습 2 듣기와 말하기 Exercices 2 Écouter et Parler

1 (1) 어제 많이 먹어서 배가 아파요.
(2) 찬호 씨는 감기에 걸렸어요.
(3) 상준은 이틀에 한 번 테니스를 쳐요.
(4) 저는 2시까지 우체국에 가야 돼요.
(5) 바빠서 쇼핑을 못 했어요.
(6) 비가 와서 길이 많이 막혀요.
(7) 이 약은 항생제가 아니에요.
(8) 어제 병원에 갔어요?

2 가 수진 씨, 어디 아프세요?
나 네, 감기가 걸렸어요.
가 약은 드셨어요?
나 네, 어제부터 약을 먹었지만 잘 안 나아요. 열이 나요.
가 기침은 어때요?
나 오늘부터 기침은 안 나요. 그런데 목이 아파요.
가 병원에 가 보셨어요?
나 아니요. 아스피린만 먹었어요.
가 그럼, 병원에서 진료를 받으세요.

3 할머니께서는 보통 아침 7시에 공원에서 산책하십니다. 그런데 오늘은 감기에 걸려서 집에 계셨습니다. 목이 아프고 기침을 하십니다. 오후에 병원에 가셔서 의사 선생님께 진료를 받을 겁니다.

16과 요즘 빨간색 티셔츠가 유행이에요.

연습 2 듣기와 말하기 Exercices 2 Écouter et Parler

1 (1) 이자벨은 옷가게에서 점퍼를 입어봤지만 컸습니다.
(2) 가 어느 넥타이가 더 멋있어요?
나 글쎄요, 두 개 다 멋있어요.
(3) 오늘은 날씨가 춥습니다. 줄리엥은 코트를 입고 장갑도 낍니다.
(4) 기차역에 도착하면 레오한테 전화하세요.
(5) 가 이 반바지가 어때요?
나 괜찮아요. 그런데 조금 비싸요.
(6) 가 중국어를 공부해 봤어요?
나 네. 하지만 조금 어려웠어요.

2 (1) 회색 티셔츠보다 파란색 남방이 더 어울려요.
(2) 제레미는 옷을 입고 구두를 신었어요.
(3) 이 운동화가 제일 비싸네요.
(4) 제 옷 사이즈는 40이에요.
(5) 까만색 바지가 잘 맞아요.
(6) 노란색 목도리보다 빨간색 목도리가 작아요.
(7) 많이 자면 피곤하지 않아요.
(8) 니콜라는 어제 기분이 좋았어요.

3 **사미라** 휴대전화가 정말 많아요. 그리고 다 예뻐요.
줄리엥 물론이죠. 한국의 휴대전화는 참 멋있어요. 요즘 이 녹색 휴대전화가 유행이에요. 이 휴대전화로 음악도 듣고, 텔레비전도 보고, 인터넷도 할 수 있어요.
사미라 정말이에요?
줄리엥 네. 그리고, 사진도 찍을 수 있어요. 그런데, 값이 더 비싸요.
사미라 그럼, 저 빨간색 휴대전화는 어때요?
줄리엥 저건 사진만 찍을 수 있어서 더 싸요.
사미라 어, 이걸 보세요. 파란색 휴대전화는 정말 작아요.
줄리엥 그게 제일 비싸요.

17과 | 면접시험을 보러 가요.

연습 2 듣기와 말하기 Exercices 2 Écouter et Parler

1 (1) 줄리엥은 노래를 잘 불러요.
(2) 떼제베가 아주 빨라요.
(3) 경제학 수업은 일주일 후에 시작할 겁니다.
(4) 모르간은 서예에 관심이 많습니다.
(5) 어느 회사에 다녀요?
(6) 손님이 한 명밖에 없습니다.
(7) 제레미 남동생은 초등학생이에요.
(8) 저는 일찍 일어나고 늦게 잡니다.

2 (1) 시내까지 얼마나 걸려요?
(2) 값이 얼마예요?
(3) 뭐에 관심이 많아요?
(4) 5시에 시작하세요.
(5) 니콜라는 지금 어디에 있어요?
(6) 기숙사를 청소했어요?
(7) 보통 기차가 빨라요? 비행기가 빨라요?
(8) 언제 잡지를 읽었어요?

3 **기사** 어디까지 가세요?
손님 잠실요. 잠실까지 얼마나 걸려요?
기사 글쎄요. 15분쯤 걸릴 거예요.
손님 그래요? 저는 잠실에 2시까지 도착해야 돼요. 한국어 시험이 있어요.
기사 알겠습니다.
(잠시 후)
기사 잠실에 도착했습니다.
손님 벌써요? 10분밖에 안 걸렸어요.
기사 다행히 길이 많이 안 막혔어요.
손님 감사합니다. 요금이 얼마예요?
기사 칠천 원입니다.

18과 | 명절에는 한복을 입은 사람들이 많아요.

연습 2 듣기와 말하기 Exercices 2 Écouter et Parler

1 마리 씨는 어제 버스를 타고 한복 가게에 갔습니다. 한복 가게에서 여자 한복을 구경했는데 참 예뻤습니다. 마리 씨는 여자 한복을 샀습니다. 마리 씨는 남자 한복도 사고 싶었지만 돈이 없어서 사지 못 했습니다. 집에 오는데 비가 왔습니다. 마리 씨는 우산이 없어서 새 우산도 샀습니다. 집에 올 때는 지하철을 탔습니다.

2 (1) 그저께 어디에 갔어요?
(2) 학교에 갈 때 뭐를 타고 가세요?
(3) 설날은 음력 1월 1일입니다.
(4) 다음 주에 친구를 만날까 해요.
(5) 내일 시작할게요.
(6) 아이는 돌잡이 때 연필을 잡았어요.
(7) 우리 부모님께서는 서울에 사세요.

3 **마리** 동수 씨, 지난주에 결혼식이 정말 멋있었어요.
동수 고맙습니다, 마리 씨.
마리 특히 한복이 정말 예뻤어요. 그런데 동수 씨가 사신 한복이 많이 비싸요?
동수 아니요. 동대문시장에 가면 싸고 좋은 한복을 살 수 있어요. 저도 거기에서 샀어요.
마리 네. 그럼 한국 사람들은 결혼식 날에만 한복을 입어요?
동수 아니요. 명절에도 입어요.
마리 한국에서 가장 큰 명절이 뭐예요?
동수 설하고 추석이에요. 설하고 추석 때 가족하고 친척들이 모두 만나요.

19과 | 우리 언제 부산으로 출발할까요?

연습 2 듣기와 말하기 Exercices 2 Écouter et Parler

1 (1) 찬호는 아침에 일찍 일어나서 조깅을 합니다. 주말에는 친구들하고 테니스를 칩니다. 찬호는 수영도 굉장히 좋아합니다.
(2) 피에르는 내일 산으로 갑니다. 거기에서 등산도 하고 계곡들을 구경할 겁니다. 산에서 일주일을 보내고 다음 주 월요일부터 회사에서 다시 일할 겁니다.
(3) 수진은 클래식과 재즈를 좋아합니다. 그런데 랩하고 팝송은 좋아하지 않습니다.

(4) 상준은 부산에서 태어났고 찬호는 속초에서 태어났습니다. 그래서 상준은 부산을 좋아하고 찬호는 속초에 자주 갑니다.

2 (1) 오늘 날씨가 추워서 눈이 오겠어요.
(2) 왜냐하면 내일이 모르간의 생일이에요.
(3) 비 때문에 길이 많이 막혀요.
(4) 점원은 친절하게 말했습니다.
(5) 마리는 동네 수퍼에서 장을 보고 있습니다.
(6) 마리는 비누, 치약, 칫솔, 휴지를 샀습니다.
(7) 교수님 덕분에 한국어를 쉽게 배웠습니다.
(8) 같이 콘서트에 갈까요?

3 **찬호** 아가트 씨, 언제부터 휴가예요?
아가트 저는 8월 2일부터예요. 찬호 씨는요?
찬호 저는 내일부터예요.
아가트 어머, 그래요? 휴가 때 어디 갈 거예요?
찬호 고향에 갈 거예요. 거기에서 부모님을 만나고 고향 친구들도 만날까 해요.
아가트 찬호 씨 고향이 어디예요?
찬호 대전이에요.
아가트 차로 가실거예요?
찬호 아니요. 저는 기차로 갈 거예요.
아가트 어머, 왜요?
찬호 휴가 기간에는 길이 많이 막혀서 기차가 더 빠르고 편해요. 아가트 씨는 휴가 계획을 세웠어요?
아가트 친구들하고 일본을 구경할까 해요. 그런데 비행기 값이 조금 비싸요. 한 사람에 30만 원이에요.
찬호 아가트 씨, 휴가 기간에 30만 원이면 비싸지 않아요.

20과 | 이사하는 게 안 힘들었어요?

연습 2 듣기와 말하기 Exercices 2 Écouter et Parler

1 (1) 오늘은 제레미가 태어난 날입니다. 제레미는 오늘부터 23살입니다. 오늘 저녁에 친구들과 잔치를 할 겁니다.
(2) 줄리엥은 시간이 있을 때 테니스를 자주 칩니다. 줄리엥은 테니스 치는 걸 굉장히 좋아합니다. 아가트는 음악을 좋아해서 주말에 콘서트에 갑니다.
(3) 음력 1월 1일은 한국에서 큰 명절입니다. 사람들은 예쁜 한복을 입고 어른께 세배를 드립니다. 가족과 친척들이 모두 함께 만납니다.
(4) 이자벨은 오늘 시내에 있는 회사에 갔습니다. 이자벨은 회사의 과장님들과 이자벨의 전공에 대해 이야기했습니다. 이자벨은 이 회사에서 일하고 싶습니다.

2 (1) 등산하는 것은 안 힘듭니다.
(2) 한국어를 공부하는 건 즐겁습니다.
(3) 시험이 어려워 보여요.
(4) 요꼬는 예쁘지만 불친절해요.
(5) 민정 씨는 날씬하고 키가 커요.
(6) 책상 위에 연필, 볼펜, 공책, 책, 사전 등이 있습니다.
(7) 레오와 줄리엥은 컴퓨터에 대해 이야기하고 있습니다.
(8) 오늘 스트레스를 많이 받았어요.

3 요꼬 씨는 키가 크고 날씬합니다. 머리는 까만색이고 짧습니다. 요꼬 씨는 예쁘지만 성격이 좋지 않습니다. 그런데 아주 똑똑합니다. 요꼬 씨는 정장을 자주 입고 노란색을 좋아합니다.

이자벨 씨는 키가 보통이고 날씬합니다. 머리는 금발이고 깁니다. 눈은 파란색이고 예쁩니다. 이자벨 씨는 성격도 아주 좋고 친절합니다. 그런데 똑똑하지 않습니다. 이자벨 씨는 배드민턴을 좋아합니다.

동수 씨는 키가 작고 뚱뚱합니다. 머리는 길고 갈색입니다. 눈도 갈색입니다. 동수 씨는 못생겼지만 성격이 아주 좋고 친절하고 똑똑합니다.

찬호 씨는 키가 크고 잘생겼습니다. 머리는 짧고 갈색입니다. 눈도 갈색이고 성격이 굉장히 좋습니다. 찬호 씨는 친절하고 똑똑합니다.

문법&표현 번역

Traduction de « Grammaire et Expressions »

1과 | 한글

● 한글 소개 : 발음과 쓰기

한글은 19개의 자음과 21개의 모음으로 이루어져 있다. 모음을 살펴보면 다음과 같다.

1. 모음

(1) 단모음

ㅣ　ㅔ　ㅐ　ㅡ　ㅓ　ㅏ　ㅜ　ㅗ

한글의 모음은 천(•), 지(ㅡ), 인(ㅣ)이라는 세 형상에 기초를 두고 만들었다. 모음은 《 ㅣ ㅔ ㅐ ㅡ ㅓ ㅏ ㅜ ㅗ 》이라는 8개의 단모음과 나머지 13개의 《 이중모음 》으로 이루어져 있다. 8개의 단모음을 제대로 발음할 수 있으면, 나머지 이중모음도 어렵지 않게 발음할 수 있다.

단모음은 혀의 위치에 따라서 전설모음, 중설모음, 후설모음으로 분류되고 (아래의 수평화살표 참조) 입의 개폐 정도에 따라서 폐음, 반폐음, 반개음, 개음으로 (아래의 수직화살표 참조) 분류할 수 있다.

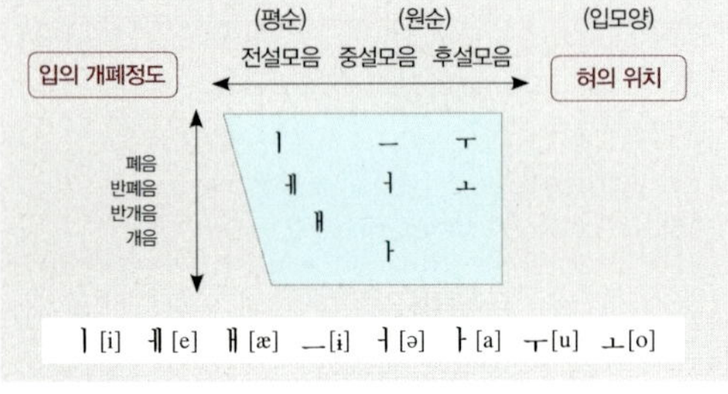

위 그림에서 보듯이, 《ㅣ ㅔ ㅐ》는 발음할 때 혀가 구강내에서 앞쪽에 위치하게 됨으로 전설모음이다. 예를 들어, 프랑스어의 전설모음에는 [i], [e], [ɛ]가 있다. 《ㅡ ㅓ ㅏ》는 발음할 때 혀가 구강내에서 중간에 위치하게 됨으로 중설모음이다. 예를 들어, 프랑스어의 중설모음에는 [ə], [a]가 있다. 《ㅜ ㅗ》는 발음할 때 혀가 구강내에서 뒤쪽에 위치하게 됨으로 후설모음이다. 예를 들어, 프랑스어의 후설모음에는 [u], [o], [ɔ]가 있다.

입이 아주 조금 열릴 경우 폐음이라하고, 입이 많이 열릴 경우 개음이라고 한다. 반폐음 'ㅔ ㅓ ㅗ'은 폐음 'ㅣ ㅡ ㅜ' 보다는 입이 많이 열리고 반개음 'ㅐ' 보다는 입이 덜 열린다. 개음 'ㅏ'은 8개의 단모음 중에서 가장 입이 많이 열리는 음이다.

8개의 단모음을 발음하는 방법을 살펴보면 다음과 같다. 위 그림에서 수직화살표를 기준으로 위에서 아래쪽으로 가면서 발음할수록, 입의 크기는 더 커진다. 예를 들어, 전설모음인 'ㅣ ㅔ ㅐ'를 'ㅣ → ㅔ → ㅐ' 순서로 발음할 경우, 'ㅔ' 는 'ㅣ' 보다 입이 더 열리고 'ㅐ'는 'ㅔ' 보다 입이 더 열리게 된다. 같은 원칙을 중설모음과 후설모음에도 적용시킬 수 있다. 중설모음에 있어서 'ㅓ'는 'ㅡ' 보다 입이 더 열리고 'ㅏ'는 'ㅓ' 보다 입이 더 열린다. 후설모음에 있어서 'ㅗ'는 'ㅜ' 보다 입이 더 열린다.

위 그림에서 수평화살표를 기준으로 왼쪽에서 오른쪽으로 가면서 발음할수록 (즉, 전설모음에서 후설모음 방향으로 가면서 발음할수록) 입의 모양은 점점 둥글게 된다 (= 원순화된다). 예를 들어, 폐음인 'ㅣ ㅡ ㅜ'를 'ㅣ → ㅡ → ㅜ' 순서로 발음할 경우 'ㅡ'의 입모양이 'ㅣ'의 입모양보다 더 둥글고, 'ㅜ'의 입모양이 'ㅡ'의 입모양보다 더 둥글게 된다. 같은 원칙을 반폐음, 반개음, 개음에도 적용시킬 수 있다. 반폐음에 있어서 'ㅓ'는 'ㅔ' 보다 더 둥글고, 'ㅗ'는 'ㅓ' 보다 더 둥글다. 개음 'ㅏ'는 반개음 'ㅐ' 보다 입모양이 더 둥글다.

따라서, 두 화살표를 기준으로 모음 'ㅓ'의 발음을 설명하자면, 'ㅓ'는 'ㅡ' 보다 입이 더 열리고 'ㅏ' 보다는 입이 덜 열린다. 그리고 'ㅓ'는 'ㅔ' 보다 입모양이 더 둥글고 'ㅗ' 보다는 입모양이 덜 둥글다.

(2) 이중모음

이중모음이란 발음 중에 음의 성질이 변하는 모음이다. 따라서, 이중모음은 처음 시작하는 음과 끝나는 음이 다른 소리이다.

① [y]음이 포함된 이중모음

ㅑ　ㅕ　ㅛ　ㅠ　ㅖ　ㅒ

6개의 단모음에 [y] 음을 첨가해서 《 ㅑ ㅕ ㅛ ㅠ ㅖ ㅒ 》라는 6개의 이중모음을 만들 수 있다. [y] 음을 문자 형태로는 'ㅣ'로 표시할 수 있는데, 'ㅣ'는 6개의 단모음과 함께 표기될 경우에는 'ㅡ'(가로획) 또는 'ㅣ'(세로획)로 표기된다. [y] 음이 첨가된 이중모음을 발음하려면 처음에 [y]를 빠르게 발음하고 중간에 각 단모음 발음을 첨가해서 발음한다.

[y] (ㅣ) + ㅏ [a] → ㅑ [ya] yang 처럼
[y] (ㅣ) + ㅓ [ə] → ㅕ [yə] 영어의 young 처럼
[y] (ㅣ) + ㅗ [o] → ㅛ [yo] yoga 처럼
[y] (ㅣ) + ㅜ [u] → ㅠ [yu] yougoslave 처럼
[y] (ㅣ) + ㅔ [e] → ㅖ [ye] 영어의 yes 처럼
[y] (ㅣ) + ㅐ [æ] → ㅒ [yæ] yé-yé 처럼 (입을 더 열어서)

② [w]음이 포함된 이중모음

ㅘ　ㅙ　ㅚ　ㅝ　ㅞ　ㅟ

6개의 단모음에 [w] 음을 첨가해서 《 ㅘ ㅙ ㅚ ㅝ ㅞ ㅟ 》라는 6개의 이중모음을 만들 수 있다. [w] 음을 문자형태로는 'ㅗ' 또는 'ㅜ'로 표기할 수 있다. [w] 음이 첨가된 이중모음을 발음하려면 처음에 [w]를 빠르게 발음하고 중간에 각 단모음 발음을 첨가해서 발음한다.

[w] (ㅗ) + ㅏ [a] → ㅘ [wa] **oie** 처럼
[w] (ㅗ) + ㅐ [æ] → ㅙ [wæ] **ouais** 처럼
[w] (ㅗ) + ㅣ [i] → ㅚ [oe] **œil, lueur** 처럼
[w] (ㅜ) + ㅓ [ə] → ㅝ [wə] 영어의 **worry** 처럼
[w] (ㅜ) + ㅔ [e] → ㅞ [we] **louer, western** 처럼
[w] (ㅜ) + ㅣ [i] → ㅟ [wi] **oui** 처럼

주의! ≪ ㅚ ≫는 [wi]로 발음되지 않는다.

걱정하지 말 것! [ㅙ ㅚ ㅞ]라는 세 이중모음은 발음이 비슷하기 때문에 발음하기 쉽지 않다. 그러나 이 세 이중모음을 비슷하게 발음해도 큰 문제가 될 것은 없다. 왜냐하면 한국사람들도 일상생활에서 이 세 이중모음을 잘 구별해서 발음하지 않기 때문이다.

③ 'ㅡ'와 'ㅣ'가 결합된 이중모음

ㅢ

이중모음 'ㅢ' [ɨy]를 발음하려면 처음에 빨리 단모음 'ㅡ' [ɨ]를 발음하고 단모음 'ㅣ' [i]를 이어서 발음한다.

ㅡ [ɨ] + ㅣ [i] → ㅢ [ɨy]

2. 자음

자음은 인간의 발성기관에 기초하여 만들어졌다. 한글의 기본자음은 14개의 단자음과 5개의 중복자음으로 이루어져 있다. 14개의 단자음은 ≪ ㄱ ㄴ ㄷ ㄹ ㅁ ㅂ ㅅ ㅇ ㅈ ㅊ ㅋ ㅌ ㅍ ㅎ ≫이고 5개의 중복자음은 ≪ ㄲ ㄸ ㅃ ㅆ ㅉ ≫이다. 각 자음의 발음방법은 다음과 같다.

(1) 자음

ㄱ ㄴ ㄷ ㄹ ㅁ ㅂ ㅅ ㅇ ㅈ ㅊ ㅋ ㅌ ㅍ ㅎ

ㄱ [g] **gala** 처럼
ㄴ [n] **nappe** 처럼
ㄷ [d] **dame** 처럼
ㄹ [l] **la** 처럼
ㅁ [m] **mille** 처럼
ㅂ [b] **bilan** 처럼
ㅅ [s] **sol** 처럼
ㅇ [ŋ] **parking** 처럼
ㅈ [ts] **jasmin** 처럼
ㅊ [tsʰ] **tchèque** 처럼
ㅋ [kʰ] **croissant** 처럼
ㅌ [tʰ] 영어의 **time** 처럼
ㅍ [pʰ] 영어의 **pen** 처럼
ㅎ [h] 영어의 **happy** 처럼

(2) 중복자음

ㄲ ㄸ ㅃ ㅆ ㅉ

ㄲ [k'] **coup** 처럼
ㄸ [t'] **tissu** 처럼
ㅃ [p'] **pile** 처럼
ㅆ [s'] **ça** 처럼
ㅉ [ts'] **tsunami** 처럼(더 세게)

3. 쓰는 순서

모음과 자음은 왼쪽에서 오른쪽으로, 위쪽에서 아래쪽으로 쓴다.

● 한 걸음 더 가기

음성학적 관점에서 보다 상세히 발음방법을 이해하기 위해서는 다음과 같이 설명해 볼 수 있다. 아래 표에서는 자음을 조음방법과 조음점에 따라서 분류해 보았다.

조음방법 \ 조음점		양순음	치조음	경구개음	연구개음	성문음
(1) 파열음	평음	① ㅂ [b]	① ㄷ [d]		③ ㄱ [g]	
	경음	ㅃ [p']	ㄸ [t']		ㄲ [k']	
	격음 *	ㅍ [pʰ]	ㅌ [tʰ]		ㅋ [kʰ]	
(2) 마찰음	평음		④ ㅅ [s]			
	경음		ㅆ [s']			⑤ ㅎ [h]
(3) 파찰음 (파열음 + 마찰음)	평음			⑥ ㅈ [ts]		
	경음			ㅉ [ts']		
	격음 *			ㅊ [tsʰ]		
(4) 비음		ㅁ [m]	ㄴ [n]		ㅇ [ŋ]	
(5) 유음			ㄹ [l]			

*격음 (ㅍ ㅌ ㅋ ㅊ)은 평음(ㅂ ㄷ ㄱ ㅈ)과 자음 ㅎ [h]를 결합해서 만들 수 있다. happy, help, history, house 등과 같이 많은 영어 단어에서는 ㅎ [h] 음이 존재한다.

(1) 파열음

파열음이란 날숨을 강제로 막았다가 갑자기 터트리 듯 내는 소리이다. 파열음은 구강 내의 공기를 순간적으로 배출시키면서 낼 수 있다. 프랑스어에서는 [b], [p], [d], [t], [k] 등이 파열음이며, 한국어에서는 ≪ ㅂ ㅃ ㅍ ㄷ ㄸ ㅌ ㄱ ㄲ ㅋ ≫이 파열음에 해당한다.

① 양순음

양순음은 두 입술 사이에서 만들어지는 자음이다. 따라서, ≪ ㅂ ㅃ ㅍ ≫는 파열음의 특징과 양순음의 특징을 동시에 가지고 있다. 이 3개의 양순음 ≪ ㅂ ㅃ ㅍ ≫를 발음하기 위해서는 같은 조음방법을 사용한다. 우선 두 입술로 날숨을 막았다가 공기를 순간적으로 배출시킨다. 이 3개의 양순음을 구별시키는 것은 'ㅎ' 음의 결합 유무와 공기를 배출시키는 강도이다. 발음요령은 'ㅂ'는 평음으로 발음하고, 'ㅃ'는 경음으로 발음하게 된다. 'ㅍ'는 'ㅂ'를 발음하면서 'ㅎ'를 결합시켜 발음한다.

ㅂ [b]	평음	**bilan** 처럼
ㅃ [p']	경음	**pile** 처럼
ㅌ [pʰ]	ㅂ + ㅎ(격음)	영어의 **pen** 처럼

② 치조음

치조음은 혀끝과 윗니 뒷부분이 닿아서 만들어지는 자음이다. 따라서, ≪ ㄷ ㄸ ㅌ ≫는 파열음의 특징과 치조음의 특징을 동시에 가지고 있다. 이 3개의 치조음 ≪ ㄷ ㄸ ㅌ ≫를 발음하기 위해서는 같은 조음방법을 사용한다. 우선 혀끝과 윗니 뒷부분으로 날숨을 막았다가 공기를 순간적으로 배출시킨다. 치조음 ≪ ㄷ ㄸ ㅌ ≫의 구별은 양순음 ≪ ㅂ ㅃ ㅍ ≫를 구별했던 것과 같은 원칙이 적용된다.

ㄷ [d]	평음	**dame** 처럼
ㄸ [t']	경음	**tissu** 처럼
ㅌ [tʰ]	ㄷ + ㅎ(격음)	영어의 **time** 처럼

③ **연구개음**

연구개음은 혀 뒷부분과 연구개 사이에서 만들어지는 자음이다. 따라서, ≪ ㄱ ㄲ ㅋ ≫는 파열음의 특징과 연구개음의 특징을 동시에 가지고 있다. 이 3개의 연구개음 ≪ ㄱ ㄲ ㅋ ≫를 발음하기 위해서는 같은 조음방법을 사용한다. 우선 혀 뒷부분과 연구개로 날숨을 막았다가 공기를 순간적으로 배출시킨다. 연구개음 ≪ ㄱ ㄲ ㅋ ≫의 구별은 양순음 ≪ ㅂ ㅃ ㅍ ≫를 구별했던 것과 같은 원칙이 적용된다.

ㄱ [g]	평음	gala 처럼
ㄲ [k']	격음	coup 처럼
ㅋ [kʰ]	ㄱ + ㅎ(격음)	croissant 처럼

(2) 마찰음

마찰음이란 구강 내의 좁은 부분을 통과하며 마찰을 일으켜서 나는 소리이다. 프랑스어에서는 [f], [v], [s], [z] 등이 마찰음이며, 한국어에서는 ≪ ㅅ ㅆ ㅎ ≫이 마찰음에 해당한다.

④ **치조음**

치조음은 위 ②에서 보았다시피 혀끝과 윗니 뒷부분이 닿아서 만들어지는 자음이다. 그렇지만 여기서의 치조음 ≪ ㅅ ㅆ ≫는 마찰음이므로 마찰되는 소리를 내며 공기가 배출된다. 즉, 파열음처럼 날숨을 막았다가 공기를 순간적으로 배출시키지 않는다. ≪ ㅅ ㅆ ≫를 발음할 때, 공기는 입천장과 혀 중앙부분으로 흘러 나온다. 앞의 양순음 ≪ ㅂ ㅃ ㅍ ≫를 구별했던 것과 같은 원칙이 적용되지만, 여기서는 'ㅅ+ㅎ(격음)'이 존재하지 않는다.

ㅅ [s]	평음	sol 처럼
ㅆ [s']	격음	ça 처럼

⑤ **성문음**

≪ ㅎ ≫는 마찰음인 동시에 성문음이다. 성문음은 성문에서 발음되며, 영어에서의 [h]처럼 발음된다.

ㅎ [h]	영어의 happy 처럼

(3) 파찰음

파찰음이란 파열음과 마찰음이 결합된 자음으로 두 음의 성질을 동시에 갖는다. 영어단어 chicken [tʃikin]에서의 [tʃ]와 George [dʒɔ:dʒ]에서의 [dʒ]가 이에 해당된다. 한국어에서는 ≪ ㅈ ㅉ ㅊ ≫ 3개의 파찰음이 있다.

⑥ **경구개음**

자음 ≪ ㅈ ㅉ ㅊ ≫는 파찰음인 동시에 경구개음이다. 경구개음이란 혀의 뒷부분과 경구개 사이에서 음이 만들어 진다. 경구개음 ≪ ㅈ ㅉ ㅊ ≫의 구별은 양순음 ≪ ㅂ ㅃ ㅍ ≫를 구별했던 것과 같은 원칙이 적용된다.

ㅈ [ts]	jasmin 처럼
ㅉ [ts']	tsunami 처럼 (더 세게)
ㅊ [tsʰ]	tchèque 처럼

(4) 비음

비음이란 공기가 입하고 코를 통해서 동시에 나오면서 발생되는 자음이다. ≪ ㅁ ≫은 프랑스어의 « mille », « madame », « mobile »에서 처럼 발음되고, ≪ ㄴ ≫는 프랑스어의 « nappe », « nid », « non »에서 처럼 발음되고, ≪ ㅇ ≫는 영어의 « parking », « bowling », « jogging »에서 처럼 발음된다.

ㅁ [m]	mille 처럼
ㄴ [n]	nappe 처럼
ㅇ [ŋ]	영어의 parking 처럼

(5) 유음

유음이란 마찰자음을 의미한다. 프랑스어에서는 [l]이라는 하나의 유음만이 존재한다. 한국어의 유음 ≪ ㄹ ≫는 프랑스어의 « la », « lit », « lot »에 해당한다.

ㄹ [l]	la 처럼

2과 | 음절 만들기와 발음규칙

● 음절 만들기와 발음

1. 음절 만들기

한국어는 음절 단위로 문자를 표시하는 언어이다. 글자는 음절박스로 결합되는데, 한 음절을 만들기 위해서는 '정사각형 모양의 음절블록' 에 최소한 자음 하나와 모음 하나가 필요하다. 예를 들어, ≪ 가 ≫, ≪ 구 ≫, ≪ 과 ≫ 등과 같다. 이 '정사각형 모양의 음절블록'에 자음 1개 또는 2개를 받침으로 추가할 수도 있는데, 예를 들면, ≪ 감 ≫, ≪ 값 ≫, ≪ 굴 ≫, ≪ 광 ≫ 등이다.

하나의 음절이 초성에서 자음을 필요로 하지 않을 경우에는 ≪ 이 ≫, ≪ 왜 ≫, ≪ 앞 ≫에서와 같이 자음 ≪ ㅇ ≫으로 시작해야만 한다. 왜냐하면 모음이나 자음이 홀로 독립적으로 음절을 구성할 수 없기 때문이다. 이 때, 초성에 위치한 자음 ≪ ㅇ ≫는 발음이 나지 않는다. 반면에, 종성에 위치한 ≪ ㅇ ≫는 발음이 난다. 지금부터는 음절을 만들기 위한 구성 규칙을 살펴보도록 하겠다. 한국어에는 음절 구성에 있어서 3개의 기본형이 있다.

(C = 자음, V = 모음)

(1) C V

자음은 ≪ ㅏ ㅐ ㅑ ㅒ ㅓ ㅔ ㅕ ㅖ ㅣ ≫ 모음과 같이 가로획이 짧고 세로획이 긴 모음과 함께 쓰일 경우에 '음절블록' 내에서 왼쪽에 위치한다.

예 차 개 저 에 비

개 → ㄱ 기 가 개

저 → ㅈ ㅈ 저

(2) 

자음은 ≪ ㅗ ㅛ ㅜ ㅠ ㅡ ≫ 모음과 같이 가로획이 긴 모음과 함께 쓰일 경우에 '음절블록' 내에서 위쪽에 위치한다.

예 또 요 구 유 트

구 → ㄱ 그 구
유 → ㅇ 으 우 유

(3) 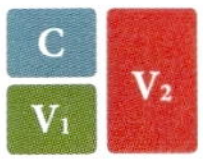

자음은 이중모음인 ≪ ㅘ ㅙ ㅚ ㅟ ㅞ ㅝ ㅢ ≫ 모음과 함께 쓰일 경우에 '음절블록' 내에서 왼쪽 위쪽에 위치한다.

예 쇠 뭐 쥐 의 돼

쇠 → ㆍ ㅅ 소 쇠
돼 → ㄷ 도 되 돠 돼

위 (1), (2), (3) 유형에 자음 1개 또는 2개를 첨가함으로써 다음과 같이 (4), (5), (6) 유형의 음절을 만들 수 있다.

(4) 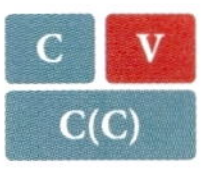

예 강 값 별 신 싫

신 → ㅅ 시 신
값 → ㄱ 가 갑 값

(5) 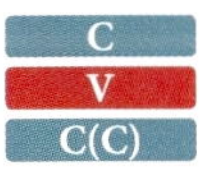

예 돈 몫 문 극 흙

돈 → ㄷ 도 돈
흙 → ㅎ 흐 흘 흙

(6) 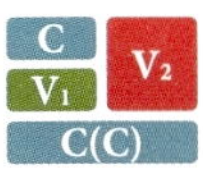

예 광 봤 웬 뒷 괜

광 → ㄱ 고 과 광
봤 → ㅂ 보 봐 봣 봤

2. 발음규칙

(1) 종성 자음의 발음

초성에 위치한 모든 자음은 발음이 나지 않는 'ㅇ'을 제외하고 각 자음의 특성대로 발음이 된다. 그렇지만 종성에 위치한 자음은 다음 표에서와 같이 7개의 대표음으로 발음이 된다.

	종성에 위치한 자음의 발음	대표음
1	ㄴ	[ㄴ]
2	ㄹ	[ㄹ]
3	ㅁ	[ㅁ]
4	ㅇ	[ㅇ]
5	ㄱ ㅋ ㄲ	[ㄱ]
6	ㅂ ㅍ	[ㅂ]
7	ㄷ ㅌ ㅅ ㅆ ㅈ ㅊ ㅎ	[ㄷ]

예 문 [문] 날 [날] 밤 [밤] 상 [상] 조각 [조각] 부엌 [부억]
밖 [박] 밥 [밥] 잎 [입] 듣 [듣] 솥 [솓] 갓 [갇] 갔 [갇]
낮 [낟] 꽃 [꼳] 낳 [낟]

(2) 연음

자음으로 끝난 음절에 모음으로 시작되는 음절이 연속될 때 앞 음절의 종성이 뒤 음절의 초성이 된다.

예 눈이 [누니] 옷이 [오시] 음악 [으막]

앞음절의 종성자음이 뒤 음절의 초성자음을 만날 때 발음 상의 변화가 생기게 되는데, 이런 발음 규칙들은 3, 5, 8, 15과에서 자세히 살펴볼 것이다.

● 몇 가지 기본 표현

(1) 안녕하세요?

'안녕하세요?'는 하루 중 언제라도 사용할 수 있는 프랑스어의 « bonjour »나 « bonsoir »에 해당하는 표현이다. 이것은 '안녕'이라는 명사와 '하다'라는 동사의 높임말이 결합되어 만들어진 표현이다. '안녕'은 친한 사이에 쓰이는 인사말로 만났을 때와 헤어질 때 두 경우 사용 가능하다. 그렇지만 '안녕하세요?'는 만났을 때만 사용 가능하며 헤어질 때는 쓰지 않는다.

(2) 감사합니다 = 고맙습니다

'감사합니다'와 '고맙습니다'는 고마움을 표시하는 표현으로 둘 다 흔히 쓰인다. '감사합니다'는 한자어에서 유래한 '감사'와 '하다'동사로 이루어진 표현이고, '고맙습니다'는 순수 한국 표현이다. '대단히'를 사용해서 고마움의 표시를 강조할 수 있다.

(3) 천만에요

'천만에요'는 감사인사에 대한 답으로 흔히 사용되는 표현으로 프랑스어의 « De rien / Je vous en prie »에 해당한다.

(4) 죄송합니다 = 미안합니다

'죄송합니다'와 '미안합니다'는 사과를 표시하는 표현으로 둘 다 흔히 쓰인다. '죄송합니다'가 '미안합니다'보다는 보다 격식을 갖춘 표현이다. 두 표현 모두 프랑스어로 « Excusez-moi »나 « Pardon »에 해당한다.

(5) 괜찮아요 = 괜찮습니다

'괜찮습니다'는 '괜찮아요'보다 격식을 갖춘 표현이며 프랑스어의 « ça va », « c'est bien »에 해당한다. '괜찮습니다'와 '괜찮아요'는 상대방이 미안함을 표시했을 때 답하는 표현으로 프랑스어의 « ce n'est pas grave »에 해당한다.

(6) 실례합니다

'실례합니다'는 누군가에게 무엇인가를 요구하려고 할 때 또는 상대방에게 불편을 끼쳤을 때 사용하는 표현으로 프랑스어의 « Excusez-moi »나 « Pardon »에 해당한다.

3과 | 저는 모르간이에요.

3-1 명사 + 보조사 은/는

'은/는'은 보조사이다. 이 조사는 문장 내 위치에 따라서 주격, 목적격, 보격으로 사용된다. 여기서 '은/는'은 주격 기능으로 사용되었다. '은'은 앞에 오는 단어가 자음으로 끝날 때, '는'은 앞에 오는 단어가 모음으로 끝날 때 사용한다. 명사와 뒤에 붙는 조사 사이에 띄어쓰기를 하지 않은 것에 유의해야 한다. 명사와 '은/는' 사이에 띄어쓰기를 하지 않은 것은 한국어의 모든 조사에 해당하는 규칙이다.

3-2 명사₁ + 은/는 명사₂ + 이에요/예요 (NOM₁ = NOM₂)

'이에요/예요'는 명사와 함께 사용된다. 이것은 '이다'(copule)에서 나온 것이다. '이에요/예요'는 문장의 마지막에 나오고 '명사$_1$=명사$_2$'와 같이 두 명사 사이의 신분관계를 나타낼 때 사용한다. 명사가 자음으로 끝날 때는, '이에요'를 붙이고, 명사가 모음으로 끝날 때는 '예요'를 붙인다. 명사와 '이에요/예요' 사이에는 띄어쓰기를 하지 않음에 유의한다.

3-3 국가명, 국적

국가명 뒤에 '사람'을 붙이면 국적을 나타낸다 : 국가명 + 사람 = 국적. 한국 사람, 프랑스 사람, 벨기에 사람…

3-4 주어의 생략

한국어에서 대화 당사자 간에 주어가 확실할 경우 문장의 주어는 자주 생략된다.

3-5 반갑습니다

'반갑습니다'는 처음 만나거나 오랜만에 만났을 때 사용되는 인사말이다. '반갑습니다'는 프랑스어의 « enchanté(e) » 또는 « cela (me) fait plaisir de vous revoir »에 해당한다.

3-6 이름이 뭐예요?

'이름이 뭐예요?'는 사람의 이름을 묻는 질문이다. '이름이 뭐예요?'는 프랑스어의 « Comment vous appelez-vous ? »에 해당한다.

3-7 아, 그래요?

전달받은 정보에 대한 놀라움을 나타내는 표현이다. 프랑스어의 « Ah, oui ? », « Ah, bon ? », « Ah, vraiment ? » 등에 해당한다.

3-8 숫자 1~10

1	2	3	4	5	6	7	8	9	10
일	이	삼	사	오	육	칠	팔	구	십

3-9 선생님

보통 '선생님'은 초, 중, 고등학교의 교사를 지칭할 때 사용된다. 대학교 선생님을 지칭할 때는 흔히 '교수님'을 사용한다. 이 밖에 '선생님'은 나이 많은 사람이나 잘 모르는 사람을 높여 부르기 위해서 성 뒤에 또는 '성 + 이름' 뒤에 붙여서 사용한다. 이 때 '선생님'은 프랑스어의« Madame », « Mademoiselle », « Monsieur »에 해당하며 성을 구별해서 사용하지 않는다.

4과 | 이분이 누구예요?

4-1 이분이 누구예요?

'이분이 누구예요?'는 화자에 가까운 사람을 지칭하며 묻는 말로 프랑스어의 « Qui est cette personne ? »에 해당하는 질문이다. 이 의문문은 사람의 신분이나 직업을 물을때 사용한다. '분'은 '사람'의 높임말이다.

4-2 (성 +) 이름 + 씨 (높임말)

'씨'는 '성 + 이름' 다음에 사용되는 존칭어로 직장동료나 부하직원에게 사용한다. '씨'는 성(性)에 따라 변하지 않으며 프랑스어로 « Madame », « Mademoiselle », « Monsieur »에 해당한다. 단순히 이름과 함께 '씨'를 쓰는 경우 그것이 호칭된 사람에 대한 어느 정도 예의를 나타내지만 프랑스어로는 번역되지 않는 것이 자연스럽다.

4-3 처음 뵙겠습니다

이 인사말은 어떤 사람을 처음 만났을 때 사용된다. 프랑스어의 « (Je suis) enchanté(e) de vous rencontrer »에 해당한다.

4-4 인칭대명사를 대신하는 명사의 사용

이름, 직함, 직책은 프랑스어에서의 2인칭(vous, tu)과 3인칭 대명사(il(s), elle(s))를 대신하여 자주 사용된다.

4-5 평서문 / 의문문

동일한 문장이 억양에 따라 평서문 또는 의문문이 될 수 있다. 보통 억양을 사용할 경우 평서문이 되고, 문장의 끝이 올라가는 억양을 사용할 경우 의문문이 된다.

4-6 네 / 아니요

'네' « oui »는 긍정의 답에 사용되고, 반면에 '아니요' « non »는 부정의 답을 할때 사용된다.

4-7 명사 + 도

'도'는 명사 또는 대명사 바로 뒤에 쓰이는 보조사인데, 긍정문에서는 « NOM aussi », « NOM également »의 뜻으로, 부정문에서는 « NOM non plus »의 뜻으로 사용된다.

4-8 나라 이름, 국적, 언어

국가명	국적	언어
한국	한국 사람	한국어
프랑스 (ou 불란서)	프랑스 사람 (ou 불란서 사람)	프랑스어 (ou 불어)
모로코	모로코 사람	아랍어
벨기에	벨기에 사람	프랑스어(ou 불어), 네델란드어
미국	미국 사람	영어
이하 교재 본문의 표 참조.		

4-9 (명사₁ + 은/는) 명사₂ + 이/가 아니에요

'아니에요'는 '이에요/예요' (**3-2** 참조)의 부정형이다. 이것은 $NOM_1 \neq NOM_2$과 같이 신분을 부정하는 데 사용된다. NOM_2 뒤에는 보격조사 '이/가'가 붙는다. 명사(NOM_2)가 자음으로 끝날 때는 조사 '이'를 뒤에 붙이고, 명사(NOM_2)가 모음으로 끝날 때는 조사 '가'를 붙인다.

4-10 이게 뭐예요?
'이게 뭐예요?'는 « Qu'est-ce que c'est ? »에 해당하는 질문으로, 화자 가까이에 있는 사물을 물을 때 사용한다.

5과 | 오늘 시간이 있어요?

5-1 주격조사 '이/가' VS 보조사 '은/는'
'은/는'은 보조사이다. 일반적으로 '은/는'이 문장의 주어를 나타내는 기능을 할 경우 '은/는'은 이미 알려진 주어를 나타낼 때 사용된다. 예를 들어, '줄리엥은 프랑스 사람이에요.'이다. 반면에 '이/가'는 주격조사이다. 주격조사는 대화상황에서 새로 등장하는 주어를 나타낼때 사용한다. 따라서, 어떤 이야기 속에서 새로운 주어를 등장시킬 경우 '이/가'라는 주격조사를 사용한다. 주어가 자음으로 끝나는 경우에는 주격조사 '이'를, 모음으로 끝나는 경우에는 주격조사 '가'를 붙인다.

▶ 보조사 '은/는'은 시간이나 장소를 나타내는 데에도 사용되는데, 프랑스어에서 시간이나 장소를 나타내는 상황보어로 많이 번역된다.

예 오늘은 수업이 많아요.

이 문장은 어제, 내일과 같은 다른 날에는 수업이 많지 않다는 의미를 내포하고 있다. 단지 오늘만 수업이 많다는 의미이다. 반면에 '오늘 수업이 많아요.'는 단순히 오늘 수업이 많다는 뜻을 나타낸다.

예 서울은 아파트가 많아요.

이 문장은 서울 이외의 다른 도시에는 아파트가 많지 않고 서울에 아파트가 많다는 의미이다.

5-2 명사 + 이/가 있어요/없어요
'있어요'는 ≪ 존재하다 ≫의 뜻이다. 경우에 따라서 ≪ 있다 ≫ 또는 ≪ 소유하다 ≫의 뜻으로도 사용된다. '없어요'는 '있어요'의 반대말이다. '없어요'는 ≪ 존재하지 않다 ≫의 뜻이며, 경우에 따라서≪ 없다 ≫ 또는 ≪ 소유하지 않다 ≫의 뜻으로도 사용된다. 앞에 오는 명사가 자음으로 끝나면 '이'를 붙이고, 모음으로 끝나면 '가'를 붙인다. '있어요' (긍정)와 '없어요' (부정)는 어떤 장소에 있어서 사람이나 사물의 있고 없음을 나타내는 데 사용된다. 동사원형은 각각 '있다'와 '없다'이다.

5-3 종결어미 '-아요/어요' (1)
한국어에서 모든 동사의 원형은 '다'로 끝난다. 동사원형에서 마지막 음절인 '다'를 없애면 동사의 어간이 된다. 예를 들어, '많다'라는 (상태)동사의 경우 '많'은 어간이고 '많다'는 동사원형인 것이다. '많아요'와 '있어요'는 각각 '많다'와 '있다' 동사의 긍정형 현재시제이다. 한국어에서는 인칭에 따라서 어미가 변화하지 않는다. 모든 인칭(1, 2, 3인칭)에서 동사는 같은 형태의 어미변화를 한다. 한국어에서는 동사가 시제와 법에 따라서 어미변화를 하며 프랑스어 동사보다 훨씬 간단하다.

'-아요/어요'를 이용해 동사변화를 시키려면, '-아요/어요'를 어간의 모음구성에 따라서 붙이게 된다. 어간의 마지막 모음이 'ㅏ'나 'ㅗ'로 끝나면 '-아요'를 붙이고, 어간의 마지막 모음이 'ㅏ'나 'ㅗ' 이외의 다른 모음으로 끝나면 '-어요'를 붙인다.

5-4 명사$_1$ + 하고 + 명사$_2$
접속조사 '하고'는 등위접속사 역할을 한다. '하고'는 명사들을 연결시키는데 사용된다. 프랑스어의 « et »와는 달리, '하고'는 명사를 나열하는데 여러 번 사용될 수 있다.

5-5 명사 + 이/가 (은/는) 어때요?
'이/가 (은/는) 어때요?'는 (대화상에서) 이미 나타난 내용에 대해서 청자의 의견을 묻는데 사용되는 문형이다.

5-6 그러면 (그럼)
'그러면' (줄임말: 그럼)은 프랑스어의 « alors », « dans ce cas »에 해당하는 접속부사이다. '그러면'에 선행하는 문장은 '그러면'에 후행하는 문장의 조건을 나타낸다.

5-7 그리고
'그리고'는 단어나 문장을 연결시키는 접속부사이다. '그리고'는 프랑스어의 등위접속사 « et »에 해당한다.

5-8 명사 + 의
'의'는 소유를 나타내는 조사이다. '의'는 두 명사 사이의 한정관계를 나타낸다.

▶ 제(저+의) : 1인칭 단수 대명사 '저'와 소유를 나타내는 조사 '의'가 결합한 형태로 '저의'는 '제'로 축약된다.

한정사로서 '제'는 한정하는 명사 앞에 위치한다. '제'는 프랑스어의 1인칭단수 소유형용사인 « mon », « ma », « mes »에 해당한다.

5-9 숫자 10 ~ 100
(p. 82 참조)

6과 | 요즘 뭐 해요?

6-1 손님, 주문하시겠어요?
'손님, 주문하시겠어요?'는 손님이 원하는 것을 묻을 때 사용되는 표현이다. 프랑스어로는 « Que désirez-vous, monsieur (madame, mademoiselle) ? »로 번역할 수 있다. '손님'은 프랑스어의 « client(e) »에 해당하지만 번역할 때는 « monsieur », « madame » ou « mademoiselle »로 하는 것이 자연스럽다. '손님' 대신에 '고객님'도 사용된다.

6-2 전(저는) + 명사 + 주세요
주어 « je »에 해당하는 '저는' 또는 '전' ('저는'의 축약형)은 카페나 레스토랑에서 주문하는 형태로 대화체에서 « pour moi »의 의미로 사용될 수 있다. '저는/전 + 명사 + 주세요'는 « donnez-moi le NOM, s'il vous plaît. »의 뜻이다.

6-3 명사 + 을/를 (목적격 조사)
'을/를'은 직접목적어를 나타내는 조사이다. 명사가 자음으로 끝날 경우에는 '을'을, 모음으로 끝날 경우에는 '를'을 붙인다.

6-4 종결어미 '-아요/어요' (2)

5-3에서 보았듯이 동사어간의 마지막 음절이 'ㅏ'나 'ㅗ'를 포함한 경우에는 '아요'를 붙이고, 다른 모음을 포함한 경우에는 '어요'를 붙인다.

A. 이 기본규칙에 다음과 같은 축약규칙이 첨가된다.

(1) 'ㅏ'에 같은 모음 'ㅏ'가 뒤따라 오는 경우, 두 모음 ≪ ㅏ + ㅏ ≫는 하나의 'ㅏ'로 축약된다. (가 + 아요 = 가요)

(2) ≪ ㅗ + ㅏ ≫는 ≪ ㅘ ≫로, ≪ ㅜ + ㅓ ≫는 ≪ ㅝ ≫로 축약된다. (오 + 아요 = 와요, 배우 + 어요 = 배워요)

(3) ≪ ㅣ + ㅓ ≫는 ≪ ㅕ ≫로 축약된다.
(마시 + 어요 = 마셔요)

B. 다음의 불규칙 동사에 주의 :

(1) '하다' 동사는 불규칙이며 '해요'로 변화된다. '하다' 동사는 다른 명사들과 결합해서 새로운 동사를 만든다. 예를 들어, '공부하다', '구경하다' 등 이다.

(2) 계사 '이다' (être)와 '아니다' (ne pas être)는 불규칙 동사이다.

6-5 그런데

'그런데'는 접속부사이다. 이것은 대화에서 새로운 주제를 도입하는데 사용된다. 문맥에 따라서, « au fait », « à propos » « mais », « pourtant », « dis donc » 등으로 번역될 수 있다.

6-6 뭐

'뭐'는 3-6 '이름이 뭐예요?'와 4-10 '이게 뭐예요?'에서 이미 보았다. '뭐'는 의문대명사 '무엇'의 축약형이다. '뭐'는 여러 조사들과 함께 사용될 수 있고 « qu'est-ce que ? », « quoi ? », « Qu'est-ce qui ? »에 해당하는 뜻으로 사용된다. 구어체에서 목적격 조사인 '을/를'은 흔히 생략된다. '뭐'가 '이다'와 함께 쓰일 경우에는 항상 « qu'est-ce ? » 또는 « qu'est-ce que c'est ? »로 번역된다.

6-7 -에서 (장소를 나타내는 조사)

'에서'는 장소를 나타내는 조사이다. 이 조사는 동작이 일어나는 장소를 나타내며 동작동사와 함께 사용된다. '에서'는 정적인 위치를 나타내는데 사용되는 '에'라는 조사와 구별된다. (7-4 참조)

7과 | 지금 어디에 가요?

7-1 장소명사 + 에 가다/오다

'장소명사 + 에 가다'는 « aller à + lieu »의 뜻이고, '장소명사 + 에 오다'는 « venir à + lieu »의 의미이다. '가다'는 멀어지는 움직임을 나타내고, '오다'는 가까워지는 움직임을 나타낸다.

7-2 어떻게 지내요?

'어떻게(comment)'는 사용범위가 넓은 의문부사이다. 이 의문부사가 '지내다' 동사와 결합하여 '어떻게 지내요?' « Comment allez-vous ? »라는 문장을 만든다. 여기에 대한 답으로 '잘 지내요.' « Je vais bien. »가 일반적으로 사용된다.

7-3 어디

'어디'는 장소에 사용되는 의문대명사이다. 이 의문대명사는 '에/에서'라는 장소를 나타내는 조사와 함께 의문문에서 사용된다. 이것은 프랑스어의 « où »에 해당한다.

7-4 -에 VS -에서

'에서'는 동작이 일어나는 장소나 범위 즉, 장소를 표시하는 조사이다 (6-7 참조). '에'는 어떤 사람이나 사물이 있는 장소 즉, 정적인 위치를 표시하는 조사이다.

주의! '에'는 7-1에서 나왔던 ≪ 장소명사 + 에 가다/오다 ≫ 문형에서와 같이 동작동사와도 함께 사용될 수 있다.

주의! '살다' 동사는 '에'와 '에서'라는 두 조사와 함께 사용될 수 있다.

7-5 좋아요

5과에서 '좋아요'는 '나빠요'에 반대되는 의미로 설명했다. 여기서 '좋아요'는 동의, 승낙의 의미로서 제안된 내용에 대해 동의하는 데 사용한다.

7-6 장소명사 + 에 있다/없다

5-2에서 '있다'는 ≪ 소유하다 ≫의 의미로, '없다'는 ≪ 소유하지 않다 ≫의 의미로 살펴보았다. 여기서는 ≪ 있다 / 존재하다 ≫, ≪ 없다 / 존재하지 않다 ≫ 의미로 사용되는 용법을 본다. 장소를 나타내는 조사 '에'는 존재동사인 '있다'나 '없다'와 함께 사용되어 장소를 나타내는 보어를 표시하는 역할을 한다. 문맥에 따라서 à, dans, en 등으로 번역될 수 있다.

7-7 이/그/저 + NOM

	이	그	저
사람	이분	그분	저분
사물	이 + 명사	그 + 명사	저 + 명사
장소	여기	거기	저기

'이, 그, 저'는 명사 앞에 놓이는 지시(대명)사이다. '이'는 화자에 가까운 것을 지칭할 때, '그'는 청자에 가까운 것을 지칭할 때, '저'는 화자와 청자에서 모두 멀리 떨어져 있을 때 사용한다. 예를 들어,

예 이 책 (화자에서 가까움), 그 책 (청자에서 가까움)
저 책 (화자와 청자에서 모두 멂)

따라서, 4-1에서 나왔던 '이분이 누구예요?'를 다음과 같이 분석해 볼 수 있다 :

이분 (여기있는 사람) + 이 (주격조사) + 누구 (의문대명사) + 예요('이다')

장소를 지칭할 때 '여기', '거기', '저기'라는 세 가지 형태를 사용한다.

	이것	그것	저것
은/는	이것은 (이건)	그것은 (그건)	저것은 (저건)
주격	이것이 (이게)	그것이 (그게)	저것이 (저게)
목적격	이것을 (이걸)	그것을 (그걸)	저것을 (저걸)

지시사는 '것'과 결합하여 '이것', '저것', '그것'처럼 불특정 사물을 지칭하는 데 사용할 수 있다. 이때, 구어체에서 '이것,

그것, 저것', '은/이/을'과 같은 조사와 결합될 때 조사는 자주 축약된다.

이것이 (이게 : 축약형) : 화자에서 가까움
그것이 (그게 : 축약형) : 청자에서 가까움
저것이 (저게 : 축약형) : 화자와 청자에서 모두 멂

따라서, **4-10**에서 나왔던 '이게 뭐예요?'를 다음과 같이 분석해 볼 수 있다 :

이게 (여기있는 물건 + 주격조사) + 뭐(의문대명사) + 예요('이다')

7-8 어머 = 어머나

'어머(어머나)'는 감탄사이다. 이것은 화자의 놀람을 나타내고 프랑스어의 « Oh là là ! », « Tiens ! »에 해당한다. '나'의 첨가는 단어의 뜻을 조금 강하게 한다.

주의! 이 감탄사는 여자들이 사용하는 반면 남자들은 잘 사용하지 않는다.

7-9 'ㅂ' 불규칙 동사

상태동사의 어간이 'ㅂ'로 끝날 때, 'ㅂ' 뒤에 모음이 연이어 오면 'ㅂ'는 'ㅜ'나 'ㅗ'로 변한다. 그리고 어미 '어요'나 '아요'를 변형된 어간에 붙이면, 축약이 일어난다. 예를 들어, 어렵다 → 어렵 + 어요 → 어려우 + 어요 → 어려워요.

7-10 안

'안'은 동사를 부정형으로 만드는 데 사용되는 부사이다. '안'은 동사 앞에 위치한다.

● **한국어 동사 요점정리**

한국어에서는 4개의 동사 유형으로 구분할 수 있다.

유형	용도	예
계사	주어의 신원, 신분을 나타냄	–이다/아니다
존재동사	주어의 존재/비존재 또는 소유/비소유를 나타냄	있다/없다
상태동사	주어의 상태나 성질을 묘사함	많다, 좋다, 괜찮다, 재미있다, 맛있다, 넓다… etc.
동작동사	주어의 동작과 진행을 나타냄	가다, 오다, 만나다, 마시다, 기다리다, 배우다, 먹다, 하다, 이야기하다… etc.

주의!

(1) 계사 –이다/아니다는 주어와 보어를 연결하는 서술어 기능을 한다. 긍정형 문장에서 '저는 학생이에요'와 같이 보어와 '–이다' 사이에 띄어쓰기를 하지 않는다. 부정형 문장에서는 '저는 학생이 아니에요'와 같이 보어와 '아니다' 사이에 띄어쓰기를 한다.

(2) 존재동사 '있다/없다'는 문맥에 따라 상태동사 또는 동작동사처럼 기능한다.

8과 | 지금 몇 시예요?

8-1 요일명

월요일	화요일	수요일	목요일	금요일	토요일	일요일

요일을 묻는데는 '무슨 요일이에요?'라는 질문을 사용한다. '무슨'은 프랑스어의 « quel(le) »에, '요일'은 « jour de la semaine »에 해당한다.

8-2 언제

'언제'는 시간에 사용되는 의문부사이다. 프랑스어의 « quand »에 해당한다.

8-3 한자어 숫자 / 한글 숫자

한국어에서는 '한글 숫자'와 '한자어 숫자'라는 두 종류의 숫자를 사용한다. 한글 숫자는 시간('분'은 한자어 숫자를 사용함), 나이 그리고 사람이나 사물을 셀 경우에 사용한다. 대부분의 경우에는 한자어 숫자가 사용된다. 숫자가 의존명사 (명, 마리, 개…)와 함께 쓰일 경우 한글 숫자에서는 발음의 편의를 위해 약간의 변화가 가해진다 (**9-6** 의존명사 참조). ≪ 하나 → 한, 둘 → 두, 셋 → 세, 넷 → 네, 스물 → 스무 ≫로 변한다.

한글 숫자 : 하나, 둘, 셋...
한자어 숫자 : 일, 이, 삼...

8-4 –에

7-4에서 '에'는 정적인 위치를 표시하는 조사였다. '에'는 또한 시간을 나타내는 조사로도 사용된다. '에'는 시간 속에서 어느 순간을 나타낼 때 사용된다. '에'는 '오늘', '내일', '지금', '언제' 등과 함께 사용될 수 없다.

8-5 몇 시예요?

'몇 시예요?'는 프랑스어의 « Quelle heure est-il ? »에 해당하며, 시간을 묻는 데 사용한다. '몇'은 의문사로 « quel », « combien de », « quel nombre »에 해당한다. '시'는 « heure »라는 뜻이고, '분'은 minute를 의미한다. '시'에는 '한글 숫자'를 사용하고, '분'에는 '한자어 숫자'를 사용한다.

예 네 시 이십 분.

8-6 몇 월 며칠이에요?

'몇 월 며칠이에요?'는 날짜를 묻는데 사용한다. 몇(의문사) + 월(달), '며칠'은 '몇일' : 몇(의문사) + 일(날)에서 왔다. 월을 알고 단지 날짜만을 알고 싶을 경우 '며칠이에요?'라는 의문문을 사용한다.

주의! 발음상 편의를 위해서 '육월'은 '유월'로 '십월'은 '시월'로 변화된다.

8-7 글쎄요

'글쎄요'는 망설이거나 불확실한 경우에 사용한다. 이것은 '네'나 '아니요'라고 하기 곤란한 경우에 사용하며 주어진 질문에 확실한 답을 하고 싶지 않을 때 사용한다. 프랑스어의 « Euh... », « eh bien », « Je ne sais pas trop... »에 해당한다고 할 수 있다.

8-8 밥을 먹다

'밥을 먹다' 를 프랑스어로 직역하면 « manger du riz 밥을 먹다 »이다. 그렇지만 이 표현은 대부분의 경우에 ≪ 식사를 하다 ≫의 의미로 사용된다. 목적격조사 '을'은 흔히 생략된다.

8-9 …부터 …까지

'부터'와 '까지'조사는 시간의 경계를 표시할 때 사용한다. 프

랑스어의 « de »에 해당하는 '부터'는 시작시점을, 프랑스어의 « à »나 « jusqu'à »에 해당하는 '까지'는 종료시점을 나타낸다. '부터'와 '까지'는 함께 사용할 수도 있지만 따로 독립해서 사용할 수도 있다.

9과 | 여보세요?

9-1 일상 전화 표현

(1) '여보세요?' Allô.

(2) '…씨 집/댁이에요?' Je suis bien chez… ?

(3) '실례지만, 누구세요?'
Excusez-moi mais qui est à l'appareil ?

(4) '명사 + 좀 바꿔 주세요.'
Passez-moi Nom, s'il vous plaît.

(5) '잠깐만 기다리세요.'
Un instant (= Ne quittez pas), s'il vous plaît.

▶ 동사어간 + (으)세요

'동사어간 + (으)세요' 문형은 정중한 명령형으로 사용된다. 동사어간이 모음으로 끝나면 '–세요'를 붙이고, 모음으로 끝나면 '–으세요'를 붙인다.

9-2 명사$_1$ 와/과 명사$_2$ = 명사$_1$ (이)랑 명사$_2$ = 명사$_1$ 하고 명사$_2$

'와/과'는 접속 조사이다. '와/과'는 명사들을 연결하는데 사용되고 '하고' 나 '(이)랑'으로 대치 가능하다. 명사의 마지막 음절이 모음으로 끝날 경우 '와'나 '랑'을 붙이고, 자음으로 끝날 경우 '과', '이랑'을 붙인다. '(이)랑'은 '와/과' 나 '하고'보다 덜 격식적이다.

9-3 사람을 나타내는 명사 + 에게 (간접목적어를 표시하는 조사)

'에게'라는 조사는 사람을 지칭하는 명사 뒤에 사용되어 명사를 간접목적어로 만든다. 목적격 조사 '을/를'은 **6-3** 참조.

9-4 '하다'와 결합하는 동사들

한국어에서는 '하다' 동사를 결합시켜 많은 동사들을 만들 수 있다. '공부'라는 명사에 '하다'를 붙이면 '공부하다'라는 새로운 동사가 된다.

주의! 이런 종류의 동사들을 '안'을 사용해서 부정형으로 만들려면, 동작동사의 경우에 '안'은 '하다' 동사의 바로 앞에 위치한다. 공부하다 → 공부 안 하다, 운전하다 → 운전 안 하다… 상태동사의 경우에 다른 동사들과 마찬가지로 '안'은 동사 앞에 위치한다. 친절하다 → 안 친절하다, 피곤하다 → 안 피곤하다…

9-5 명사 + 이/가 얼마예요?

'얼마'는 프랑스어의 « combien »에 해당하는 의문(대명)사이다. '명사 + 이/가 얼마예요?'는 가격을 묻는데 사용한다. 명사가 자음으로 끝날 때는 '이'를, 명사가 모음으로 끝날 때는 '가'를 사용한다.

9-6 (숫자와 함께하는) 의존명사

의존명사(classificateur)는 사람, 동물, 사물을 세는 데 사용한다. 의존명사는 성질에 따라서 종류 별로 분류하여 나누는 기능을 한다. 같은 범주에 속하는 모든 명사들(사람, 동물, 사물)은 공통된 의존명사를 사용하여 숫자를 세게 된다. 의존명사에는 한글 숫자를 사용하는 의존명사(개, 명, 마리, 권, 벌, 대, 병, 잔, 시, 살…)와 한자어 숫자를 사용하는 의존명사(층, 분, 월, 일, 학년, 번, 원, 유로…)가 있다.

▶ '몇' (quel nombre, combien de)

의문사 '몇'은 **8-5**의 '몇 시예요?'라는 문장에서 보았다. '몇'은 수를 묻기 위해서 다른 의존명사들과 흔히 사용된다.

9-7 숫자 '100 ~ 100,000,000'

100부터는 한자어 숫자를 사용한다.

100	백	200	이백	300	삼백
1,000	천	2,000	이천	3,000	삼천
10,000	만	20,000	이만	30,000	삼만
100,000	십만	200,000	이십만	300,000	삼십만
1,000,000	백만	2,000,000	이백만	3,000,000	삼백만
10,000,000	천만	20,000,000	이천만	30,000,000	삼천만
100,000,000	억	200,000,000	이억	300,000,000	삼억

9-8 –에

숫자와 함께 쓰인 의존명사 다음에 사용되는 조사 '에'는 단위별 가격을 나타낸다. **7-4**에서 '에'는 정적인 위치를 표시하는 조사로, **8-4**에서 '에'는 시간을 나타내는 조사로도 사용된 것을 참조. 예 볼펜이 다섯 개에 천 원이에요.

10과 | 지난 주말에 뭐 했어요?

10-1 과거형

'았어요/었어요'는 과거를 나타내는 어미이다. 과거시제를 만들기 위해서는 현재시제에서 '아요'와 '어요'를 사용했던 것과 같은 규칙을 적용시킨다. 동사어간의 마지막 모음이 'ㅏ'나 'ㅗ'로 끝날 경우 '았어요'를 붙인다. 다른 모음으로 끝날 경우에는 '었어요'를 붙인다. '하다' 동사는 현재시제처럼 '했어요'로 불규칙 활용한다.

10-2 –들

한국어에서는 단수와 복수 간의 명확한 구별은 없다. 하나의 명사가 문맥에 따라서 단수 또는 복수의 의미를 지닐 수 있다. 반면에 '들'이라는 접미사를 사용해서 명사를 복수로 만들 수 있다. 그러나 대부분 경우에 '들'이라는 접미사를 꼭 붙여야만 하는 것은 아니다.

10-3 …에서 …까지

조사 '에서'와 '까지'는 함께 쓰이거나 따로 쓰여서 공간적 경계를 표시하는 데 사용한다. '에서'는 출발점을 나타내는 조사이고, '까지'는 도착점을 나타내는 조사이다.

주의! **8-9**의 '…부터 …까지'는 시간의 경계를 표시할 때 사용한다. '에서'와 '까지'를 별도로 사용할 수 있다.

10-4 어떻게, (으)로

'어떻게'는 사용범위가 넓은 의문부사이다. '어떻게'가 위치이

동을 나타내는 동사와 함께 쓰일 경우, 이것은 교통수단을 묻는 데 사용된다. 이에 대한 대답으로 '(으)로'라는 방법을 나타내는 조사를 사용한다. 선행하는 명사가 모음이나 'ㄹ'이라는 자음으로 끝나는 경우 '로'를 붙이고, 선행하는 명사가 'ㄹ'를 제외한 자음으로 끝나는 경우 '으로'를 붙인다. 예는 본문의 표 참조.

10-5 길이 많이 막혀요

« être bouché »라는 의미의 '막히다'는 '길'과 함께 '길이 막히다' = Il y a des embouteillages 라는 표현을 만든다.

동사원형	현재	과거
막히다	막히 + 어요 → 막혀요	막혔어요 (히 + 었 → 혔)

10-6 얼마나 걸려요?

'얼마나'는 '걸리다' 동사와 함께 쓰여서 (1) 한 장소에서 다른 장소까지 가는 데 얼마나 많은 시간이 필요한 지를, 또는 (2) 어떤 것을 하는데 ≪ 얼마나 많은 시간 ≫이 필요한 지를 묻는 데 사용된다.

동사원형	현재	과거
걸리다	걸리 + 어요 → 걸려요	걸렸어요 (리 + 었 → 렸)

10-7 명사 + 을/를 타다

교통수단을 나타내는 명사에 붙어서 '을/를 타다'는 교통수단을 나타내는 데 사용한다.

동사원형	현재	과거
타다	타 + 아요 → 타요	탔어요(타 + 았 → 탔)

10-8 'ㄷ' 불규칙 동사

어간이 'ㄷ'으로 끝나는 몇 몇 동사들은 불규칙적이다. 'ㄷ'으로 끝나는 어간 뒤에 모음이 이어질 경우 'ㄷ'은 'ㄹ'로 변한다.

동사원형	현재	과거
걷다 marcher	걷 + 어요 → 걸어요	걸었어요
듣다 écouter	듣 + 어요 → 들어요	들었어요
묻다 interroger	묻 + 어요 → 물어요	물었어요

주의! '닫다'와 '받다'는 규칙동사이다.

동사원형	현재	과거
닫다 fermer	닫아요	닫았어요
받다 recevoir	받아요	받았어요

11과 | 내일 뭐 할 거예요?

11-1 미래형

자음으로 끝나는 어간 + 을 거예요.
모음으로 끝나는 어간 + ㄹ 거예요.

'-(으)ㄹ 거예요'는 미래시제를 만드는데 사용된다. 동사어간이 'ㄹ'을 제외한 자음으로 끝났을 경우 '을 거예요'를 붙이고, 동사어간이 모음으로 끝났을 경우 'ㄹ 거예요'를 붙인다.

주의! 동사어간이 'ㄹ'로 끝날 경우 '거예요'를 붙여서 미래를 만든다 : 살다 → 살 거예요, 멀다 → 멀 거예요.

11-2 누구

7-7에서 설명했듯이 '이분이 누구예요?'는 이분 (여기있는 사람) + 이 (주격조사) + 누구 (의문대명사) + 예요('이다')로 구성된다. '누구'는 또한 주어를 나타내는 '누가', 직접목적어를 나타내는 '누구를', 간접목적어를 나타내는 '누구에게'로도 사용된다.

11-3 왜(요)?

'왜'는 프랑스어의 « pourquoi »에 해당하는 의문부사이다. '왜요?'는 « Pourquoi ? »의 뜻이다.

11-4 동사어간 + 고 = 그리고

연결어미 '고'는 어떤 사실을 열거하거나 동시에 일어난 다른 행위를 나타내는 데 사용한다. 또한, 시간이 경과함에 따라서 일어난 행위를 나타낸다. 단어와 절을 모두 연결할 수 있는 '그리고'와는 달리 '고'는 절을 연결하는 데 사용한다.

주의! '고'로 연결된 문장에서는 주어가 같을 경우 문장의 마지막 동사에서만 시제를 나타낸다.

사미라는 영화를 봤어요. 그리고 사미라는 저녁을 먹었어요.
= 사미라는 영화를 보고 저녁을 먹었어요.

11-5 장소 표시

장소를 표시할 때는 장소를 나타내는 명사 뒤에 장소를 나타내는 '에'를 붙인다.

11-6 'ㅡ' 불규칙 동사

'ㅡ'로 끝난 동사어간에 다른 모음이 연이어올 때 'ㅡ'가 탈락한다. 탈락된 'ㅡ'의 선행음절에 따라서 어미 '아요'나 '어요'를 붙인다. 선행음절이 모음 'ㅏ'나 'ㅗ'로 끝나면 '아요'를, 나머지 모음으로 끝나면 '어요'를 붙인다.

동사원형	현재		과거	미래
바쁘다	바ㅃ + 아요	바빠요	바빴어요	바쁠 거예요
배고프다	배고 ㅍ + 아요	배고파요	배고팠어요	배고플 거예요

11-7 하지만 = 그렇지만

접속부사 '하지만', '그렇지만'은 프랑스어의 ≪ mais, cependant, toutefois, néanmoins ≫의 의미로 앞, 뒷 문장을 대립시키는 기능을 한다.

12과 | 파리 날씨가 어때요?

12-1 날씨 표현

날씨가 어때요?
Comment est le temps ? / Quel temps fait-il ?
날씨가 좋아요. Le temps est beau. Il fait beau.
날씨가 나빠요. Le temps est mauvais. Il ne fait pas beau.
날씨가 더워요. Il fait chaud.
날씨가 추워요. Il fait froid.
날씨가 흐려요. Le temps est nuageux.
날씨가 따뜻해요. Le temps est doux. Il fait doux.
날씨가 시원해요. Il fait frais.
바람이 불어요. Il y a du vent.

비가 와요. Il pleut.
눈이 와요. Il neige.

▶ 사계절 : 봄, 여름, 가을, 겨울

12-2 동작동사 어간 + 고 싶다

'동작동사 어간 + 고 싶다'는 희망이나 바람을 나타내는데 사용되며 프랑스어의 « avoir envie de + infinitif. » 또는 « vouloir + infinitif. »에 해당한다. 주어가 3인칭일 경우 '고 싶다' 대신에 '고 싶어하다'를 사용한다.

12-3 정말이에요? = 진짜예요?

감탄 의문형인 '정말이에요?' = '진짜예요?'는 프랑스어의 « C'est vrai ? », « Vraiment ? »에 해당하며 어떤 정보를 확인하는데 사용한다. 회화체에서 많이 쓰는 표현이다.

12-4 동작동사 어간 + '(으)ㄹ 래요?'

'동작동사 어간 + (으)ㄹ 래요?'는 대화 상대방에게 제안을 하거나 의견을 묻는데 사용된다. 이것은 프랑스어의 « si on allait faire quelque chose ? »나 « qu'est-ce que vous en pensez… » 에 해당한다. 동사 어간이 자음으로 끝나면 '을래요?', 모음으로 끝나면 'ㄹ래요?'를 어간에 붙인다.

12-5 한테, 에게 / 한테서, 에게서

9-3에서 나왔던 조사 '에게'는 '한테'로 대치할 수 있다. '에게', '한테' 조사는 앞에 오는 명사를 간접목적어로 만들어 준다. 보통 '에게'는 문어체에, '한테'는 구어체에 사용된다. 조사 '한테서', '에게서'는 동작의 출발점을 나타낸다.

12-6 종결어미 (스)ㅂ니다/(스)ㅂ니까?

종결어미 'ㅂ니다/습니다'는 종결어미 '아요/어요' 보다 격식체이다. 비격식체인 '아요/어요'와 격식체인 'ㅂ니다/습니다' 두 종결어미 모두 존대형이다. 격식체 'ㅂ니다/습니다'는 연설문, 회담, 텔레비전 뉴스 등과 같이 격식을 갖추어야 하는 공식적인 자리에서 사용된다. 일상 회화체에서 한국인들은 두 종결어미를 함께 사용하는 경우가 많다.

● **'ㄹ' 탈락**

동사어간 마지막 음절 받침에 위치하는 'ㄹ'은 뒤에 'ㄴ, ㅂ, ㅅ' 자음이 연이어 오면 탈락한다.

불다	부 (ㄹ 탈락) + ㅂ니다	붑니다
알다	아 (ㄹ 탈락) + ㅂ니다	압니다
살다	사 (ㄹ 탈락) + ㅂ니다	삽니다

주의! 동사어간이 자음 ㄹ 로 끝나는 경우에는 '겁니다'를 붙인다. 살다 – 살겁니다, 알다 – 알겁니다.

13과 | 줄리엥 씨 가족은 모두 라로셸에 사세요?

13-1 장소명사 + 에서 오다

'장소명사 + 에서 오다' 문형은 사람이나 사물의 출발지를 나타내는 데 사용된다. 조사 '에서'는 출발점이나 어디에서 왔는지를 나타낸다. 문맥에 따라서 '에서'는 사람의 국적을 나타낼 수도 있는데, 이 경우 '오다' 동사는 과거시제로 사용된다.
예 '저는 한국에서 왔습니다.'

13-2 그래서

'그래서'는 접속부사로 두 문장을 연결시켜 준다. 선행하는 문장은 원인, 후행하는 문장은 결과를 나타낸다. 프랑스어로는 « donc, c'est pourquoi, en conséquence, de ce fait, de là » 등으로 번역된다.

13-3 동사어간 + 네요

어미 '네요'는 일종의 감정을 표현하는 문장을 만든다. 화자가 예상하지 못했던 사건에 대한 놀라움을 나타내는데 사용된다.

13-4 존칭어를 이용한 높임법

한국어에서는 높임을 나타내는 존칭어가 있다. 이 존칭어는 화자가 청자를 높이거나 또는 문장 내의 어떤 사람을 높이고자 할 때 일반 어휘를 대신하여 사용된다. 겸양어는 자신을 낮춤으로써 청자를 높일때 사용한다.

	일반어휘	존칭어	겸양어
명사	말 이름 나이 집 생일 사람, 명	말씀 성함 연세 댁 생신 분	
대명사	나는 내가 내		저는 제가 제
동사	있다 없다 먹다 주다 자다 말하다	계시다 안 계시다 잡수시다, 드시다 주시다 주무시다 말씀하시다	드리다
조사	이, 가 은, 는 에게, 한테	께서 께서는 께	
접미사 –님	선생 교수 부모	선생님 교수님 부모님	

13-5 높임 선어말어미 (으)시

한국어에서 높임법은 크게 세가지 방법으로 분류할 수 있다.

(1) 비격식체 종결어미 '아요/어요' (**5-3**, **6-4**)나 격식체 종결어미 '(스)ㅂ니다' (**12-6**)를 사용한다.

(2) 존칭어나 겸양어, 즉 높임말을 사용한다. (**13-4**)

(3) 높임 선어말어미 '(으)시'를 사용한다.

여기서는 세번째에 해당하는 높임 선어말어미 '(으)시'의 사용법을 살펴보겠다. '(으)시'는 동사어간과 종결어미 사이에 위치한다. 동사어간이 자음으로 끝날 경우 '으시'를, 동사어간이 모음으로 끝날 경우 '시'를 사용한다. '안녕하세요', '실례지만, 누구세요?', '잠깐만 기다리세요' 등의 표현은 높임 선어말어미 '(으)시'를 사용한 형태들이다. 화자는 나이, 사회적 상하관계 등에 따라 '(으)시'를 사용해서 청자를 높이거나 문장의 주체를 높인다.

C = 자음, V = 모음

	높임 선어말어미	현재	과거	미래
비격식체	C + 으시 + 어요 V + 시 + 어요	C + 으세요 V + 세요	C + 으셨어요 C + 셨어요	C + 으실 거예요 C + 실 거예요
격식체	C + 으시 + ㅂ니다 V + 시 + ㅂ니다	C + 으십니다 V + 십니다	C + 으셨습니다 C + 셨습니다	C + 으실 겁니다 C + 실 겁니다

13-6 물론이죠
'물론이죠'는 동의를 나타내는 표현이다.

13-7 어느
명사 앞에 위치하는 '어느'는 여러 개 중 하나의 선택을 요구하는데 사용된다. '어느'는 프랑스어의 « quel » 또는 « lequel, laquelle, lesquels, lesquelles »에 해당된다.

13-8 모두 / 다
'모두'와 '다'는 프랑스어의 « tous »와 마찬가지로 부사나 대명사로 사용될 수 있다.

13-9 –만
프랑스어의 « seulement »에 해당하는 보조사 '만'은 한정적 의미를 지닌다. '만'은 조사 '이/가', '은/는' 등과 동시에 사용할 수 있다.

13-10 가족 호칭
할아버지, 할머니, 아버지, 어머니, 형/오빠, 누나/언니, 남동생, 여동생.

14과 | 레오 씨는 취미가 뭐예요?

14-1 동작동사 어간 + (으)ㄹ 줄 알다/모르다
모음으로 끝나는 어간 + ㄹ 줄 알다/모르다
자음으로 끝나는 어간 + 을 줄 알다/모르다

'동작동사 어간 + (으)ㄹ 줄 알다/모르다' 문형은 프랑스어로 « savoir / ne pas savoir + infinitif »의 의미이며, 어떤 것을 할 수 있느냐 없느냐를 나타내는 데 사용된다. 이 구문은 동작동사와 함께 사용된다. 예를 들어, '운전할 줄 알다', '읽을 줄 알다' 등이다.

▶ 모르다 : **17-1** 참조

14-2 어떤
'어떤'은 사람이나 사물의 성질이나 특성을 묻는데 사용되며, 명사 앞에 위치한다. 예를 들어, '어떤 책' « quel livre », '어떤 꽃' « quelle fleur », '어떤 나라' « quel pays ». '어떤'은 프랑스어의 « quel », « quelle sorte de »에 해당한다.

14-3 동사어간 + 아서/어서 (1) (= 그래서)
'그래서' (donc, c'est pourquoi, en conséquence, de ce fait, de là)는 인과관계에 있는 두 문장을 연결시키는 접속부사이다. '그래서'에 앞에 오는 문장은 원인을 나타내고, '그래서'에 뒤에 오는 문장은 결과를 나타낸다 (**13-2** 참조). '그래서'가 두 문장을 연결시키는데 사용된다면, '아서/어서'는 두 절을 하나의 문장으로 연결시키는데 사용되는 연결어미이다. '아서'와 '어서'의 사용은 '아요/어요'의 사용과 같은 원칙을 따른다.

14-4 동사어간 + (으)ㄹ 수 있다/없다
모음으로 끝나는 어간 + ㄹ 수 있다/없다
자음으로 끝나는 어간 + 을 수 있다/없다

프랑스어의 « pouvoir / ne pas pouvoir + infinitif »에 해당하는 '동사어간 + (으)ㄹ 수 있다/없다' 문형은 어떤 것을 할 수 있는지 없는지를 나타내는 데 사용된다.

14-5 안녕히 가세요 / 안녕히 계세요
'안녕히 가세요'와 '안녕히 계세요'는 헤어질때 사용하는 인사말이다. 두 표현의 사용은 상황에 따라 달라지는데, 떠나는 사람에게는 '안녕히 가세요'를 남아있는 사람에게는 '안녕히 계세요'를 사용한다.

14-6 테니스를 치다
'하다'동사는 '조깅하다', '테니스하다', '수영하다' 등 대부분의 운동 명사에 사용 가능하다. 라켓을 이용하는 운동명에는 '치다' 동사 또한 사용이 가능하다. 예를 들면, '테니스를 치다', '탁구를 치다', '배드민턴을 치다', '골프를 치다' 등이 있다.

테니스하다 = 테니스를 치다 jouer au tennis

탁구하다 = 탁구를 치다 jouer au ping-pong

배드민턴하다 =배드민턴을 치다 jouer au badminton

골프하다 = 골프를 치다 jouer au golf

14-7 여가

영화	애정 영화, 액션 영화, 만화 영화, 공포 영화, 서부 영화
음악	클래식, 재즈, 팝송, 가요, 랩
운동	축구, 테니스, 농구, 배구, 핸드볼, 골프, 탁구, 배드민턴, 수영
기타	여행, 독서, 인터넷 게임, 춤, 등산

15과 | 감기에 걸렸어요.

15-1 신체명 + 이/가 아프다
자음으로 끝나는 명사 + 이 아프다
모음으로 끝나는 명사 + 가 아프다

'이/가 아프다'는 아픈 곳을 표현하는데 사용된다. 프랑스어로 « avoir mal à + partie du corps »에 해당한다.

머리가 아프다 Avoir mal à la tête, 배가 아프다 Avoir mal au ventre, 다리가 아프다 Avoir mal aux jambes, 목이 아프다 Avoir mal à la gorge.

15-2 아플때 사용하는 표현
'감기에 걸리다' être enrhumé, '기침이 나다' = '기침을 하다' tousser, '콧물이 나(오)다' avoir le nez qui coule, '땀이 나다' transpirer, '열이 나다' avoir de la fièvre, '열을 재다' mesurer la température.

15-3 동사어간 + 지만 = 하지만, 그렇지만
'하지만'과 '그렇지만' (mais, cependant, toutefois, néanmoins)은 대립적인 관계를 나타내는 두 문장을 연결시키는 접속부사이다 (**11-7** 참조). '하지만'과 '그렇지만'이 두 문장을 연결시키는데 사용된다면 '지만'은 두 절을 하나의 문장으로 연결시키는데 사용되는 연결어미이다.

15-4 하루에 두 번
9-8에서는 '볼펜이 다섯 개에 천 원이에요.' 처럼 '에'가 단위별 가격을 나타내는데 사용되는 용법을 보았다. 여기서 '하루'는 « un jour », '두 번'은 « deux fois »의 뜻이다. 따라서 '하루에 두 번'은 « deux fois par jour »에 해당한다. 이 밖에도 '하루에 세 번'은 « trois fois par jour », '하루에 네 번'은 « quatre

fois par jour »에 해당한다. 날을 나타내는 다른 표현을 살펴보면 다음 표와 같다.

하루	이틀	사흘	나흘	닷새
un jour	deux jours	trois jours	quatre jours	cinq jours

15-5 동사어간 + 아/어야 되다(하다)

'동사어간 + 아/어야 되다(하다)' 문형은 의무나 필요를 나타내는데 사용된다. 프랑스어의 « devoir + infinitif »에 해당한다.

15-6 동작동사 어간 + (으)러 가다/오다

자음으로 끝나는 어간 + 으러
모음이나 ㄹ자음으로 끝나는 어간 + 러

'동작동사 어간 + (으)러 가다/오다' 문형은 '가다'나 '오다' 동사의 목적을 나타내는 데 사용된다. 예를 들면, '먹으러 가다'는 « aller pour manger »의 뜻이고, '만나러 오다'는 « venir pour rencontrer »의 뜻이다.

15-7 못

'못'은 불가능을 표시하는 부정적 의미의 부사이고 동사 앞에 위치한다. '하다' 동사와 결합되는 동사들(**9-4** 참조)이 사용될 경우에는 '못'은 '하다' 바로 앞에 위치하며, 명사에는 목적격 조사 '을/를'을 붙인다. 예를 들면, '운동하다' → '운동을 못 하다', '운전하다' → '운전을 못 하다', '전화하다' → '전화를 못 하다', '공부하다' → '공부를 못하다' 등과 같이 사용된다. 불가능을 표시하는 다른 표현인 **14-4** '(으)ㄹ 수 없다' « ne pas pouvoir + infinitif »도 참조. 보통 '못'은 구어체에, '(으)ㄹ 수 없다'는 문어체에 사용된다.

15-8 동작동사 어간 + 아서/어서 (2)

14-3에서 '아서/어서'에 선행하는 절은 원인을 나타내고, 후행하는 절은 결과를 나타냄을 살펴 보았다. 이 밖에도 '아서/어서'는 주어가 같을 경우, 시간에 따라 순차적으로 일어난 일을 나타내는데 사용된다. 예 모르간은 병원에 가서 진료를 받았습니다.

15-9 'ㅅ' 불규칙 동사

'ㅅ' 자음 다음에 모음이 연속될 때, 'ㅅ'가 없어진다.

동사원형	현재	과거	미래
낫다 guérir	나 + 아요 → 나아요 낫습니다	나았어요 나았습니다	나을 거예요 나을 겁니다
붓다 verser	부 + 어요 → 부어요 붓습니다	부었어요 부었습니다	부을 거예요 부을 겁니다

주의! 다음의 동사들은 규칙동사이다.

동사원형	현재	과거	미래
씻다 se laver	씻어요 씻습니다	씻었어요 씻었습니다	씻을 거예요 씻을 겁니다
웃다 rire	웃어요 웃습니다	웃었어요 웃었습니다	웃을 거예요 웃을 겁니다
벗다 se déshabiller	벗어요 벗습니다	벗었어요 벗었습니다	벗을 거예요 벗을 겁니다

16과 | 요즘 빨간색 티셔츠가 유행이에요.

16-1 어서 오세요

'어서 오세요'는 가게의 판매원이나 식당의 종업원이 손님을 맞이할 때의 인사이다. 프랑스어의 « Bienvenue »의 의미이다.

16-2 그저 그래요

'그저 그래요'는 프랑스어의 « Comme ci comme ça » 또는 « C'est pas terrible »에 해당하는 표현이다.

16-3 색

하얀색 (=흰색)	Blanc
노란색	Jaune
회색	Gris
녹색	Vert
파란색	Bleu
분홍색	Rose
빨간색	Rouge
주황색	Orange
보라색	Violet
검은색 (=까만색)	Noir

16-4 동작동사 어간 + 아/어 보다

'동작동사 어간 + 아/어 보다' 구문은 시도나 경험을 나타내는데 사용되며, 프랑스어의 « essayer de + infinitif », « avoir l'expérience de »에 해당하는 표현이다.

16-5 옷과 신발에 관련된 표현

옷 이름	Nom des vêtements
바지	pantalon
청바지	jean
반바지	short, bermuda
치마	jupe
남방	chemise
티셔츠	T-shirt
스웨터	pull
점퍼	blouson
코트	manteau
원피스	robe
정장	costume / tailleur
넥타이	cravate
구두	chaussures
운동화	chaussures de sport
양말	chaussettes
조끼	gilet
벨트 (허리띠)	ceinture
장갑	gants
목도리	écharpe
모자	chapeau
크다	être grand
작다	être petit
맞다	être à sa taille

▶ 한국어에서는 옷의 종류에 따라서 '신다', '끼다', '쓰다', '하다', '입다' 동사가 사용되는데 모두 프랑스어로는 « porter »의 뜻이다.

옷 명칭	동사
구두, 운동화, 양말 (발에 관계됨)	신다
장갑 (손에 관계됨)	끼다
모자	쓰다
넥타이, 벨트 (허리띠)	하다
그 밖의 다른 옷들	입다

▶ '명사 + 와/하고/이랑 어울리다'는 « aller bien avec le NOM »의 뜻이다.

▶ '사이즈가 얼마예요?'는 « Quelle est votre taille ? »의 뜻이다.

16-6 동사어간 + 지 않다

'안'은 동사를 부정형으로 만드는 데 사용되는 부사였다 (**7-10** 참조). '동사어간 + 지 않다'라는 문형 역시 문장을 부정형으로 만드는 데 사용된다. 보통 '동사어간 + 지 않다' 문형은 '안' 보다 격식적인 뜻으로 사용되며, 문어체와 구어체에서 모두 사용된다.

16-7 비교급과 최상급

한국어에서 비교급 구문은 '보다(que)'라는 보조사와 '더(plus)' 또는 '덜(moins)'이라는 부사를 사용해서 만든다. 일반적으로 비교급 분장에서 '더'는 자주 생략되지만 '덜'은 생략되지 않는다. 따라서 « A est plus joli que B »는 한국어로 'A가 B보다 (더) 예뻐요'라고 표현하거나 'B보다 A가 (더) 예뻐요'라고 표현한다. « A est moins joli que B »라고 표현하려면, 'A가 B보다 덜 예뻐요' 또는 'B보다 A가 덜 예뻐요'라고 표현한다. 최상급에 해당하는 문장을 만들기 위해서는 부사 '제일'이나 '가장'을 사용한다.

비교급	A 가 B보다 (더) 크다 = B보다 A가 (더) 크다	A est plus grand que B
	A 가 B보다 덜 크다 = B보다 A가 덜 크다	A est moins grand que B
최상급	A가 제일 크다 = A가 가장 크다	A est le plus grand

16-8 동사어간 + (으)면

자음으로 끝나는 어간 + 으면
모음이나 자음 'ㄹ'로 끝나는 어간 + 면

'동사어간 + (으)면'은 프랑스어에서의 조건법 구문을 만들 때 사용되며, 프랑스어의 « si »에 해당한다. '(으)면' 은 문맥에 따라 « quand »으로도 번역될 수 있다.

자음으로 끝나는 어간	많다 → 많으면 먹다 → 먹으면 받다 → 받으면
모음이나 자음 'ㄹ'로 끝나는 어간	피곤하다 → 피곤하면 만나다 → 만나면 살다 → 살면 멀다 → 멀면

▶ 유럽과 한국의 옷 사이즈 비교표

구두 사이즈 (Pointure des chaussures)

유럽	35	36	37	38	39	41	42	44	45	46
한국	220	230	235	240	250	260	275	280	290	300

옷 사이즈 (Taille des vêtements)

유럽		34	36	38	40	42	44
한국	여자	44	55	66	77	88	99
	남자	XS (85)	S (90)	M (95)	L (100)	XL (105)	XXL (110)

17과 | 면접시험을 보러 가요.

17-1 'ㄹ' 불규칙

동사어간이 '르'로 끝날 경우, 'ㅡ'는 모음앞에서 자음 'ㄹ'로 대치된다. 이때 '아요'나 '어요'의 선택은 '르' 앞의 음절에 따라 달라진다. 예를 들면,

모르다 → 모르 + 어요 → 모ㄹㄹ + 어요 → 모ㄹㄹ + 아요 → 몰ㄹ + 아요 → 몰라요

17-2 -요

'요'는 단어뒤에 붙어서 상대방에게 존중을 표시하며 문장을 종결할 때 사용한다.

17-3 알겠습니다

'알겠습니다'는 대화 상대방이 말한 것을 따르겠다는 동의를 나타낼때 사용하는 표현으로 프랑스어로는 « j'ai compris »의 뜻이다. '알겠어요'는 '알겠습니다' 보다 비격식적이다.

17-4 시간을 나타내는 명사 + 전에/후에

'시간을 나타내는 명사 + 전에/후에'는 시간을 나타낼 때 사용되는 구문으로 프랑스어의 « il y a (avant) / dans (après) »에 해당한다. 따라서, '일주일 전에'는 « il y a (avant) une semaine »로, '일주일 후에'는 « dans (après) une semaine »로, '한 달 전에'는 « il y a (avant) un mois »로, '한 달 후에'는 « dans (après) un mois »로 번역될 수 있다.

17-5 명사 + 밖에

부정형(안, -지 않다, 없다...)이 뒤따르는 보조사 '밖에'는 앞에 나오는 내용의 한계를 나타낸다. 이 경우 프랑스어로 « seulement »으로 번역될 수 있다.

17-6 명사 + 에 관심이 있다/없다/많다

'명사 + 에 관심이 있다'는 s'intéresser à NOM의 뜻이다.

'명사 + 에 관심이 없다'는 ne pas s'intéresser à NOM의 뜻이다. '명사 + 에 관심이 많다'는 s'intéresser beaucoup à NOM 의 뜻이다.

17-7 동작동사 어간 + 고 있다

'동작동사 어간 + 고 있다'는 동작의 연속을 표현할 때 사용하며 프랑스어의 « être en train de + infinitif »에 해당한다. 상태동사는 이 문형에 사용될 수 없다.

▶ '다니다' « fréquenter »

장소를 나타내는 조사 '에'와 함께 쓰이는 '다니다' 동사는 정기적으로 가는 장소명사(학교, 회사 등)와 함께 사용된다. 유치원에 다니다 aller à l'école maternelle, 초등학교에 다니다 aller à l'école élémentaire...

17-8 (프랑스어의 관계대명사에 해당하는) 관형사형 어미

'동사어간 + 는/(으)ㄴ + 명사' 구문은 프랑스어의 관계대명사에 해당한다. 여기서 동사어간 뒤에 붙는 '–는/(으)ㄴ'은 (관형사형) 전성어미이다. 따라서 '서울에 사는 마리'는 « Marie qui habite à Séoul »의 뜻이고, '마리가 읽는 책'은 « le livre que Marie lit »의 뜻이고, '마리가 운전하는 차'는 « la voiture que Marie conduit »의 뜻이고, '작은 가방'은 « le sac qui est petit »의 뜻이고, '친절한 모르간'은 « Morgane qui est gentille »의 뜻이다. 한국어에서 관계대명사는 존재하지 않기 때문에 동사어간 + 는/(으)ㄴ + 명사' 구문이 프랑스어의 관계대명사를 대신하는 것이다. 동사의 유형과 시제 별로 다음과 같은 (관형사형) 전성어미들이 있다.

	동작동사	상태동사	존재동사 (있다/없다)	계사 (이다/아니다)
현재	–는	–(으)ㄴ	있는/없는	–인/아닌
과거	–(으)ㄴ			
미래 (추측)	–(으)ㄹ	–(으)ㄹ	있을/없을	–일/아닐
과거 (회상)	–던	–던	있던/없던	–이던/아니던

★'던'은 프랑스어의 반과거 시체처럼 과거에서 반복된 행위나 상태의 회상을 나타낸다.

18과 | 명절에는 한복을 입은 사람들이 많아요.

18-1 무슨

'무슨'은 명사 앞에 위치해서, 어떤 사실이나 대상을 잘 모를 때 사용한다. '무슨 날'은 « quel jour », '무슨 영화'는 « quelle film »의 뜻이다. 보통 '무슨'은 사람에게는 사용하지 않으며 프랑스어의 « quel »로 번역될 수 있다. **14-2**에서 나온 '어떤'은 사람에게도 사용 가능하다.

18-2 그저께(그제), 어제, 오늘, 내일, 모레

그저께 (=그제)	어제	오늘	내일	모레
avant-hier	hier	aujourd'hui	demain	après-demain

18-3 명사 + 때 / 동사어간 + (으)ㄹ + 때

'명사 + 때' 또는 '동사어간 + (으)ㄹ + 때'는 어떤 사건이나 활동의 시간을 나타낼 때 사용한다. '때'는 명사 뒤나 '동사어간 + (으)ㄹ' 뒤에 붙을 수 있다. 따라서 '방학 때'는 « au moment des vacances »의 뜻으로, '고등학교 때'는 « au moment du lycée → quand j'étais lycéen »의 뜻으로, '노래할 때'는 « quand je chante »의 뜻으로, '운전할 때'는 « quand je conduis »의 뜻으로 사용된다. '때'와 결합할 수 없고 '에'하고만 결합 가능한 단어는 아침, 주말, 월, 요일 등의 명사이다. 예를 들면, 아침 때 (오류) → 아침에, 주말 때 (오류) → 주말에, 3월 때 (오류) → 3월에, 수요일 때 (오류) → 수요일에 등이 있다.

18-4 한국의 명절 (추석, 설)에 관계된 표현

'명절' « fête traditionnelle »
'추석' « Chuseok », (= fête des récoltes)
'설날' « Nouvel An lunaire » (souvent appelé 'Nouvel An chinois' en France)
'차례' « cérémonie de culte aux ancêtres »
'(조상님께) 차례를 지내다' « célébrer un culte aux ancêtres »
'세배' « prosternation pour souhaiter une bonne année »
'(어른께) 세배를 드리다' « se prosterner (devant les personne âgées) pour souhaiter une bonne année »
'송편' « gâteau de riz » (que les Coréens préparent pour Chuseok)
'떡국' « soupe coréenne de pâte de riz »
'음력' « calendrier lunaire »
'한복' Hanbok (vêtement traditionnel coréen)

18-5 동사어간 + (으)ㄴ데/는데

연결어미 '(으)ㄴ데/는데'는 다음 절 도입을 위해 이와 관계된 상황을 설명하는 데 사용된다. '(으)ㄴ데/는데'에 선행하는 절은 후행하는 절(주절)의 부수적인 정보를 나타내는데, 문맥에 따라서 원인, 대립, 조건 등을 나타내게 된다.

18-6 동작동사 어간 + (으)ㄹ까 하다

모음으로 끝나는 어간 + ㄹ까 하다
자음으로 끝나는 어간 + 을까 하다
자음 'ㄹ' 로 끝나는 어간 + 까 하다

'동작동사 어간 + (으)ㄹ까 하다'는 미래에 일어날 가능성이나 계획을 나타내는 데 사용한다.

18-7 우리

'우리'는 프랑스어에서 1인칭 복수대명사인 « nous » 또는 복수형 소유형용사인« notre, nos »로 번역될 수 있다. '우리'가 프랑스어의 소유형용사처럼 사용될때, 문맥에 따라서 1인칭 복수의미가 아닌, 1인칭 단수 의미의 « mon, ma, mes »로도 사용될 수 있다.

18-8 동작동사 어간 + (으)ㄹ게요

모음으로 끝나는 어간 + ㄹ게요
자음으로 끝나는 어간 + 을게요
자음 'ㄹ' 로 끝나는 어간 + 게요

'동작동사 어간 + (으)ㄹ게요'는 화자의 의도나 약속에 준하는 의미를 지닌다.

▶ 요점정리 : '–고 싶다', '–(으)ㄹ까 하다', '–(으)ㄹ래요', '–(으)ㄹ게요'

–고 싶다	희망이나 바람을 나타낼 때, **12.2.** 참조
–(으)ㄹ까 하다	가능성을 나타낼 때, **18.6.** 참조
–(으)ㄹ래요	바람을 나타낼 때(의문문 형태로 제안을 나타낼 때, **12.4.** 참조)
–(으)ㄹ게요	거의 약속에 준하는 의미로 쓰일 때

19과 | 우리 언제 부산으로 출발할까요?

19-1 명사 + (으)로

10-4에서 교통수단을 나타내는 조사로 사용되었던 '(으)로'는

움직임을 나타내는 동사와 함께 사용되었을 경우 방향을 나타내는 데 사용된다. 예 부산으로 가다, 프랑스로 출발하다...

19-2 동사어간 + (으)ㄹ 까요?

'동사어간 + (으)ㄹ 까요?' 구문은 대화 상대방에게 어떤 제안을 하면서 상대방의 의견을 묻거나 허가를 구하는 데 사용한다.

모음으로 끝나는 어간 + ㄹ 까요?
자음으로 끝나는 어간 + 을까요?
자음 'ㄹ'로 끝나는 어간 + 까요?

19-3 왜냐하면

'왜냐하면'은 프랑스어의 « parce que » 또는 « car »의 의미로 선행하는 절의 이유를 설명하는데 사용된다.

19-4 -겠

동사어간과 종결어미 사이에 위치하는 선어말어미 '겠'은 화자의 추측을 나타내는데 사용된다. 또한 '겠'은 '(으)ㄹ 거예요/(으)ㄹ 겁니다'를 대신하여 미래를 나타내는데도 사용되는데, 이 때 주어는 항상 1인칭이다. '겠'을 사용해서 미래를 표현할 경우 강한 의지를 나타낸다.

19-5 시간명사 + 을/를 보내다

일반적으로 '보내다'는 '이메일을 보내다' « envoyer un e-mail »에서와 같이 « envoyer »의 뜻으로 사용된다. 그런데 '보내다'가 시간을 나타내는 명사와 사용되어 '시간명사 + 을/를 보내다' 문형으로 사용되면 '보내다'는 « passer le temps »의 뜻을 갖는다. '두 시간을 보내다' « passer deux heures », '하루를 보내다' « passer une journée », '한 달을 보내다' « passer un mois », '일 년을 보내다' « passer un an ».

19-6 네/아니요 : 부정의문에 대한 대답

한국어에서 '네/아니요'라는 대답은 질문의 내용에 따라 사용한다. 질문 내용이 사실이라면, 즉 질문 내용에 동의하면 '네'라고 하고, 질문 내용이 거짓이라면, 즉 질문 내용에 동의하지 않는다면 '아니요'라고 답한다.

가 마리는 프랑스 사람이 아니에요?
Marie n'est pas Française ?

나 아니요, 마리는 프랑스 사람이에요.
Si, Marie est Française.

가 민정은 프랑스 사람이 아니에요?
Min-jeong n'est pas Française ?

나 네, 민정은 프랑스 사람이 아니에요.
Non, Min-jeong n'est pas Française.

19-7 덕분에 / 때문에

프랑스어로 '덕분에'는 « grâce à »에 해당하고, '때문에'는 « à cause de »에 해당한다.

19-8 게

상태동사에 접미사 '게'를 붙이면, 상태동사는 부사로 바뀐다. 크다 → 크게, 예쁘다 → 예쁘게, 친절하다 → 친절하게, 좋다 → 좋게, 재미있다 → 재미있게, 맛있다 → 맛있게, 어렵다 → 어렵게, 쉽다 → 쉽게, 싸다 → 싸게, 비싸다 → 비싸게, 즐겁다 → 즐겁게.

20과 | 이사하는 게 안 힘들었어요?

20-1 동작동사 어간 + 는 것

'동작동사 어간 + 는 것' 구문은 동사를 명사화하는 데 사용한다. 따라서 '동작동사 어간 + 는 것'은 주격이나 목적격 또는 서술어로도 사용될 수 있다. '이, 은, 을, 도...'와 같은 조사들도 '것' 뒤에 붙을 수 있다. '것' 뒤에 조사가 붙을때 구어체에서는 흔히 축약형을 사용한다.

원형	축약형
-는 것이	-는 게
-는 것은	-는 건
-는 것을	-는 걸
-는 것	-는 거

20-2 상태동사 어간 + 아/어 보이다

'상태동사 어간 + 아/어 보이다'는 프랑스어의 « il semble que, on dirait que »에 해당하는 문형이다.

20-3 동작동사 어간 + 았/었더니

'동작동사 어간 + 았/었더니'는 1인칭인 화자가 과거의 경험을 상기할때 사용되는 구문이며, 두 절 사이에 인과관계를 형성한다. '동사어간 + 았/었더니'를 포함하는 절은 원인이나 이유를 나타내고, 이어오는 절은 결과를 나타낸다.

20-4 사람을 묘사하는 데 사용되는 표현

키가 크다 / 키가 보통이다 / 키가 작다	être grand / être de taille moyenne / être petit
머리가 길다 / 머리가 짧다 머리가 금발이다 / 머리가 갈색이다 / 머리가 까만색이다 / 머리가 회색이다	Avoir les cheveux longs / Avoir les cheveux courts être blond / avoir les cheveux bruns / avoir les cheveux noirs / avoir les cheveux gris
눈이 갈색이다 / 눈이 녹색이다 / 눈이 회색이다 / 눈이 까만색이다 / 눈이 파란색이다	Avoir les yeux bruns / Avoir les yeux verts / Avoir les yeux gris / Avoir les yeux noirs / Avoir les yeux bleus
뚱뚱하다 / 보통이다 / 날씬하다	être gros / être normal / être mince
예쁘다 / 잘생겼다 / 못생겼다	être belle / être beau / être laid
성격이 좋다 / 성격이 안 좋다 / 성격이 고약하다	Avoir un bon caractère / Avoir un mauvais caractère / être méchant
친절하다 / 불친절하다	être gentil / ne pas être gentil
똑똑하다 / 똑똑하지 않다	être intelligent / ne pas être intelligent

20-5 동작동사 어간 + 기로 하다

미래 의미를 지닌 '동작동사 어간 + 기로 하다' 문형은 주어의 결정이나 강한 의지를 나타낸다.

20-6 등

'등'은 프랑스어의 « et cetera » 해당하며 사물을 열거하는데 사용된다.

20-7 명사 + 에 대해 이야기하다 (말하다)

'명사 + 에 대해 이야기하다 (말하다)' 문형은 프랑스어의 « parler de quelque chose / dequelqu'un »에 해당한다.

문화와 사회 번역

Traduction de « Culture et Société »

1과 | Alphabet coréen « Hangeul »

한국 개요

- 공식 명칭 : 대한민국
- 지리적 위치 : – 동아시아 대륙의 한반도에 위치
  – 북한을 포함하여 위도 33도 43도, 경도 124도와 131도 사이
  – 산이 국토의 4분의 3을 차지
- 한반도 총 면적 : 222,154 평방 킬로미터
  – 남한 : 99,460 평방 킬로미터
- 인구 : 4,954만명 (2009년)
- 수도 : 서울
- 화폐 단위 : 원(1유로 약 1500원)
- 기후 : 4계절이 구분됨
- 종교 (신앙의 자유) : 불교, 기독교, 천주교 등
- 언어 : 한국어

2과 | Syllabes : construction et règles de prononciation

한글

몽골어, 헝가리어, 터키어, 핀란드어처럼 우랄 알타이어 족에 속하는 한국어는 한반도에 사는 7,000만 한국인 외에도 국외에 사는 570만 한국인이 사용하고 있다. 한글은 '백성을 가르치는 바른 소리'라는 뜻의 '훈민정음'이라는 이름으로 1443년 세종대왕이 창제하여 1446년에 반포되었다. 당시 모음 11자, 자음 17자로 구성되었던 한글은 자음과 모음을 합쳐 한 음절을 이룬다. 모음은 세 기본요소인 천(•), 지(ㅡ), 인(ㅣ)을 창제원리로 하며, 자음은 입의 모양 등 자음을 발음할 때의 발음기관의 모양을 본떠 만들어졌다.

3과 | 저는 모르간이에요.

한국의 성

한국인의 성은 프랑스인의 성보다 덜 다양하다. 한국인 성의 대부분은 다음 성 중의 하나이다. 김 (한국 인구의 21%) ; 이 (14%) ; 박 (8%) ; 정, 최, 장, 한, 임 등…… 한국인들의 이름은 보통 두 자로, 한자를 사용하여 만들지만 순우리말 이름도 점차 많이 사용되고 있다. 그러므로 한국 성의 종류는 그다지 많은 편이 아니지만 이름은 아주 다양하다고 할 수 있다. 그리고 성 뒤에 이름이 온다. 한국 여자는 결혼 후에도 결혼 전의 성을 간직하며 어린이들은 원칙적으로 아버지의 성을 따른다.

4과 | 이분이 누구예요?

한류

한류란 한국의 파도란 뜻의 명사이다. 몇 년 전부터 한국에서는 대중문화 상품들이 급속도로 증가하였다. 영화, 만화, 드라마, 텔레비전 프로, 공연 기획사 등 한류에 관련된 문화가 폭증하였다. 그리고 이러한 한류는 한국 국경을 넘어서 중국, 일본, 타이완, 베트남, 홍콩, 싱가포르 등 아시아 전역으로 퍼져 나갔다. 또한 한류문화는 중앙아시아, 미국, 유럽으로도 퍼져나가기 시작하고 있다. 이러한 한류의 급성장은 전례 없이 한국에서 1990년대부터 시작된 대중문화의 도약에 기인한다. 미리 준비한 것도 아니고 예측하지도 못했던 이런 현상은 대중의 수요, 콘텐츠의 품질 그리고 정부 투자라는 세 박자가 어우러지면서 더욱 확대되고 있다. 봉준호, 박찬욱, 이창동과 같은 영화감독들, 보아나 비와 같은 가수들 그리고 '겨울연가'나 '대장금'과 같은 드라마들은 엄청난 관객과 시청자들을 동원하고 있다. 몇몇 영화들은 관객 1100만 이상의 흥행 실적을 올리고 K-pop의 콘서트는 만원 사례를 이루고 있다.

5과 | 오늘 시간이 있어요?

대학 생활

대학은 4년제이고, 학년은 3월 초에 시작해서 다음 해 2월 말에 끝난다. 방학은 여름 방학과 겨울 방학이 있다. 대학 1학년이 시작하는 첫 날, 대학생들은 입학식으로 환영식을 갖고, 대학 공부가 끝나면 예복을 입고 졸업식을 한다. 매년 학년 초에는 과 학생들과 교수들이 1박 2일 동안 서로 소개하며 연대를 도모한다. 이 활동을 MT (Membership Training) 라고 부른다. 각 대학에는 문화, 운동, 여가, 종교 등 여러 종류의 다양한 동아리가 있다.

6과 | 요즘 뭐 해요?

서울의 전통문화

서울은 전통과 현대가 동시에 살아 있는 도시다. 서울의 몇 군데 역사와 문화적 장소를 소개하면 다음과 같다.

- 경복궁 : 경복궁은 조선왕조(1392~1910)에서 가장 오래 전에 세워진 궁궐이다(1394).
- 창덕궁 : 창덕궁은 1405년에 세워졌으며, 경복궁의 이궁으로 지워진 궁궐이다.
- 덕수궁 : 덕수궁은 원래 왕자들의 거처로 세워졌으며 임금의 임시 궁궐이었다. 고종(1863~1907)은 궁궐로 이용했으며 여러 전각을 지었는데 그 중 석조전은 국립현대미술관으로 활용됐지만, 현재는 왕조의 고문서를 보관하는 곳이다.

- 국립중앙박물관 : 한국 역사와 국보를 발견할 수 있는 곳이다. 국립중앙박물관은 2005년 서울 용산에 문을 열었다. 규모 면에서 세계에서 여섯 번째 박물관이다.
- 인사동 : 인사동에는 예술관, 전통 찻집, 전통 식당, 한국의 전통 기념품과 골동품상 가게들이 있다. 주말에는 춤, 노래, 연극, 전통 결혼식 등 전통문화 행사가 자주 열린다.
- 북촌 : 경복궁과 창덕궁 사이에 위치한 북촌은 조선 시대에 높은 관료들의 거주 지역으로 전통 한옥이 밀집돼 잘 보존되어 있는 곳이다.

7과 | 지금 어디에 가요?

서울의 젊은이들의 장소

대학로 : 예전에는 이 거리에 서울대학교가 있어서, 대학의 거리를 뜻하는 '대학로'라는 이름이 붙게 됐다. 대학교가 이사를 간 후, 여러 극장, 화랑, 광장 등이 이 곳에 자리를 잡았다. 문화 구역으로 탈바꿈한 이 곳에 젊은이들이 극장이나 거리에서 많은 연극을 보기 위해 모인다.

신촌 : 신촌에는 서울의 명문 대학교들이 모여 있다. 젊은이들이 모이는 이 곳에는 서점들 (프랑스 서점도 있다)이 있고 커피 숍, 바, 식당들이 밀집돼 있다. 홍대 근처에는 록, 테크노, 힙합과 재즈 팬들을 위한 클럽이 있어 젊은이들의 발길이 끊이지 않는다.

8과 | 지금 몇 시예요?

식사 시간

한국에서는 일반적으로 6시 반 경에 저녁 식사를 한다. 가격이 저렴한 식당이 많아 한국 사람들은 가족, 친구들, 직장동료와 함께 식당에 자주 간다. 식사 시간은 길지 않은데, 저녁 식사 후에 다시 일하러 들어가는 한국인들도 많다. 전식, 주식, 반찬이 동시에 나온다. 밥은 한국인들의 주식이다. 기본적으로 한국식 식단은 밥, 국, 그리고 반찬으로 이루어진다. 김치(기본적으로 배추나 무에 양념을 하여 발효 시킨 것)는 항상 상에 오르는 기본 반찬이다.

9과 | 여보세요?

쇼핑

서울과 한국의 대도시들에서는 쇼핑을 하거나 장을 볼 수 있는 다양한 장소들이 많다. 백화점, 편의점, 재래시장, 아케이드 아래의 노천 시장, 동네의 작은 식품점 등이 있다. 대부분의 상점들은 저녁 늦게까지 영업을 하며 보통 일요일에도 영업을 한다. 서울의 남대문시장과 동대문시장은 해가 지면서 더욱 활기를 띤다. 여러 건물로 이루어진 거대한 시장인 동대문시장에서는 유행하는 옷들을 싼 값으로 살 수 있으며 남대문시장에서는 모든 것을 살 수 있으며 도매로 살 수 있다. 이 곳에는 옷, 구두, 가정용품, 전기용품, 꽃, 식물, 수리 도구 등을 사러 온 관광객들이 많다. 24시간 영업하는, 주로 체인점인 편의점은 곳곳에서 어렵지 않게 찾을 수 있다.

〈한국의 화폐〉

원은 한국의 화폐 단위이다. 2011년 4월 현재, 1유로는 1,500원에 해당한다. 50,000원, 10,000원, 5,000원, 1,000원짜리 지폐와, 500원, 100원, 50원, 10원짜리 동전이 있다. 원 이하는 없다.

10과 | 지난 주말에 뭐 했어요?

대중교통

한국은 대중교통수단이 매우 발달되어 있기에 대중교통수단을 이용하여 한국의 모든 도시와 큰 마을에 쉽게 갈 수 있다. 특히 시외버스가 아주 많아서, 한국의 크고 작은 모든 도시들을 하루에도 여러 차례 다닐 수 있다. 서울에는 네 곳에 고속버스 터미널이있다. 고속버스의 종류에는 우등과 일반으로 나뉘는데 우등 고속버스가 일반 고속버스보다 좀 더 비싸지만 일반 고속버스들도 좌석이 넓고 안락하다. 각 도시에는 버스 조직망이 있는데, 버스 회사의 사유화에 따라 도시마다 고유한 시내 버스 체계가 있다. 서울, 부산, 대구, 인천, 광주 등 대도시에는 지하철이 다닌다. 서울에서는 거리의 판매점, 버스 정류장, 지하철 역 등에서 살 수 있는 교통 카드로 지하철을 탈 수 있다. 카드는 재충전이 가능한데 1,000원에서 90,000원에 해당하는 금액을 충전할 수 있다.

11과 | 내일 뭐 할 거예요?

집에 들어 갈 때

방바닥을 데우는 한국의 전통 난방 방법은 '온돌'이라 불리는데 오늘날에도 한국의 집과 아파트들의 난방 방식으로 계속 이용되고 있다. 단지 장작불이 가스나 중유, 물 등으로 바뀌었을 뿐이다. 옛날 한국 사람들은 온돌로 데워진 방바닥에 앉았고 그 위에서 잤다. 그래서 집이 항상 깨끗해야 했고 한국 사람들은 집에 들어갈 때 신발을 벗는 관습이 있다. 전통 가옥에서든 현대식 아파트에서든 입구에 신발을 벗어두는 곳이 따로 있다. 오늘날에는 집에서 탁자와 의자 생활에도 불구하고, 한국 사람들은 실내에서 신발을 벗고 실내화를 신는다. 여름에도 실내에서의 맨발은 예의에 벗어나기 때문이다. 전통식 식당의 방에서 식사할 경우 신발을 벗고 들어가야 된다. 현대와 전통을 혼합한 식당들도 있어서 한 쪽에서는 신발을 신고 한 쪽에서는 신발을 벗고 들어간다.

12과 | 파리 날씨가 어때요?

한국의 사계절

한국은 사계절이 구분되는 온화권에 속해 있다. 겨울은 12월에서 2월까지인데, 어떤 지역은 시베리아에서 부는 바람과 함께 영하 20°까지 내려간다. 눈이 자주 내리고 건조한 편이며 하늘은 맑다.

봄은 3월에서 5월까지로, 눈이 녹는 기온이지만 3월 말쯤에 꽃샘 추위가 온다. 또한 이 기간에는 비가 많이 오고 중국의 고비 사막에서 유래하는 황사 현상이 자주 발생한다.

여름은 6월에서 8월까지로, 덥고 습도가 높다. 비가 자주 오는 장마 기간이 있는데, 일년 강수량의 70퍼센트가 이 때에 온다. 동남아시아에서 오는 태풍들로 인해 큰 손실이 생기기도 한다.

가을은 한국 사람들이 선호하는 계절인데 9월에서 11월까지만 지속된다. 밤이 시원하고 공기가 건조한 편이며 날이 맑아 쾌청한 하늘을 볼 수 있다. 이때 형형색색의 단풍이 산과 도시와 마을을 아름답게 해 준다.

13과 | 줄리엥 씨 가족은 모두 라로셸에 사세요?

공경 사상

한국은 유교 사상의 영향을 받은 사회로 웃어른들에 대한 존경을 중요시 한다. 또한 유교 사상은 사회의 조화를 중요시하기 때문에 사회 각 계층 간의 존경도 그 의미가 크다.

- 군위신강(君爲臣綱) : 신하는 임금을 섬기는 것이 근본이요.
- 부위자강(父爲子綱) : 아들은 아버지를 섬기는 것이 근본이요.
- 부위부강(夫爲婦綱) : 아내는 남편을 섬기는 것이 근본이요.
- 父子有親(부자유친) : 어버이와 자식 사이에는 친함이 있어야 한다.
- 君臣有義(군신유의) : 임금과 신하 사이에는 의로움이 있어야 한다.
- 夫婦有別(부부유별) : 부부 사이에는 구별이 있어야 한다.
- 長幼有序(장유유서) : 어른과 아이 사이에는 차례와 질서가 있어야 한다.
- 朋友有信(붕우유신) : 친구 사이에는 믿음이 있어야 한다.

전통적으로 왕은 하늘을 존경해야 했고, 백성은 왕을 존경해야 했으며, 자식은 부모를 존경해야 했고, 여자는 남자를 존경해야 했고, 형제 사이에도 동생은 형을 존경해야 했다.

이러한 사상은 현대 사회에도 적용돼 오늘날에도 지켜 지고 있는 것들이 많다. 예를 들면 자신보다 나이가 많은 사람들에게 존대말을 써야 한다. 식탁에서는 가장 나이 많은 사람이 식사를 시작할 때까지 기다려야 하며, 나이가 자신보다 많은 형제를 이름으로 부르는 대신, 그에 해당하는 고유한 호칭으로 불러야 한다. 젊은이는 웃어른을 정면으로 보면서 술을 마시지 않고, 존경의 표시로 몸을 조금 돌리며 마신다. 설날에는 자식과 손자 손녀들이 할아버지와 할머니께 그리고 부모님께 세배를 드린다. 돌아가신 분들을 위해서는 정해진 날에 차례 및 제사를 지낸다. 차례 및 제사는 보통 자식 중에서 가장 나이가 많은 아들이 지내거나 자식들의 친척 관계, 나이, 성별에 따라 순서가 정해진다.

14과 | 레오 씨는 취미가 뭐예요?

노래방

노래방은 일본 가라오케의 한국형으로, 노래를 부르기 위해 마련된 공간이다. 방을 미리 예약할 수 있는데, 30분 이상 노래할 수 있다. 화면 위에 나오는 노래 가사를 보며, 참여자는 마이크를 손에 들고 배경음악에 맞추어 노래한다.

노래방은 남녀노소할 것 없이 모두 좋아하는 일종의 여가공간이다. 대학 수업 후나 일이 끝난 후, 식사 후, 친구들이나 가족과 같이 노래방에서 즐거운 시간을 보낸다. 노래방에 도착하자마자 노래방을 사용하고자 하는 시간을 알려주고, 방에 들어가서 부를 노래를 고른다. 시간을 아끼기 위해 곡목들의 번호를 미리 입력해 놓으면 해당 노래가 자동적으로 순서대로 나온다.

15과 | 감기에 걸렸어요.

한의학과 재래 시장

동양 전통 의학에서 약은 에너지, 특히 음양의 균형을 회복시키는 기능을 한다. '기'는 중국 전통 의학에서 나온 목(木), 화(火), 금 (金), 토(土), 수(水)의 오행 (五行)에 따라 나뉘어진다. 오행은 오미 (五味), 오색 (五色), 오방 (五方), 오상 (五常) … 등을 통합한다. 약은 신체에서 원활한 에너지의 순환을 회복시키는 기능을 한다.

풀, 식물의 뿌리, 껍질, 인삼 혹은 사슴 뿔(녹용) 등을 기제로 한 한약은 재래 시장 및 한약재를 취급하는 약국에서 판다. 서울의 경동시장은 한약재로 유명한데, 강렬하고 자극적인 냄새가 나는 약재들을 거리 전체에서 많은 가게들에서 또는 진열대 위에서 볼 수 있다.

16과 | 요즘 빨간색 티셔츠가 유행이에요.

한국의 색

한국의 여러 종류의 꽃과 가을 단풍 색, 전통 의상 한복의 색, 전통 결혼 의복의 색, 거리의 휘황 찬란한 색… 등, 다채로운 한국의 색은 마치 색의 축제가 온 나라에서 열리고 있는 착각을 하게 할 정도이다.

주요 색깔은 (오행의 숫자 다섯을 따라) 각각 상징적 역할을 한다. 하얀 색은 오랫동안 백성들의 옷 색깔이었는데, 덕과 청렴결백, 금(金)과 서쪽을 의미한다. 색채가 약간 가미된 하얀 색과 베이지 색은 돌아가신 분의 상복 색으로 쓰인다. 상복은 전문 가게에서 살 수 있다. 빨간 색은 불(火)의 상징이며, 남쪽을 나타낸다. 푸른 색은 동쪽과 목(木)을 의미하고, 노란 색은 중앙과 토(土)의 상징이며, 까만 색은 북쪽과 수(水)를 나타낸다. 이 다섯 색깔은 한국 음식의 다섯 가지 맛에도 해당된다.

한국의 전통 그림에서도 한국적인 색의 다채로움을 찾아볼 수 있다.

17과 | 면접시험을 보러 가요.

첫 만남과 존대법

한국 사람과 처음 만났을 때 한국 사람들이 주저없이 여러분의 나이를 묻거나 때로는 기혼인지 미혼인지를 물어서 당혹할 수 있다. 그렇지만 이것을 무례한 것으로 간주하면 안 된다. 왜냐하면 이러한 질문은 대화자 사이의 존대법, 즉 언어 예절의 등급을 결정하기 위한 것이기 때문이다.
유교사상의 영향으로 존경사상이 한국인 생활에 큰 자리를 차지하고 있는데 이는 존대법이 매우 발달되어 있는 한국어에서도 엿볼 수 있다.
한국 사람들은 대화를 할 때 대화 상대자의 나이, 사회적 직위 등에 따라 그에 적절한 어투를 정하게 된다.

18과 | 명절에는 한복을 입은 사람들이 많아요.

생일잔치

한국 사람들은 일상생활에서 영어 차용어인 '파티'라는 단어를 자주 사용한다. 그러나 특별한 의미가 있는 생일에는 '생일파티'라고 하는 대신 '생일잔치'라고 한다. 예를 들면, 첫 번째 생일은 '돌', 육십세 생일은 '회갑' 혹은 '환갑', 예전에 장수로 여겨진 칠십 세 생일은 '고희'라 하여 잔치를 한다.
돌 잔치 때에는 특별히 '돌잡이'라고 하는 것을 한다. 아기 앞 돌 상에 연필(예전에는 붓), 돈, 실타래 등을 올려 놓고 이 중에서 아이가 골라 잡는 물건을 통해 아이의 장래를 예견해 보기도 하는 예부터 내려 오는 하나의 돌 잔치 문화이다. 아기가 연필을 집으면 장차 그 아기가 학문을 하게 될 것이고, 돈은 부자가 될 것이며, 실은 장수할 것이라고 생각한다. 아기의 첫 생일을 축하해 주기 위해 온 하객들은 아기에게 옷, 장난감, 금 반지, 금 팔찌 등을 선물로 준다.

19과 | 우리 언제 부산으로 출발할까요?

축제

한국은 매달 혹은 계절마다 곳곳에서 축제가 자주 열린다. 축제의 주제는 지역 전통이나 문화적 특수성, 혹은 세월이 지나며 쌓인 경험 등 아주 다양하다. 서울의 충무로 국제영화제나 세계적으로 알려진 부산 국제영화제와 같이 영화제가 있고, 안동의 국제탈춤 축제, 한산의 모시 축제, 대구의 한방문화 축제, 금산의 인삼 축제 등이 있다. 그 밖에도 나비 축제, 전통음악 축제, 서예 축제, 무술 축제, 떡 축제, 김치 축제, 버섯 축제 등 아주 다양한 축제가 열린다. 봄, 가을에 주로 축제가 열린다. 그때마다 수많은 인파가 몰려든다.

20과 | 이사하는 게 안 힘들었어요?

단군 신화

한국 사람들은 한국 건국 신화의 시조 후예들이라고 즐겨 말한다. 건국 시기는 기원전 2333년이다. 단군 신화의 내용은 간략히 다음과 같다. 어느 날 인간과 만물을 주제하는 천제의 아들 환웅은 인간세계에 내려가 살기를 원했다. 환웅의 아버지, 천제는 풍백, 우사, 운사 등 3000명의 수하를 이끌고 지상에 내려가게 했다. 환웅은 태백산 정상에 자리를 잡고 인간 세계를 다스렸다.
어느 날, 환웅에게 호랑이와 곰이 찾아와 인간이 되게 해달라고 간청했다. 환웅은 마늘과 쑥을 먹으며 100일 동안 햇빛을 보지 않고 굴 속에서 지내면, 인간이 될 수 있을 거라고 했다. 그러나 호랑이는 참지 못 하고 나오고 곰은 인내하여 여자로 변신했다. 웅녀는 환웅과 혼인하여 아이를 낳았는데, 그가 바로 고조선으로 명명된 한반도를 다스리게 된 단군이다. 단군은 1,500년 동안 나라를 다스리고 산으로 들어가 산신이 되었다. 한국 사람들에게 이 건국 신화는 정신적인 큰 힘이 된다.

색인 Index

ㄱ

ㄹ

ㅁ

ㅇ

ㅈ